21 世纪高等院校
经济管理类规划教材

高校系列

U0730220

Logistics Information
Technology Practical Course

物流信息技术
实用教程

✦ 侯安才 张强华 郑静 修雪芳 编著

ECONOMICS
AND
MANAGEMENT

人民邮电出版社
北 京

图书在版编目（ＣＩＰ）数据

物流信息技术实用教程 / 侯安才等编著. -- 北京：
人民邮电出版社，2013.7（2017.2 重印）
　21世纪高等学校经济管理类规划教材. 高校系列
　ISBN 978-7-115-31762-9

　Ⅰ. ①物… Ⅱ. ①侯… Ⅲ. ①物流－信息技术－高等
学校－教材 Ⅳ. ①F253.9

　中国版本图书馆CIP数据核字(2013)第114635号

内 容 提 要

　　信息技术是现代物流的灵魂，决定了物流的效率、可靠性和准确性。

　　本书理论精练、内容实用，充分重视案例在教学中的作用，侧重于实用性和操作性，由理论论述、案例分析、实验与实训、课后习题等组成，包含了物流信息技术的概述、物流信息基础技术、技术核心（条码、RFID、EDI、GIS、GPS）、物流信息系统应用以及物联网技术等。案例可以启发学生的思考，课后的案例分析则可以加强学生的分析能力。本书力求结合行业实际，面向行业应用，培养学生综合分析能力和实际操作能力。

　　本书可以作为高等院校的专业教材，也可作为业内培训教材和自学提升参考书。

◆ 编　　著　侯安才　张强华　郑　静　修雪芳
　　责任编辑　滑　玉
　　责任印制　彭志环

◆ 人民邮电出版社出版发行　　北京市丰台区成寿寺路 11 号
　　邮编　100164　　电子邮件　315@ptpress.com.cn
　　网址　http://www.ptpress.com.cn
　　固安县铭成印刷有限公司印刷

◆ 开本：787×1092　1/16
　　印张：15.5　　　　　　　　　2013 年 7 月第 1 版
　　字数：384 千字　　　　　　　2017 年 2 月河北第 3 次印刷

定价：36.00 元

读者服务热线：(010)81055256　印装质量热线：(010)81055316
反盗版热线：(010)81055315
广告经营许可证：京东工商广字第 8052 号

前 言 Forward

信息技术是现代物流的灵魂，决定了物流的效率、可靠性和准确性。国内各高校在物流、电子商务、物联网等相关专业中广泛开设"物流信息技术"课程。

本教材以理论精练、内容实用为原则，对相关知识进行整合。许多内容非常实用，密切结合行业实际，充分重视案例在教学中的作用，侧重于实用性和操作性，使理论更加结合实际、为实践服务。本书主要特色如下。

1．取材新颖、体例得当

本书内容力求涵盖最新的技术发展和应用现状，合理安排章节，并尽量多地采用图表，使得内容直观易懂。每章主要包括：理论论述、案例分析、实验与实训、课后习题等几个环节。案例非常适合教学，引入案例可以启发学生的思考，课后的案例分析则可以加强学生的分析能力；章节后的实训操作可以让学生进行课后的实际操作，锻炼学生的实际操作能力、综合分析能力。

2．内容全面

本书包含了物流信息技术概述；物流信息基础技术；技术核心（条码、RFID、EDI、GIS、GPS）；物流信息系统，以常用的物流信息系统（POS、EOS 等）的应用为重点；物流技术在物联网中的应用，介绍物联网的概念、发展以及物流信息技术在物联网中的重要性。

3．案例分析、结合实际

案例分析部分除了采用一些著名的案例，同时采用我国实际运作的案例，结合各种典型的工作环境，根据工作实际的要求，做了切合实际的精心加工，力求理论结合实际，缩短教学与就业的距离。

4．习题题型多样化

题型多样化、题量充分，包括单选、填空、判断、名词解释、简答等，难易搭配，便于教师组织教学。

5．满足实验与实训教学

实验与实训项目有网上资料检索、企业调研、设备与工具软件的使用以及典型物流信息系统等，可以满足不同专业实验课的要求和学生课外实习实训的要求。

6．教学支持完善

提供教学所需的各种支持，与教师及时互动。

我们为使用本书的教师提供支持，包括电子教案、参考试卷等，如有需要请登录人民邮电出版社教学服务与资源网（http://www.ptpedu.com.cn）免费下载。在使用本书过程中，读者如有问题，可以通过电子邮件与我们交流，我们一定会给予答复。如果读者没有收到我们的回复，请再次联系。邮件标题请注明姓名及"物流信息技术实用教程（人民邮电版）"字样，否则会被当作垃圾邮件删除。也可通过出版社与我们联系。E-mail 地址如下：

houancai@163.com；zqh3882355@163.com；

尽管在本书编写过程中，编者花费了大量精力，但由于技术发展日新月异，加之编者水平有限，书中难免存在疏漏之处，敬请广大读者批评指正。

编者

2013 年 2 月

目 录 Content

第1章 物流信息技术概述

本章主要内容

1.1 物流信息基本知识
1.2 现代物流的发展
1.3 物流信息技术基本知识

本章学习方略

本章重点内容

- 信息、信息化的概念
- 信息化在现代企业中的作用
- 物流信息技术的内容

本章难点内容

- 现代物流的概念与特征
- 物流信息技术与信息技术的关系

案例引入

联邦快递核心竞争优势：现代物流信息技术

成立于 1907 年的美国联邦快递公司是世界上最大的配送公司。联邦快递设有环球航空及陆运网络，为全球超过 235 个国家及地区提供快捷、可靠的快递服务，通常只需一至两个工作日，就能迅速运送时限紧迫的货物，而且确保准时送达。联邦快递集团为遍及全球的顾客和企业提供涵盖运输、电子商务和商业运作等一系列的全面服务。作为一个久负盛名的企业，联邦快递公司通过相互竞争和协调管理的运营模式，提供了一套综合的商务应用解决方案，使其年收入高达 320 亿美元。表面上联邦快递公司的核心竞争优势来源于其由 15 万多辆卡车和 600 多架飞机组成的运输队伍，而实际上联邦快递公司今天的成功并非仅仅如此。

20 世纪 80 年代初，联邦快递公司以其大型的棕色卡车车队和及时的递送服务，控制了美国路面和陆路的包裹速递市场。然而，到了 80 年代后期，随着竞争对手利用不同的定价策略以及跟踪和开单的创新技术对联邦快递的市场进行蚕食，联邦快递公司的收入开始下滑。许多大型托运人希望通过单一服务来源提供全程的配送服务，进一步，顾客们希望通过掌握更多的物流信息，以利于自身控制成本和提高效率。随着竞争的白热化，这种服务需求变得越来越迫切。正是基于这种服务需求，联邦快递公司从 90 年代初开始了致力于物流信息技术的广泛利用和不断升级。今天，提供全面物流信息服务已经成为包裹速递业务中的一个至关重要的核心竞争要素。

联邦快递公司通过应用以下三项以物流信息技术为基础的服务提高了竞争能力。

第一，条形码和扫描仪使联邦快递公司能够有选择地每时每刻地跟踪和报告装运状况。

第二，递送驾驶员携带着以数控技术为基础的笔记本电脑到排好顺序的线路上收集递送信息。

第三，无线通信网络使驾驶员把适时跟踪的信息从卡车上传输到联邦快递公司的中央计算机。

以联邦快递为代表的企业应用和推广的物流信息技术是现代物流的核心，是物流现代化的标志。尤其是飞速发展的计算机网络技术的应用使物流信息技术达到新的水平，物流信息技术也是物流技术中发展最快的领域，从数据采集的条形码系统，到办公自动化系统中的计算机、互联网、各种终端设备等硬件、软件都在日新月异地发展。同时，随着物流信息技术的不断发展，一系列新的物流理念和新的物流经营方式产生了，推进了物流的变革。

——中国物流与采购网 2005 年 1 月 17 日

随着电子商务、现代物流、物联网的飞速发展，信息技术发挥着越来越重要的作用。物流过程中会产生大量的信息，其对物流系统化、一体化运作管理至关重要。现代物流业的发展离不开现代信息技术。本章主要介绍信息与信息技术、现代物流基本概念，物流信息的特点、分类，现代物流特点以及信息技术的作用，物流信息技术的内容，以及我国物流信息化的现状及发展趋势等内容。

1.1 物流信息基本知识

1.1.1 信息的概念

物质、能源和信息已经成为构成现代社会的三大资源。随着计算机微型化、通信数字化、媒体多样化、信息传输无纸化，系统兼容、网络连通已成格局，社会信息将呈几何级数增长，信息资源的开发、管理和使用将从根本上改变人们的思维、生产、生活、工作和学习方式，有效地利用信息资源已成为推动社会经济发展的最重要力量。在全球信息化的背景下，不管是个人、企业甚至国家，谁拥有了信息，谁就占有了优势和先机。

1. 信息的定义

信息作为一个科学术语被提出和使用，可追溯到 1928 年 R. VHartly（哈特利）在《信息传输》一文中的描述，他认为：信息是指有新内容、新知识的消息。1948 年，C. E. Shannon（香农）博士在《通信的数学理论》中，给出信息的数学定义，认为信息是用以消除随机不确定性的东西，并提出信息量的概念和信息熵的计算方法，从而奠定了信息论的基础。Norbert Wiener

（诺伯特·维纳）教授在其专著《控制论·动物和机器中的通信和控制问题》中，阐述信息是"我们在适应外部世界、控制外部世界的过程中，同外部世界交换内容的名称"。1956 年，英国学者 Ashby（阿什比）提出"信息是集合的变异度"。认为信息的本性在于事物本身具有变异度。1975 年，意大利学者 G.Longo（朗高）在《信息论：心得趋势与未决问题》指出：信息是反映事物构成、关系和差别的东西，它包含在事物的差异之中，而不在事物的本身。可见，至今为止，信息的概念仍然仁者见仁、智者见智。

本书从数据与信息两个方面来描述信息的定义。

数据（data）是对客观事物属性的描述，它是反映客观事物的性质、形态、结构和特征的符号。数据可以是具体的数字，也可以是文字或图形等形式。在计算机科学中，数据是指所有能输入计算机并被计算机程序处理的符号的总称，是用于输入电子计算机进行处理，具有一定意义的数字、字母、符号、模拟量等的通称。例如，水的温度是 100℃，礼物的重量是 500g，木头的长度是 2m，大楼的高度是 100 层。通过这些数据的描述，人的大脑里形成了对客观世界的清晰印象。这些数据也可以通过编码被录入计算机。

信息（Information）是反映客观世界中各种事物特征和变化的知识，是数据加工的结果，信息是有用的数据。

信息必然是数据，但数据未必是信息。尽管数据和信息存在差别，但在实际工作中，二者经常被不加区别地使用。人们对数据进行系统组织、整理和分析，使其产生相关性，但没有与特定用户行动相关联，信息可以被数字化；作为知识层次中的中间层，信息来源于数据并高于数据。数据经过加工（处理）后成为信息，这个处理过程一般由信息系统来完成。这个过程可以用如下模型（见图 1-1）来表示。

这个过程就像生产车间，将原材料送入加工车床，经过加工后成为产品，原材料相当于数据，它对用户是没有意义的，产品相当于信息，对用户有一定的价值和意义。再举一个形

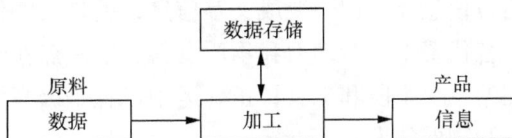

图 1-1　信息加工模型图

象的例子来说明：人们每天关心的天气预报信息是有用的，它会对人们未来的出行、工作和生活安排有一定影响，它是经过气象局收集大量的地理数据、卫星云图数据，经过科学、严密的运算产生的，而这些基础数据经过加工以前对人们来说是没有意义的。

信息广泛地存在于自然界和人类社会，种类繁多，一般有 5 种分类方法。

① 按时间划分，可分为历史信息和未来信息。

② 按内容划分，可分为社会信息、自然信息、机器信息。

③ 按信息产生的先后和加工与否划分，可分为原始信息和加工信息。

④ 按行业划分，可分为工业信息、农业信息、商业信息、金融信息、军事信息等。

⑤ 按性质划分，可分为定性信息和定量信息。

2．信息的特征

信息与其他客观事物有所不同，所以信息也有着区别于其他客观事物的自身特征。

（1）载体性

信息不是物质本身，而是物质的运动变化及相互作用、相互联系的一种特定表现形式，是以物质载体为媒介的物质运动状态的再现。世界上没有游离于物质载体之外的信息，而载体也不能决定和影响信息所要表达的内容。

（2）客观性

客观性也可以称为真实性。信息不是物质，只是物质的产物，即先有信息反映的对象，然后才有信息。无论借助于何种载体，信息都不会改变其所反映对象的属性。因此，信息具有客观性。

（3）价值性

信息是一种特殊资源，具有使用价值。收集、加工、传递信息的目的在于提高活动效益。信息的价值性有赖于对信息进行正确的选择、理解和使用，只有在与某种有目的的活动相联系时，其价值才能体现出来。

（4）时效性

信息的时效性是信息的重要特征，是指信息从发出、接收到进入利用的时间间隔及其效率。信息的时效性与信息的价值性密不可分。任何有价值的信息，都是在一定的条件下起作用的，如时间、地点、事件等，离开一定的条件，信息将会失去应有的价值。

（5）可扩充性

可扩充性也包括可压缩性。在一切领域都会产生信息，随着时间的推移和事物的运动、发展、变化，信息经过不断地开发利用，会扩充、增值，成为取之不尽、用之不竭的资源。同时，经过加工整理，又可使之精练、浓缩，将信息内容物化在不同的物质载体上。因此，信息又有可压缩性。

（6）可替代性

信息的可替代性有两方面的含义：一方面是指信息的物质载体形态是可以相互替代的，如语言信息经过记录变成文字信息，就是文字信息替代了语言信息；另一方面是指信息的利用可以替代资本、劳动力和物质资料，这一点在经济学上的作用尤其显著。管理学认为，信息是管理的重要手段和工具，正确运用信息是提高管理水平的重要环节，利用好信息，就可以代替资本和物质的投入。

（7）可传递性

可传递性也称为可扩散性。信息的可传递性是指信息可以借助一定的物质载体传递给感受者、接收者的特性。信息可以进行空间和时间上的传输，传输速度越快效用就越大。科技的发展，使传播信息的网络覆盖面越来越大，从而使信息得以迅速扩散开来。

（8）共享性

信息能够同时为多个使用者所利用，信息扩散后，信息载体本身所含的信息量并没有减少。这是信息与实物、能量等的根本区别。通过传递，信息迅速为大多数人接收、掌握和利用，并会产生出巨大的社会效应。正因为信息的这一特性，社会才为保护信息开发者的合法权益，补偿其在开发整理某些信息过程中付出的代价，制定了专利制度和知识产权制度。

3. 信息的作用

因为信息无处不在，在各个领域发挥着其他资源无法替代的重要作用，因此，深入细致地研究信息及其所反映的问题与现实的本质，对于社会经济的可持续发展有着极其重要而深远的意义。

（1）信息是构成生产力的重要因素

随着科技的进步，人类社会已进入以知识经济为特征的信息社会，而信息社会最重要的生产要素则是信息，主要表现为知识或智力，从而使信息成为生产力的重要因素。物质资料生产必须具备的三个要素即劳动对象的发掘与加工、劳动资料的改进与变革、劳动者素质的提高，都离不开对信息的应用。可见，信息是知识型生产力。

（2）信息是实施有效管理的基础

人类的一切活动都离不开管理。从静态构成看，管理离不开人、财、物、事等因素。能否做到人尽其才、财尽其利、物尽其用，是管理是否有效的重要条件和标准。而有效的管理在一定的意义上取决于对信息的掌握程度，必须了解人、财、物、事的过去，分析其现状并预测其未来的变化趋势，而这正是管理信息的基本内容。

（3）信息是科学决策的重要依据

在现代社会，决策是否科学、是否符合客观规律，关键在于是否能够获取及时、准确、全面的信息。准确地掌握信息，正确地使用信息，可以大大提高各级部门领导决策的科学化、民主化水平。

1.1.2 物流信息的概念

物流与信息之间有着密不可分的关系，物流凭借信息的作用才能由一般的活动变成系统化活动。如果物流运作过程中没有信息的参与，那么物流活动就变成一个单向的运营活动，只有在物流过程中有了反馈的物流有关信息，物流活动才能变成输入、转换、输出以及信息反馈等功能在内的有反馈作用的现代物流系统。

1. 物流信息的定义

物流信息（Logistics Information）是反映物流各种活动内容的知识、资料、图像、数据、文件的总称。从狭义的概念来看，物流信息是指物流活动（如仓储、运输、包装、加工等）有关的信息；从广义的概念来看，还应该包含与物流活动相关的活动（如采购、生产和销售）相关的信息。

物流信息贯穿于物流活动的整个过程中，对物流活动起到支持保证的作用，可以被看作物流活动的"中枢神经"。物流活动中的信息流可以被分为两类：一类信息流的产生先于物流，它控制物流产生的时间、流量的大小和流动方向，对物流起着引发、控制和调整的作用，如各种计划、用户的订单等，这类信息流被称作计划信息流或协调信息流；另一类信息流与物流同步产生，反映物流的状态，如运输信息、库存信息、加工信息等，这类信息流被称为作业信息流（见图 1-2）。无论是协调信息流，还是作业信息流，物流信息的总体目标都是要把物流相关企业的具体活动结合起来，提高综合能力。

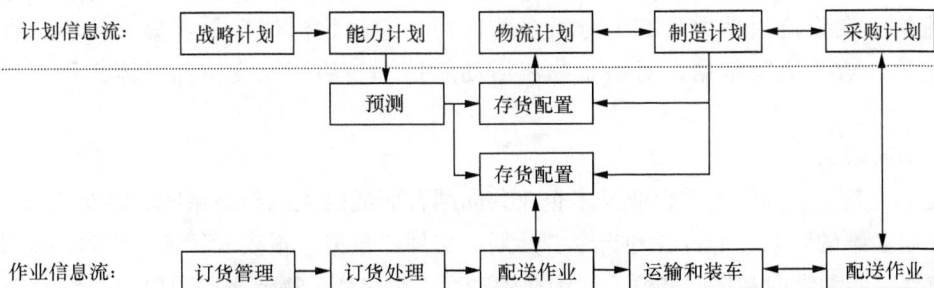

图 1-2 物流业务中的信息流

从某种意义而言，物流信息在物流活动中发挥着神经网络的作用。物流信息处理功能是物流其他功能赢得价值最大化所不可或缺的基础功能，因为物流的每个基本功能都与信息功能息息相关，只有大大借助于信息功能的支撑，才能保证物流基本功能的顺利实现，物流系统与外界之间发生的关系和互动凭借信息来实现，所以说物流信息处理功能在提高物流运作效率方面起着主导作用。

物流信息一般由以下两部分组成。

（1）物流系统内部信息：它是伴随物流活动而发生的信息，包括物料流转信息、物流作业层信息、物流控制层信息和物流管理层信息。

（2）物流系统外部信息：它是在物流活动以外发生，但提供给物流活动使用的信息，包括供货人信息、顾客信息、订货合同信息、交通运输信息、市场信息、政策信息，还有来自企业内生产、财务等部门的与物流有关的信息。

2. 物流信息的特点

物流信息除了具有信息的基本特征外，因为物流活动的特殊性，还具有自身的特点。

（1）量大、分布广

因为物流是商贸领域大范围内的活动，在商品的运输、存储、包装、装卸、加工处理、配送等过程中产生大批的物流有关信息，遍及不同的厂家、货运点、库房、物流和配送中心、货物运输路线以及消费者等地，信息源点多，信息量大。

（2）动态性、实时性强

现代物流中物流服务销售商不顾一切代价地满足用户的个性化服务需求，承担批量小、品种多的生产经营和数量小、额度多的配送业务。物流信息动态性特别强，信息的价值衰减速度很快，这就对信息工作及时性要求较高。

（3）种类多、来源广阔

现代物流信息所涉及的范围不单局限于管理企业的内部信息，而且关系到与物流运营相联的法律法规、必要的基础设施、市场行情以及顾客需求情况等一系列的信息。物流产业的快速发展，将使物流信息趋于种类繁多、来源广泛。

（4）趋于标准化

现代物流已经涉及国民经济各个领域，在物流运作过程中需要各部门通过反复的信息沟通来顺利交流，为了实现不同系统之间的信息交流和共享，适应处理手段电子化、网络化趋势，信息化需要采取国际、国家以及行业统一的标准，使得物流信息标准化的程度越来越高。

3. 物流信息的功能

物流信息在物流活动中具有十分重要的作用，通过物流信息的收集、传递、存储、处理、输出等，成为决策依据，对整个物流活动起指挥、协调、支持和保障作用，其主要表现如下。

（1）沟通联系

物流系统是由多部门、多行业及多企业共同结合而成的大的经济系统，系统内部依靠物流信息建立起多维的联系，通过各种指令、计划、文件、数据、报表、凭证、广告、商情等物流信息，建立起各种纵向和横向的联系，沟通生产商、销售商、物流服务商以及消费者等。因此，物流信息是沟通物流活动各环节之间联系的桥梁。

（2）管理控制

依靠物流信息及其反馈可以引导供应链结构的变动和物流布局的优化，协调物资结构，协调人、财、物等物流资源的配置，促进物流资源的整合和合理使用等。用信息化代替传统的手工作业，实现物流运行、服务质量和成本等的管理控制。

（3）辅助决策

物流信息是制订决策方案的重要基础和关键依据，物流管理决策过程的本身就是对物流信息进行深加工的过程，是对物流活动的发展变化规律性认识的过程。物流信息可以协助物流管理者鉴别、评估物流战略和策略的可选方案，如车辆调度、库存管理、设施选址、资源选择、流程设计等均是在物流信息的帮助下才能作出的科学决策。

（4）价值增值

信息本身是有价值的，而在物流领域中，流通信息在实现其使用价值的同时，其自身的价值又呈现增长的趋势，即物流信息本身具有增值特征。另一方面，物流信息是影响物流的重要因素，它把物流的各个要素有机地连接起来，以形成现实的生产力和创造出更高的社会生产力。

4．物流信息化的内涵

物流信息化是指物流企业运用现代信息技术对物流过程中产生的全部或部分信息进行采集、分类、传递、汇总、识别、跟踪、查询等一系列处理活动，以实现对货物流动过程的控制，从而降低成本、提高效益的管理活动。物流信息化是现代物流的灵魂，是现代物流发展的必然要求和基石。

物流信息化建设主要包括以下三个方面的内容。

（1）基础环境建设

包括制订物流信息化规划和相应的法律、法规、制度、标准、规范，开展物流关键技术的研发和应用模式的探索，以及通信、网络等基础设施建设。

标准化是物流信息化进行的重要条件，实现标准化是实现物流信息化的基础。物流信息标准化包括以下三个方面的含义：物流设施、设备、专用工具等的技术、业务、标准，统一整个物流系统的配合性标准，物流系统与相关其他系统的配合性标准。

（2）物流公共信息平台的建设

公共信息平台是向各类用户提供信息交换与共享服务的开放式的网络信息系统。通过统一的信息平台可以达到共享信息资源、进行流程设计和优化、建立通信服务平台、提供技术服务平台、实现供求资源互通等目的。

物流公共信息平台主要包括3类，即用于政府对物流监管的"物流电子政务平台"，用于各类网上物流商务活动的"物流电子商务平台"，以及用于对特定货物的运输流转过程进行实时跟踪监控的"物流电子监控平台"。

（3）企业内部信息系统建设

物流就是企业的供销业务，因此制造业、商贸流通业、农业、建筑业的企业信息管理系统，都包括对企业的物流信息化管理。这些内部信息系统的建设是物流领域全面信息化的核心内容。

企业各类子系统的运用可以大幅度地提高物流企业的运转效率，减少成本，并提高客户的满意度，如仓储管理系统、运输管理系统、订单管理系统、服务管理系统等。

1.2 现代物流的发展

1.2.1 现代物流的概念

随着人类步入21世纪，全球经济一体化进程的加快，企业面临着尤为激烈的竞争环境，资源在全球范围内的流动和配置大大加强，世界各国更加重视物流发展对于本国经济发展、民生素质和军事实力增强的影响，更加重视物流的现代化，从而使现代物流呈现出一系列新的发展趋势。

1. 物流的概念

物流一词最早出现于美国。1915年阿奇·萧在《市场流通中的若干问题》一书中就提到物流一词，并指出"物流是与创造需求不同的一个问题"。因为在本世纪初，西方一些国家已出现生产大量过剩、需求严重不足的经济危机，企业因此提出了销售和物流的问题，此时的物流指的是销售过程中的物流。

仅从字面理解"物流"，就是物质实体的流动。但是当把这个物质实体的流动，当作一个运动过程来把握的时候，物流就成为包括运输、存储、搬运、分拣、包装、加工等多个环节在内的活动了。这就是通常人们所说的传统物流或一般意义上的物流。

物流是一个综合的系统，也可称为物流系统，物流系统是由物流各要素所组成的，物流各要素之间是存在有机联系的综合体。物流系统主要受内部环境以及外部环境的要素影响，使物流系统整体结构十分复杂，其外部存在过多的不确定因素，其内部存在着相互依赖的物流功能因素（见图1-3）。

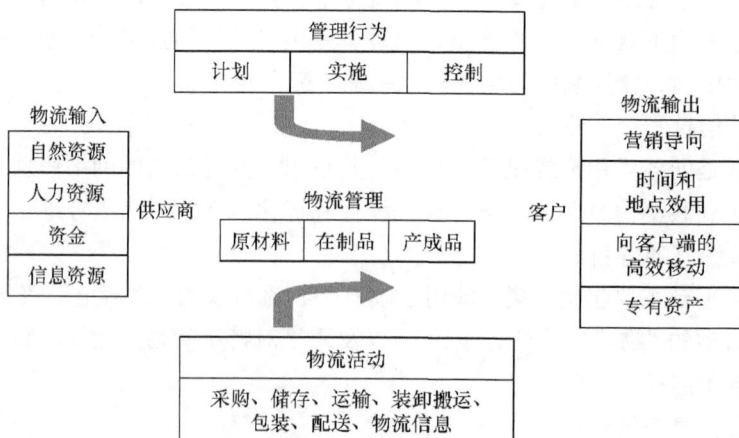

图 1-3 物流系统

2006年，《中华人民共和国国家标准物流术语》对物流作出定义：物流就是物品从供给地向接收地的实体流动过程。物流根据实际需要，将运输、存储、装卸、搬运、包装、流通加工、配送、信息处理等基本功能实施有机结合。

美国物流管理协会是全球最有影响力的物流专业组织，2005 年 1 月 1 日正式更名为美国供应链管理专业协会（Comity of Supply Chain Management Professionals，CSCMP）。它认为物流管理是供应链管理的一部分，是对货物、服务及相关信息从起源地到消费地的有效率、有效益的正向和反向流动和存储进行的计划、执行和控制，以满足顾客要求。

2．现代物流的定义

从 20 世纪 80 年代以来，经济全球化格局已基本形成，物流费用在产品成本中的比重也随之而大大提高。降低物流费用对提高产品的竞争力的作用增大。因此，生产者大力谋求降低物流费用，使现代物流成为普遍关心的产业。同时，计算机网络和信息技术也发展到足以支持物流全过程的优化和整合的程度。需要与可能相结合，促成了现代物流的高速发展。

现代物流（Modern Times Logistics）指的是将信息、运输、仓储、库存、装卸搬运以及包装等物流活动综合起来的一种新型的集成式管理，其任务是尽可能降低物流的总成本，为顾客提供最好的服务。我国许多专家学者则认为：现代物流是根据客户的需求，以最经济的费用，将物流从供给地向需求地转移的过程。它主要包括运输、存储、加工、包装、装卸、配送和信息处理等活动。

3．传统物流与现代物流的区别

传统物流一般指产品出厂后的包装、运输、装卸、仓储，而现代物流提出了物流系统化、一体化、综合物流管理的概念，并付诸实施。具体地说，就是使物流向两头延伸并加入新的内涵，使社会物流与企业物流有机结合在一起，从采购物流开始，经过生产物流，再进入销售物流，与此同时，要经过包装、运输、仓储、装卸、加工配送到达用户（消费者）手中，最后还有回收物流。可以这样讲，现代物流包含了产品从"生"到"死"的整个物理性的流通全过程。

从传统物流渠道的角度来看，商流是从制造商经批发商、零售商到消费者的过程，与之相对应，传统物流则是从制造商经储运企业到批发零售企业再到消费者这样一个流程。现代物流同传统物流相比，突出特征表现为：反应快速化、功能集成化、服务系列化、作业规范化、目标系统化、经营市场化、手段现代化和组织网络化。

面对顾客需求变化、流通渠道重组及中国加入 WTO 所带来的挑战，加快中国传统物流的现代物流转型速度，推动物流产业新一轮革新，实现 21 世纪中国现代物流产业形成已成为目前一项十分迫切的任务。

传统物流与现代物流的区别主要表现在以下几个方面。

① 传统物流只提供简单的位移，现代物流则提供增值服务；

② 传统物流是被动服务，现代物流是主动服务；

③ 传统物流实行人工控制，现代物流实施信息管理；

④ 传统物流无统一服务标准，现代物流实施标准化服务；

⑤ 传统物流侧重点到点或线到线服务，现代物流构建全球服务网络；

⑥ 传统物流是单一环节的管理，现代物流是整体系统优化。

1.2.2 现代物流的特征

根据国内外物流发展情况，可以将现代物流的主要特征归纳为以下几个方面。

（1）反应快速化

物流服务提供者对上游、下游的物流、配送需求的反应速度越来越快，前置时间越来越短，配送速度越来越快，商品周转次数越来越多。

（2）功能集成化

现代物流着重于将物流与供应链的其他环节进行集成，包括物流渠道与商流渠道的集成、物流渠道之间的集成、物流功能的集成、物流环节与制造环节的集成等。

（3）服务系列化

现代物流强调物流服务功能的恰当定位与完善化、系列化。除了传统的存储、运输、包装、加工等服务外，现代物流服务在外延上向上扩展至市场调查与预测、采购及订单处理，向下延伸至配送、物流咨询、物流方案的选择与规划、库存控制策略建议、货款回收与结算、教育培训等增值服务。

（4）作业规范化

现代物流强调作业功能、流程、动作的标准化与程式化，使复杂的作业变成简单的易于推广与考核的动作。物流自动化可方便物流信息的实时采集与追踪，提高整个物流系统的管理和监控水平。

（5）目标系统化

现代物流从系统的角度统筹规划一个公司整体的各种物流活动，处理好物流活动与商流活动及公司目标之间、物流活动与物流活动之间的关系，不求单个活动的最优化，但求整体活动的最优化。

（6）手段现代化

现代物流使用先进的技术、设备与管理为销售提供服务，计算机技术、通信技术、机电一体化技术、语音识别技术等得到普遍应用。世界上先进的物流系统纷纷运用如射频识别、定位导航、电子数据交换、无线通信、自动化、机器人、遥感等先进的技术手段，实现了物流过程的自动化、机械化、无纸化和智能化。

（7）组织网络化

随着生产和流通空间范围的扩大，为了保证对产品促销提供快速、全方位的物流支持，现代物流需要有完善、健全的物流网络体系，网络上点与点之间的物流活动保持系统性、一致性，这样可以保证整个物流网络有最优的库存总水平及库存分布，运输与配送快速、机动，形成快速灵活的供应渠道。

（8）经营市场化

现代物流的具体经营采用市场机制，无论是企业自己组织物流，还是委托社会化物流企业承担物流任务，都以"服务—成本"的最佳配合为总目标，谁能提供最佳的"服务—成本"组合，就找谁服务。企业可以自行承担物流业务，也可以利用第三方物流企业提供物流服务。相比较而言，物流的社会化、专业化已占主流。

（9）信息电子化

因为计算机信息技术的应用，现代物流过程的可见性明显增加，物流过程中库存积压、延期交货、送货不及时、库存与运输不可控等风险大大降低，从而可以加强供应商、物流商、批发商、零售商在组织物流过程中的协调配合以及对物流过程的控制。

（10）管理智能化

随着科学的发展、技术的进步，物流管理由手工作业发展为半自动化、自动化，直至智能化作业。这是一个渐进的发展过程。

1.2.3　现代物流的发展趋势

随着人类进入21世纪，全球经济一体化进程加快，企业面临着激烈的竞争环境，资源在全球范围内的流动和配置大大加强，世界各国更加重视物流发展对于本国经济发展、民生素质和军事实力增强的影响，更加重视物流的现代化，从而使现代物流呈现出一系列新的发展趋势。

根据国内外物流发展的新情况，未来物流的发展趋势可以归纳为信息化、网络化、自动化、电子化、共享化、专业化、协同化、集成化、智能化、移动化、标准化、柔性化、社会化和国际化。

（1）信息化

现代社会已步入了信息时代，物流信息化是社会信息化的必然要求和重要组成部分。物流信息化表现在：物流信息的商品化，物流信息收集的代码化和商业智能化，物流信息处理的电子化和计算机化，物流信息传递的标准化和实时化，物流信息存储的数字化和物流业务数据的共享化等。

（2）网络化

网络化是指物流系统的组织网络和信息网络体系。从组织上来讲，它是供应链成员间的物理联系和业务体系，而信息网络是供应链上企业之间的业务运作，通过互联网实现信息的传递和共享，并运用电子方式完成操作。

（3）专业化

第三方、第四方乃至未来发展可能出现的更多服务方式是物流业发展的必然产物，是物流过程产业化和专业化的一种形式。人们预测下阶段的物流将向虚拟物流和第N方物流发展，物流管理和其他服务也将逐渐被外包出去。这将使物流业告别"小而全、大而全"的纵向一体化运作模式，转变为新型的横向一体化的物流运作模式。

（4）协同化

市场需求的瞬息万变、竞争环境的日益激烈都要求企业具有与上下游进行实时业务沟通的协同能力。企业不仅要及时掌握客户的需求，更快地响应、跟踪和满足需求，还要使供应商对自己的需求具有可预见能力，并能把握好供应商的供应能力，使其能为自己提供更好的供给。

（5）智能化

智能化是自动化、信息化的一种高层次应用。物流涉及大量的运筹和决策，例如，物流网络的设计优化、运输路径和每次运输装载量的选择、多货物的拼装优化、运输工具的排程和调度、库存水平的确定与补货策略的选择、有限资源的调配、配送策略的选择等优化处理，都需要借助智能的优化工具来解决。

（6）标准化

标准化是现代物流技术的一个显著特征和发展趋势，也是实现现代物流的根本保证。货物的运输配送、存储保管、装卸搬运、分类包装、流通加工等作业与信息技术的应用，都要求有科学的标准。只有实现了物流系统各个环节的标准化，才能真正实现物流技术的信息化、自动化、网络化、智能化等。

（7）柔性化

20世纪90年代国际制造业推出柔性制造系统（Flexible Manufacturing System，FMS），实行柔性化生产。物流作业的柔性化可以帮助物流企业更好地适应消费需求的"多品种、小批量、多批次、短周期"趋势,灵活地组织和实施完成物流作业,为客户提供定制化的物流服务来满足他们的个性化需求。

（8）国际化

为了实现资源和商品在国际间的高效流动与交换,促进区域经济的发展和全球资源优化配置的要求,物流运作必须要向国际化的方向发展。在国际化趋势下,物流目标是为国际贸易和跨国经营提供服务,选择最佳的方式与路径,以最低的费用和最小的风险,保质、保量、准时地将货物从某国的供方运到另一国的需方,使各国物流系统相互"接轨",它代表物流发展的更高阶段。

1.3 | 物流信息技术基本知识

在电子商务模式下,因为信息流、商流、资金流都可以在网上快速传递,决定电子商务系统成功的关键是要建立一个覆盖面大、反应快速、成本有效的物流网络,只有应用物流信息技术,完成物流各作业流程的信息化、网络化、自动化的目标才有可能实现。

物流信息技术是物流现代化的重要标志,也是物流技术中发展最快的领域,从数据采集的条形码系统,到办公自动化系统中的微机、互联网,各种终端设备等硬件以及计算机软件都在日新月异地发展。同时,随着物流信息技术的不断发展,产生了一系列新的物流理念和新的物流经营方式,推进了物流的变革。

1.3.1 信息技术概述

1. 信息技术概念

信息技术（Information Technology,IT）是主要用于管理和处理信息所采用的各种技术的总称。它主要是应用技术和通信技术来设计、开发、安装和实施信息系统及应用。它也常被称为信息和通信技术（Information and Communications Technology,ICT）。

信息技术推广应用的显著成效,促使世界各国致力于信息化,而信息化的巨大需求又驱使信息技术高速发展。当前信息技术发展的总趋势是以互联网技术的发展和应用为中心,从典型的技术驱动发展模式向技术驱动与应用驱动相结合的模式转变。

2. 信息技术内容

信息技术主要包括传感技术、通信技术、计算机技术、控制技术等。

（1）传感技术（感觉器官）

传感技术（Sensing Technology）的任务是延长人的感觉器官收集信息的功能。目前,传感技术已经发展了一大批敏感元件。除了普通的照相机能够收集可见光波的信息、微音器能够收集声波信息之外,现在已经有了红外、紫外等光波波段的敏感元件,帮助人们提取那些人眼所见不到重要信息。还有超声和次声传感器,可以帮助人们获得那些人耳听不到的信息。不仅如此,人们还制造了各种嗅敏、味敏、光敏、热敏、磁敏、湿敏以及一些综合敏感元件。这样,还可以把那些人类感觉器官收集不到的各种有用信息提取出来,从而延长和扩展人类收集信息的功能。

（2）通信技术（神经系统）

通信技术（Telecommunication Technology）的任务是延长人的神经系统传递信息的功能，通信技术的发展速度之快是惊人的。从传统的电话、电报、收音机、电视到如今的移动式电话（手机）、传真、卫星通信，这些新的、人人可用的现代通信方式使数据和信息的传递效率得到很大的提高，从而使过去必须由专业的电信部门来完成的工作转由行政、业务部门办公室的工作人员直接方便地来完成。通信技术成为办公自动化的支撑技术。

（3）计算机技术（思维器官）

计算机技术（Computer Technology)则是延长人的思维器官处理信息和决策的功能。计算机技术与现代通信技术一起构成了信息技术的核心内容。计算机技术同样取得了飞速的发展，体积虽然越来越小，功能却越来越强。

（4）控制技术（效应器官）

控制技术（Control Technology）是信息使用技术，是信息处理的最后环节，也称为自动化控制，包括工厂自动化、办公自动化、家庭自动化。

1.3.2 物流信息技术内容

物流信息技术是现代信息技术在物流各个作业环节中的综合应用（见图1-4），是现代物流区别传统物流的根本标志，也是物流技术中发展最快的领域，尤其是计算机网络技术的广泛应用使物流信息技术达到了较高的应用水平。

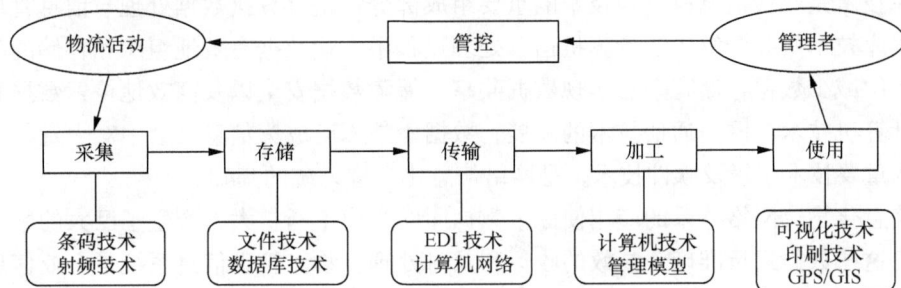

图 1-4 物流信息技术体系

运用于物流各环节中的信息技术，根据物流的功能以及特点，包括计算机技术、网络技术、信息分类编码技术、条码技术、射频识别技术、电子数据交换技术、全球定位系统（GPS）、地理信息系统（GIS）等。可以将常用的物流信息技术分为基础信息技术、信息采集技术、数据交换技术、地理分析与动态跟踪技术四大类。

1. 基础信息技术

物流信息技术作为现代信息技术的重要组成部分，本质上都属于信息技术范畴，只是因为信息技术应用于物流领域而使其在表现形式和具体内容上存在一些特性，所以物流信息技术首先包括计算机技术、网络技术、数据库技术以及信息安全等基础技术。

（1）计算机技术

世界上第一台电子数字式计算机于1946年2月15日在美国宾夕法尼亚大学研制成功，它的名称叫ENIAC（埃尼阿），ENIAC奠定了电子计算机的发展基础，在计算机发展史上具有划时代的意义，它的问世标志着电子计算机时代的到来，被称为信息革命的第一次浪潮。短短的几十年间，计算机技术的发展突飞猛进，使得计算机迅速普及，进入了办公室和家庭，在办公室自动化和多媒体应用方面发挥了很大的作用。目前，计算机的应用已扩展到社会的各个领域。

计算机技术的内容非常广泛，可粗分为计算机系统技术、计算机器件技术、计算机部件技术和计算机组装技术等几个方面。计算机技术包括：运算方法的基本原理与运算器设计、指令系统、中央处理器（CPU）设计、流水线原理及其在 CPU 设计中的应用、存储体系、总线与输入输出等。

计算机技术的发展带动了整个物流行业的技术革命，信息的网络化、数字化、机械控制自动化等都给物流行业带来了前所未有的发展和进步。计算机技术对物流行业的突出影响来自于计算机网络技术的进步和普及，由此形成了新兴的物流管理系统和物流信息网络。

（2）互联网技术

20 世纪 90 年代初 Internet 的商业化发展，被称为信息革命的第二次浪潮。随着基于互联网的电子商务爆炸式发展，所谓"要么电子商务，要么无商可务"的时代来临。电子商务、物流与互联网已经成为缺一不可的统一体，而且互相依存、互相促进，成为现代商务发展的核心动力。

网上物流，就是基于互联网技术，旨在创造性的推动物流行业发展的新商业模式。和网上贸易一样，网上物流不是概念，不是阳春白雪，而是需要真正通过互联网对传统物流方式进行改变，帮助数以百万计、千万计的需要物流和提供物流的企业和个人创造出更大的财富。

（3）数据库技术

数据库技术是现代信息科学与技术的重要组成部分，是计算机数据处理与信息管理系统的核心。数据库技术研究和解决了计算机信息处理过程中大量数据有效地组织和存储的问题，在数据库系统中减少数据存储冗余、实现数据共享、保障数据安全以及高效地检索数据和处理数据。随着计算机技术与网络通信技术的发展，数据库技术已成为信息社会中对大量数据进行组织与管理的重要技术手段及软件技术，是网络信息化管理系统的基础。

现代信息化物流网络体系的应用使原来数据库的规模不断扩大，产生了巨大的数据流，使企业很难对这些数据进行准确、高效的收集和及时处理。物流管理信息系统是企业信息系统和企业信息化的基础，能够利用信息技术对物流中的各种信息进行实时、集中、统一的管理。物流信息系统主要是以数据库为核心，对各种物流信息进行加工处理，帮助决策者做出快速、准确地决策，实现对物流过程的控制，降低整个过程的物流成本。

数据挖掘（Data Mining）能够挖掘蕴藏在海量数据中大量未知的和有价值的信息，为企业物流管理提供各种决策信息，减轻物流管理者从事低层次信息处理和分析的负担，使他们专注于最需要决策智慧和经验的工作，因此提高了管理和决策的水平。随着信息技术的不断发展，数据挖掘技术将为企业物流管理决策提供越来越强大的支持功能。

（4）信息安全技术

因为 Internet 的开放性和安全的漏洞，物流信息系统软硬件的损坏或信息的泄露会给企业带来不可估量的经济损失，甚至危及企业的生存与发展。因此物流信息系统的安全与保密是一项必不可少的极其重要的信息系统管理工作。

要抓好信息系统的安全工作，可从技术与管理两方面着手。针对网络上的不安全因素（如网络黑客攻击、网络病毒传播、网络系统本身不安全等）可采取相应的对策，如数据加密技术、数字签名技术、报文鉴别技术、访问控制技术、密钥管理技术、身份认证技术等。内部信息处理中的安全运行环境是企业物流信息的基本要求，而形成一支高度自觉、遵纪守法的技术职工队伍则是计算机信息系统安全工作的最重要环节。

2. 信息采集技术

信息采集就是把原始数据如何收集输入信息系统，其核心技术是自动识别技术。自动识别技术是信息数据自动识读、自动输入计算机的重要方法和手段，是以计算机技术和通信技术的发展为基础的综合性科学技术，目的在于能够快速、准确地将现场庞大的数据有效地登录到计算机系统的数据库中，从而加快物流、资金流、信息流的速度，明显提高商家的经济效益和客户服务水平。

自动识别技术主要包括：条码识别技术、射频识别技术（RFID）、光学字符识别技术、磁卡及智能卡识别技术、生物识别技术、语音识别与视觉识别技术。其中主流是条码和 RFID 技术。

（1）条码技术

条码技术是在计算机的应用实践中产生和发展起来的一种自动识别技术，为人们提供了一种对物流中的货物进行标示和描述的方法。

条码是实现 POS 系统、EDI、电子商务、供应链管理的技术基础，是物流管理现代化、提高企业管理水平和竞争能力的重要技术手段。

（2）射频识别技术

射频识别技术（RFID）是一种非接触式的自动识别技术，它通过射频信号自动识别目标对象来获取相关数据。识别工作无需人工干预，可工作于各种恶劣环境。短距离射频产品不怕油渍、灰尘污染等恶劣的环境，可以替代条码。长距射频产品多用于交通上，识别距离可达几十米，如自动收费或识别车辆身份等。

3. 数据交换技术

物流中的信息交换主要依靠网络通信和电子数据交换两种方式。电子数据交换（Electronic Data Interchange，EDI）是指通过电子方式，采用标准化的格式，利用计算机网络进行结构化数据的传输和交换。

物流 EDI 的优点在于供应链组成各方基于标准化的信息格式和处理方法，通过 EDI 共同分享信息、提高流通效率、降低物流成本。例如，对零售商来说，应用 EDI 系统可以大大降低进货作业的出错率，节省进货商品检验的时间和成本，能迅速核对订货与到货的数据，易于发现差错。

在我国，目前 EDI 主要用于国际物流中，如国际贸易、进出口的报关用得比较广泛，方便贸易中涉及的电子单证的交换。通过物流 EDI 平台把物流过程中涉及的司机、客户、银行、运输部门等主体通过这个平台联系起来，方便信息的传输。

4. 地理分析与动态跟踪技术

随着互联网的发展和通信技术的进步，跨平台、组件化的地理信息系统（GIS）和全球定位系统（GPS）技术的逐步成熟，基于 GIS/GPS 的应用将构造具有竞争力的透明物流企业。基于互联网的 GIS/GPS 技术，在现代物流及供应链管理领域有着广阔的应用前景，对于物流企业优化资源配置、提高市场竞争力，将起到积极的促进作用。

（1）GIS

GIS（Geographical Information System）是多种学科交叉的产物，它以地理空间数据为基础，采用地理模型分析方法，适时地提供多种空间的和动态的地理信息，是一种为地理研究和地理决策服务的计算机技术系统。其基本功能是将表格型数据（无论它来自数据库、电子表格文件或直接在程序中输入）转换为地理图形显示，然后对显示结果浏览、操作和分析。其显示范围可以从洲际地图到非常详细的街区地图，显示对象包括人口、销售情况、运输线路和其他内容。

（2）GPS

GPS（Global Positioning System）具有在海、陆、空进行全方位实时三维导航与定位能力。GPS 在物流领域可以应用于汽车自定位、跟踪调度，用于铁路运输管理，也用于军事物流。

GPS 的应用和发展一方面取决于自身的因素，如价格、体积、定位精度和速度等；另一个重要方面取决于它能否和其他专业技术结合与集成，其中特别重要的是与 GIS 的结合。GPS 为用户提供点的时空信息是几何的三维坐标和时间。若将它和用户点周围基础的 GIS 或专业的 GIS 相结合，将使 GPS 提供的用户点动态实时的时空信息和用户点周围的地理信息有机地结合起来。这种结合将超越二者原有的功能和应用范围，产生 1+1＞2 的效果，成为具有专业行为意义的动态实时信息系统。

1.3.3　物流信息技术应用

现代物流业在全球范围内发展迅速，其发展水平已成为衡量一个国家的现代化程度和综合国力的重要标志之一。加快发展现代物流业，对于我国适应经济全球化、提高经济运行质量和效益、改善投资环境、增强综合国力和企业竞争力具有重要的意义。我国在国民经济和社会发展"十一五"规划纲要中明确指出，要"大力发展现代物流业，建立物流标准化体系，加强物流新技术开发利用，推进物流信息化"。

1. 物流信息技术应用现状

中国仓储协会 2011 年公布的中国物流企业信息系统的调查结果显示，作为物流信息化进程核心的物流信息系统，日益成为社会物流企业的发展"瓶颈"、物流信息资源整合能力也成为物流需求方企业考查物流供应商的主要因素。我国只有 39%的物流供给企业拥有物流信息系统，而且大多数的信息数据系统都是相互孤立和静态的，一些现代化的物流手段如计算机网络技术、机电一体化技术、语音识别技术、GPS、EDI、管理信息系统（MIS）等的使用还不是很广泛，这直接影响了物流中心与用户各方的沟通和协作，阻碍物流服务质量的提高，从而也严重影响了我国物流企业的竞争力与服务质量。

由《国际商报》主持的《来华跨国公司物流服务需求调查报告》的结果显示，中国物流服务理念以及信息服务水平有待提高，中国物流企业的竞争力亟待增强。这次调查涵盖了近百家来华外商投资企业，高达 80%的企业对目前物流服务商的满意度的评价为"一般"，受访企业认为物流服务商需要改进的方面，依次为信息传递效率、运作成本、满足需求的波动能力、作业速度、服务内容和服务态度等。关于中国物流环境的调查显示了目前中国自动化仓库的运作管理水平，多于三分之一的企业还是采用手工信息处理，仅有尚且不足 2%的企业是"机械化作业、信息化处理"。

国内各种物流信息应用技术已经广泛应用于物流活动的各个环节，对企业的物流活动产生了深远的影响。

（1）物流自动化设备技术的应用

物流自动化设备技术的集成和应用的热门环节是配送中心，其特点是每天需要拣选的物品品种多，批次多、数量大。因此国内超市、医药、邮包等行业的配送中心部分地引进了物流自动化拣选设备。一种是拣选设备的自动化应用，如北京市医药总公司配送中心，其拣选货架上配有可视的分拣提示设备。这种分拣货架与物流管理信息系统相连，动态地提示被拣选的物品和数量，指导着工作人员的拣选操作，提高了货物拣选的准确性和速度。另一种是物品拣选后的自动分拣设备。用条码或电子标签附在被识别的物体上，由传送带送入分拣口，然后由装有识读设备的分拣机分拣物品；使物品进入各自的组货通道，完成物品的自动分拣。

分拣设备在国内大型配送中心有所使用，但这类设备及相应的配套软件基本上由国外进口，也有进口国外机械设备，国内配置软件。立体仓库和与之配合的巷道堆垛机在国内发展迅速，在机械制造、汽车、纺织、铁路、卷烟等行业都有应用。例如，昆船集团生产的巷道堆垛机在红河卷烟厂等多家企业应用了多年。近年来，国产堆垛机在其行走速度、噪声、定位精度等技术指标上有了很大的改进，运行也比较稳定。但是与国外著名厂家相比，在堆垛机的一些精细指标如最低货位极限高度、高速（80 米/秒以上）运行时的噪声、电机减速性能等方面还存在不小差距。

（2）物流设备跟踪和控制技术的应用

目前，物流设备跟踪主要是指对物流的运输载体及物流活动中涉及的物品所在地进行跟踪。物流设备跟踪的手段有多种，可以用传统的通信手段如电话等进行被动跟踪，可以用 RFID 手段进行阶段性的跟踪，但目前国内用得最多的还是利用 GPS 技术跟踪。

GPS 技术主要跟踪货运车辆与货物的运输情况，使货主及车主随时了解车辆与货物的位置与状态，保障整个物流过程的有效监控与快速运转。物流 GPS 监控管理系统的构成主要包括运输工具上的 GPS 定位设备、跟踪服务平台、信息通信机制和其他设备。在国内，部分物流企业为了提高企业的管理水平和提升对客户的服务能力也应用这项技术，例如，去年年底，沈阳等地方政府要求下属交通部门对营运客车安装 GPS 设备工作进行了部署，从而加强了对营运客车的监管。

（3）物流动态信息采集技术的应用

企业竞争的全球化发展、产品生命周期的缩短和用户交货期的缩短等都对物流服务的可得性与可控性提出了更高的要求，实时物流理念也由此诞生。要保证对物流过程的完全掌控，物流动态信息采集应用技术是必需的要素。

动态的货物或移动载体本身具有很多有用的信息，如货物的名称、数量、重量、质量、出产地，或者移动载体的名称、牌号、位置、状态等一系列信息。这些信息可能在物流中反复的使用，因此正确、快速读取动态货物或载体的信息并加以利用可以明显地提高物流的效率。在目前流行的物流动态信息采集技术应用中，条码技术应用范围最广，其次还有磁条（卡）、语音识别、便携式数据终端、射频识别（RFID）等技术。

2．物流信息技术发展趋势

（1）RFID 将成为未来物流领域的关键技术

专家分析认为，RFID 技术应用于物流行业，可大幅提高物流管理与运作效率，降低物流成本。另外，从全球发展趋势来看，随着 RFID 相关技术的不断完善和成熟，RFID 产业将成为一个新兴的高技术产业群，成为国民经济新的增长点。因此，RFID 技术有望成为推动现代物流加速发展的新品润滑剂。

（2）物流动态信息采集技术将成为物流发展的突破点

在全球供应链管理趋势下，及时掌握货物的动态信息和品质信息已成为企业盈利的关键因素。但是因为受到自然、天气、通信、技术、法规等方面的影响，物流动态信息采集技术的发展一直受到很大制约，远远不能满足现代物流发展的需求。借助新的科技手段，完善物流动态信息采集技术，成为物流领域下一个技术突破点。

（3）信息安全技术将日益被重视

借助网络技术发展起来的物流信息技术，在享受网络飞速发展带来巨大好处的同时，也时刻面临着安全危机，例如，网络黑客无孔不入地恶意攻击、病毒的肆虐、信息的泄密等。应用安全防范技术，保障企业的物流信息系统或平台安全、稳定地运行，是企业将长期面临的一项重大挑战。

本 章 小 结

信息是现代社会三大资源之一，信息技术应用在物流领域中起着非常重要的作用，信息化是物流现代化的重要标志。通过在物流领域中应用信息技术，可以使企业降低物流成本，提高物流运作效率和对市场反应的灵敏度，从而更好地满足客户的需求，增强企业的核心竞争力。虽然我国的物流信息化建设还处于初级阶段，但是有广阔的发展空间。随着企业信息化基础设施的不断完善，物流信息化将进入高速发展的时期。

信息技术主要包括传感技术、通信技术、计算机技术和自动化技术。这些技术在物流活动中都起着非常重要的作用，可以称为物流信息基础技术。随着现代物流的发展和物联网的产生，物流信息技术有了新的技术范畴，通常包括条码技术、RFID 技术、GPS 技术、GIS 技术、EDI 技术以及物流信息技术应用等内容。

物流信息化是指物流企业以业务流程重组为基础，广泛使用现代物流信息技术，控制和集成企业物流活动的所有信息，实现企业内外信息资源共享和有效利用，以提高企业的经济效益和核心竞争力。物流信息化包括物流信息网络化、物流过程信息化、物流管理信息化、经营网络化、设施自动化等内容。

当前我国物流业的发展和物流信息化市场都处于一个加速发展的时期，对于国内企业来说，基础信息化仍然是物流信息化建设的主要内容。此外，信息化建设仍将遵循循序渐进的规律，我国大部分企业还处于初级阶段，不可能在短时间内对供应链管理系统产生太大的需求。现阶段，制造业仍将以 ERP 为主，再逐步扩展到物流的一些主要环节上去。

综合实训：了解物流信息技术的应用现状

【实训目的】

通过网上浏览、登录典型物流企业等方式浏览企业物流信息系统应用情况，了解物流企业信息化状况、物流信息技术的内涵、应用情况、对企业的重要性，从而提高对物流信息技术重要性的认识。

【实训内容】

（1）了解物流企业信息化状况。

（2）了解物流信息技术应用情况。

（3）分析物流信息技术的重要性。

【实训方法】

通过浏览相关网站、查阅图书、企业调查等方式搜集资料、进行总结。下面提供一些常用的物流官方网站、物流信息技术网站、公共物流平台网站。

（1）中国交通运输协会：http://www.cctanet.org.cn

（2）中国物流行业协会网站：http://www.cla.gov.cn/

（3）中国电子商务协会：http://www.ec.org.cn

（4）中国物流与采购网：http://www.chinawuliu.com.cn/

（5）全国物流信息网：http://www.5156net.cn/

（6）宁波物流网：http://www.nbwlw.com/

（7）顺风速运：http://www.sf-express.com/cn/sc/

（8）美国联邦快递：http://www.fedex.com/

（9）美国联合包裹运输 UPS：http://www.ups.com

【实训要求】

根据搜集资料撰写调研报告，要求：观点明确、资料翔实、结构合理、表达流畅，字数在3千字左右。

课 后 习 题

一、填空题

1. 因为各种原因的限制，在市场中交易的双方所掌握的信息是极不相等的，不同企业掌握信息的程度各有不同，这就形成了信息的（   ）。

2. 根据管理层次的划分，物流信息分为（   ）、战术管理信息、知识管理信息和操作管理信息。

3. 物流信息技术内容包括（   ）等。

4. 一般信息系统都具有输入、（   ）、存储、加工和（   ）等功能。

5. （   ）是物流信息技术的基础和灵魂。

6. 经过处理的、有意义的有用数据就是（   ）。

7. 计算机中各种各样的数据，包括文字、图像、声音等，都用（   ）来表示和存储。

8. 物流信息化建设包括了3个方面的内容：物流信息系统软件的使用、物流标准化、（   ）。

二、选择题

1. 不属于现代物流特点的是（   ）。

    A. 信息化   B. 网络化   C. 智能化   D. 人工化

2. 以下有关数据与信息的描述，错误的是（　　　）。

    A. 信息是加工后的数据　　　　　　　　B. 数据和信息是相对的

    C. 数据处理必须依据客观规律　　　　　D. 数据是加工后的信息

3. 用计算机对物流领域的信息进行的处理，属于计算机应用领域的（　　　）。

    A. 数据处理　　　　B. 辅助设计　　　　C. 实时控制　　　　D. 人工智能

4. 信息技术泛指凡是能（　　　）人的信息处理能力的技术。

    A. 拓展　　　　　　B. 优于　　　　　　C. 替代　　　　　　D. 改变

5. 信息技术主要包括传感技术、通信技术、计算机技术和（　　　）等。

    A. 机器人技术　　　B. 数据库技术　　　C. 控制技术　　　　D. 智能技术

6. （　　　）与材料、能源一起被称为现代社会的三大资源。

    A. 知识　　　　　　B. 科技　　　　　　C. 信息　　　　　　D. 情报

7. 传感技术是信息的采集技术，对应于人的（　　　）。

    A. 感觉器官　　　　　　　　　　　　　B. 思维器官

    C. 神经系统　　　　　　　　　　　　　D. 效应器官

8. 物流信息按管理层次可以分为战略管理信息、战术管理信息、（　　　）和操作管理信息。

    A. 控制及作业信息　　　　　　　　　　B. 知识管理信息

    C. 支持信息　　　　　　　　　　　　　D. 统计管理信息

9. 主要用于企业内部以及企业供应链上下游之间的信息共享的物流信息平台是（　　　）。

    A. 企业物流信息平台　　　　　　　　　B. 国家物流公共信息平台

    C. 地区物流公共信息平台　　　　　　　D. 行业物流公共信息平台

10. 物流信息包含的内容从狭义方面来考察是指（　　　）。

    A. 企业与物流活动有关的信息

    B. 企业与流通活动有关的信息

    C. 企业与整个供应链活动有关的信息

    D. 企业与经营管理活动有关的信息

11. 物流信息包含的内容从广义方面来考察是指（　　　）。

    A. 企业与物流活动有关的信息　　　　　B. 企业与流通活动有关的信息

    C. 企业整个供应链活动有关的信息　　　D. 企业与经营管理活动有关的信息

12. 物流信息的分类、研究和筛选等工作的难度比较大，这是因为物流信息（　　　）的特点决定的。

    A. 阶梯式传递　　　　　　　　　　　　B. 信息量大、分布广、种类多

    C. 具有较高的时效性　　　　　　　　　D. 具有"牛鞭效应"

13. 从本质上讲，物流信息系统是利用信息技术，通过（　　　），将各种物流活动与某个一体化过程连接在一起的通道。

    A. 物流　　　　　　B. 商流　　　　　　C. 资金　　　　　　D. 信息流

三、名词解释

1. 信息

2. 信息技术

3. 现代物流

4．供应链

5．物流信息技术

四、简答题

1．信息的基本特征是什么？

2．物流信息技术包括哪些内容？

3．说明物流信息技术在物流活动中的作用。

4．如何理解商流、物流、资金流和信息流之间的关系？

5．简述我国物流行业信息化的现状。

▶▶▶ **案例分析** ◀◀◀

苏宁：家电卖场背后的力量

"买电器到苏宁"，这句耳熟能详的广告语让很多人把苏宁简单地理解为卖电器的场所。事实上，终端店面的电器销售，只是苏宁事业的冰山一角。其遍布全国的物流网点、庞大的信息化平台、健全的人才培养机制，这些来自背后的力量是成就苏宁连锁奇迹最为坚实的后盾，是它们联合前台的协同作战，推动着苏宁这艘航母破浪远行。

信息化：一项构建"天梯"的工程。

可以说，信息化的管理后台是苏宁背后最主要的力量之一，是苏宁发展的核心驱动力。凭借这个管理后台，苏宁才得以实现全国 300 多个城市、数千个前后台店面、物流、售后和客服终端的协同运作，十多万人的一体化运营管理；凭借这个管理后台，苏宁才能够与上游供应商实现对接，通过分工合作，提高整个供应链效率；凭借这个管理后台，苏宁将传统简单、粗放、体力化的商业运作，全面提升转型为现代化、信息化、智慧型的商业运作。业界称，苏宁信息化工程堪称是一个构建"天梯"的工程，通过这样一个可以无限延展的天梯，推送着苏宁不断地达到更高的高度。

苏宁经营规模快速扩大的历程，其实也是其信息化高速发展的历程。其对信息化的持续投入，让企业信息化水平逐年提高，也让这种提高科技含量的新的发展模式日渐成熟，成为苏宁持续、健康发展的坚强后盾。就在云技术、数字化信息平台越来越被看重的当下，苏宁正凭借强大的信息化管理后台努力打造"智慧的卖场"。

按照分步实施、逐步完善的信息化实施原则，苏宁先后建立了门店、物流配送、仓库、售后服务中心等局域网络系统的布局，并将这部分业务纳入信息系统，通过信息系统来进行销售管理、配送管理、仓库管理以及售后服务管理，以提高服务效率以及服务质量。

物流：一张"看不见"的网。

考验家电连锁发展的是门店规模，但支持门店高效运作的则是物流。物流不仅决定了终端的速度效率，同样也是一家企业提升竞争力的核心资产。物流基地建设实际上是苏宁连锁化进程发展到一定阶段后市场所提出的必然要求，因为从一定程度上讲，是否建立起一套完善有效的物流系统决定了连锁经营的成败，苏宁坚持自有服务后台建设的步伐从未停止。对苏宁来说，如果称其遍地开花的连锁店面是在描述"看得见的苏宁"，那么其庞大的后台物流基地则是在打造一个"看不见的苏宁"。

苏宁物流建设的远景规模与宏伟蓝图也赫然列入其未来十年规划的方案中：到 2015 年实现全国 60 个物流基地的完成建设并交付使用，到 2020 年在全国建成 10 个自动化仓库支撑小件商品的自动化物流，使苏宁的物流仓储能力达到 6000 万台/套，配送能力达到每天 450 万台/套。

除了构建起全国贯通的物流大动脉外，遍布各地的物流基地可以说是一座座集合了大量创新技术的科技中心。北京苏宁物流基地相关负责人接受采访时表示，作为苏宁投入巨资打造的最新一代物流基地，在苏宁体系内也即是第三代物流基地，使用的多层立体机械货架，在相同仓储面积下，库存数量比传统库存方式提高一倍；采用的自动机械作业，可使装卸货效率提高 3 倍左右，这样也减少了因为人工装卸造成的货物残损；同时，借助库存管理系统，进货和出货的差错率几乎为零。这样的规模效益和供应链的整合，除了进一步加大终端的价格优势外，还可以完善苏宁配送的准时制服务。"我们做过实验，如果配送车辆 GPS 定位等各个环节全部跟上，那么承诺给顾客的送货时间可精确到以小时来计算，送货时间误差在半小时之内"，该负责人如此自豪地介绍道。

——北京商报（2011 年 11 月 15 日）

根据案例回答问题。

（1）苏宁采用了哪些物流信息技术？

（2）物流信息技术的应用给苏宁带来了哪些好处？

（3）本案例对物流企业有哪些启示？

第2章 物流信息基础技术

本章主要内容

2.1 计算机网络技术
2.2 数据存储与挖掘技术
2.3 网站开发技术
2.4 信息安全技术

本章学习方略

本章重点内容

- Internet 特点和常用服务
- 企业网 Intranet 的结构和功能
- 网站的建设过程

本章难点内容

- 关系数据库模型
- 网络攻击与防范

案例引入

Internet 在美国企业供应链管理中的应用

1. 运输

运输管理是 Internet 在供应链中应用最广泛的领域，其主要用于监测承运人在区域性分销中心接收货物的过程。这对企业来说至关重要，因为对运输的跟踪可获得有关承运人绩效的可靠信息，从而使运输管理者确保承运人能按规定时间到达，而且在发生运输延迟情况下能立即通知承运人。另外，承运人与托运人之间不再需要就费率问题展开面对面的谈判，Internet 使谈判更快捷而且成本更低。企业还可以借助互联网的跟踪系统轻松地解决针对承运人的索赔问题。

例如，通用电器公司使用 Internet 来安排位于大都市地区的中心仓库的货物外向运输，结果每小时的交货数量大大增加，而每笔定货的运输成本却明显地减少。福特汽车公司使用 Internet 对每天运送给顾客的小批量零配件进行追踪。PPG 公司运用 Internet 对来自其主要生产工厂的承运人的每周路线执行情况进行监测，同时该公司运用 Internet 追踪全国的长途运输。航空产品和化工产品公司在全球经营过程中使用 Internet，Internet 会通知该公司哪个运输终点站和工厂对于服务顾客来说是最佳的。Emery 全球物流公司使用 Internet 监测本公司车队每日货物运输情况，并与以前将运输外包出去的绩效相对比，从而确定其车队应达到的效率。

2. 订单处理

供应链中订单处理领域使用 Internet 的程度仅次于运输领域，主要应用于订货，然后是退货处理，然后是顾客有关商品脱销的通知。Internet 的使用使文书处理工作大大减少，订单处理的成本大大降低，订单处理的速度得以提高，定货周期几乎缩短了一半，而且使订单处理中的失误率明显降低，因为现在能够很容易发现失误而且迅速更正。在订单处理中最为重要的是定价的准确性，Internet 的使用使公司能够在订购货物前在线核查供应商的价格。

3. 库存管理

供应链管理中成本最高的环节就是库存管理。研究表明互联网在这一领域最广泛的应用是货主与顾客之间关于缺货的通知；在互联网之前，EDI 在供应链的信息沟通中发挥了很长时间的作用，每个成员必须花重金投入设备、软件和培训，而互联网的出现使供应链成员更快、更节约地实施 EDI 系统成为可能；企业可通过互联网将有关订货发运延迟和存货紧缺的事情通知顾客；条形码读取器的使用使库存管理更加精确，它能够将有关存货水平的数据传输到计算机上，使管理者能够随时了解有关存货管理的有效信息。总之，Internet 的应用极大地提高了企业的库存管理能力，有利于企业在提供高水平顾客服务的同时降低库存水平，减少库存保管费。

4. 供应商关系管理

Internet 已成为生产企业与供应商之间重要的联系纽带。研究表明，在此领域使用 Internet 最广泛的是在线采购，Internet 已经极大地改进了传统的采购方法。另外，很多企业对接收供应商的询问、向供应商提供信息以及对退货和破损货物的处理等活动都通过 Internet 来完成。在供应商关系管理方面的一个重要问题是企业要有能力基于双方商订的合同对供应商的绩效进行评价，具体可考查以下因素：将产品交至企业仓库的情况、供应商使用的承运人的服务准时性及供应商原材料库货水平等。很多企业使用 Internet 来对供应商的行为实施监督，有的甚至用 Internet 建立起全面的供应商业绩评价体系，提高了供应商的整体绩效，降低了采购成本，并提高了供应商的经营效率，而且使许多企业能够基于 Internet 监测系统的可靠信息与供应商形成战略联盟。例如，Rollins 租赁公司通过 Internet 增强了同供应商的合作，提高了资产利用率，而且 Internet 使公司能够更加准确地追踪货物运输和供货商交货进度，从而将供应链成本降低了 5%～15%。

5. 采购

研究证实互联网在采购管理各环节被广泛应用，主要包括联系货主、审核货主的报价并根据产品目录采购。通过互联网美国各公司的采购效率更高了，如通用电器公司允许每个部门进行网上采购而使采购人员减少了 50%以上，书面文件处理工作大大减少而且订单周期缩短了 40%。客户谈判也可以直接在线完成，这包括谈判过程中的讨价还价以及合同条款的商订，谈判效率得以显著提高。货物损坏、退款及索赔问题也可以通过互联网解决。

6. 顾客服务

研究表明，Internet 为顾客提供了 24 小时与企业服务部取得沟通的机会，使顾客能够将服务问题以及可能出现的其他问题及时告知。总体来看，Internet 使顾客反应时间缩短，并提供了解决服务问题的良好方案。研究还表明，美国的许多公司不但为了解决服务问题使用 Internet，同时也为了更好地推销他们的产品和服务，这种双向交流对于巩固顾客与企业的联系与合作具有很深的影响。实践证明，顾客服务问题解决得越快，顾客的满意度越高，那么他们就越有可能再次购买本企业的产品。如果在顾客服务领域恰当地使用 Internet，将会建立起强大的品牌效应和高度的顾客忠诚。如 Waste 管理公司利用 Internet 扩大消费者服务中心的服务范围。消费者根本无需同服务代表接触，可以通过公司的网站用电子邮件来提出意见或获得有关公司产品的最新信息，顾客的满意度提高了。Huffy 技术服务公司，通过 Internet 同其专门领域的技术人员保持联系，并利用网上信息更加有效地进行人员安排，从而能更好地满足消费者的需求。

7. 生产计划的安排

生产计划的安排一直是供应链管理中最为困难的问题，主要因为：销售预测的不准确时有发生；缺乏来自供应商的原材料信息；缺乏关于供应商存货水平以及顾客需求变动的信息。研究显示，目前 20.5% 的美国企业使用 Internet 协调与供应商的零库存计划，21.9% 的企业正在开始使用 Internet 与供应商协调生产计划。Internet 促进了供应商、生产企业、顾客之间的联系与交流，使许多企业将生产计划安排上的困难降到了最小。另外，Internet 在订单处理中的运用为企业提供了有关产品销售和服务的实时信息，从而使销售预测更加精确，反过来也大大促进了生产的计划安排。

——文章来自：中国物流与采购联合会

——计世网 2006 年 12 月

从构成要素上看，物流信息技术作为现代信息技术的重要组成部分，本质上都属于信息技术范畴，只是因为信息技术应用于物流领域而使其在表现形式和具体内容上存在一些特性，但其基本要素仍然同现代信息技术一样。物流信息技术可以分为 4 个层次：物流信息基础技术、物流信息系统技术、物流信息应用技术、物流信息安全技术。

计算机网络、数据库管理、网站建设、信息安全等技术综合构成了现代物流信息技术的基础和核心。

2.1 计算机网络技术

计算机网络是当今计算机科学与工程中迅速发展的新兴技术之一，也是计算机应用中一个空前活跃的领域。计算机网络是计算机技术与通信技术相互渗透、密切结合而形成的一门交叉科学。计算机网络的发展和应用水平直接反映了一个国家计算机技术和通信技术的水平。在以信息化带动工业化和以信息化推进现代化的过程中，计算机网络扮演着越来越重要的角色。现代物流、智慧物流、物联网等技术的发展都离不开计算机网络的应用。

2.1.1 计算机网络的概念

计算机网络是通信技术与计算机技术相结合的产物。通信技术是计算机网络产生的前提和条件，而计算机技术的快速发展和社会需求是计算机网络产生的内动力。通信技术是一门相对古老的技术，19 世纪 30 年代发明了电报，19 世纪 70 年代发明了电话。自 1946 年第一台数字电子计算机问世以后，在开始的大约十年时间内，计算机技术和通信技术之间几乎没有什么联系。当时，数字电子计算机的数量很少，而且价格十分昂贵，只为少数专业人士使用，而且在使用时非常不方便。

自 20 世纪 60 年代以来，人们就不断进行计算机技术与通信技术的结合，并取得了巨大的成功，逐渐形成了现代的计算机网络技术，并不断地向前发展。计算机网络的发展经历了面向终端的单机计算机网络、计算机对计算机的网络、开放式标准化计算机网络和高速广域网 4 个阶段。

1. 计算机网络的定义

关于计算机网络的定义到目前为止还没有标准统一的定义，从非专业的角度可以理解为：一些互相连接的、自治的计算机系统的集合。结合 1970 年美国信息学会对计算机网络的定义，把计算机网络定义为：计算机网络就是将不同地理位置并具有独立功能的多台计算机或外部设备通过通信线路相互连接起来，在网络通信协议和网络操作系统的支持下，实现资源共享和信息交换的计算机系统的集合。

虽然不同的教材对计算机网络有着不同的定义，综合起来包含了三个要点，称为计算机网络的三要素。

① 包含多台具有"自主"功能的计算机。

② 彼此必须遵循所规定的网络协议。

③ 资源共享是其基本功能。

2. 计算机网络的功能

计算机网络自诞生以来，得到迅猛发展，尤其 20 世纪 90 年代 Internet 商业化以来，被越来越广泛地应用于政治、经济、军事、生产及科学技术的各个领域。计算机网络的主要功能包括如下几个方面。

（1）数据通信

现代社会信息量激增，信息交换也日益增多，每年有几万吨信件要传递。利用计算机网络传递信件是一种全新的电子传递方式。电子邮件比传统的通信工具有更多的优点，它不像电话需要通话者同时在场，也不像广播系统只是单方向传递信息，在速度上比传统邮件快得多。另外，电子邮件还可以携带声音、图像和视频，实现多媒体通信。如果计算机网络覆盖的地域足够大，则可使各种信息通过电子邮件在全国乃至全球范围内快速传递和处理。

（2）资源共享

在计算机网络中，有许多昂贵的资源，例如大型数据库、巨型计算机等，并非为每一用户所拥有，所以必须实行资源共享。资源共享包括硬件资源的共享，如打印机、大容量磁盘等；也包括软件资源的共享，如程序、数据。资源共享的结果是避免重复投资和劳动，从而提高了资源的利用率，使系统的整体性能价格比得到改善。

（3）提高安全性和可靠性

在一个系统内，单个部件或计算机的暂时失效必须通过替换资源的办法来维持系统的继续运行。但在计算机网络中，每种资源（尤其程序和数据）可以存放在多个地点，而用户可以通过多种途径来访问网内的某个资源，从而避免了单点失效对用户产生的影响。

（4）提高系统处理能力

单机的处理能力是有限的，且因为种种原因（如时差），计算机之间的忙闲程度是不均匀的。从理论上讲，在同一网内的多台计算机可通过协同操作和并行处理来提高整个系统的处理能力，并使网内各计算机负载均衡。

3．计算机网络的组成

计算机网络由硬件和软件两大部分组成。网络硬件负责数据处理和数据转发，它为数据的传输提供一条可靠的传输通道。网络硬件包括计算机系统、通信线路和通信设备。软件控制数据通信和实现各种网络应用。软件包括网络协议以及网络软件。网络软件的各种功能依赖硬件完成，而没有软件的硬件系统也无法实现真正端到端的数据通信。对于一个计算机网络系统而言，二者缺一不可。总体而言，计算机网络是由计算机系统、通信线路和通信设备、网络协议及网络软件 4 个部分组成。下面简单介绍各个组成部分的主要功能。

（1）计算机系统

计算机网络的第一个要素是至少有两台具有独立功能的计算机系统。计算机系统是网络的基本模块，是被连接的对象。它的主要作用是负责数据信息的收集、处理、存储和传输，它还可以提供共享资源和各种信息服务。计算机系统是计算机网络的一个重要组成部分，是计算机网络不可缺少的硬件元素。

（2）通信线路和通信设备

网络硬件部分除了计算机系统外，还有用于连接这些计算机系统的通信线路和通信设备，即数据通信系统。其中，通信线路指的是通信介质及其介质连接部件，通信介质包括光缆、同轴电缆、双绞线、微波和卫星等，介质连接部件包括水晶头、T 型接头等。

通信设备是指网络连接设备和网络互连设备，包括网卡、集线器（HUB）、中继器（Repeater）、交换机（Switch）、网桥（Bridge）、路由器（Router）及调制解调器（Modem）等其他通信设备。

使用通信线路和通信设备可以将计算机互连起来，在计算机之间建立一条物理通道，用于数据传输。通信线路和通信设备负责控制数据的发出、传输、接收或转发，包括信号转换、路径选择、编码与解码、差错校验、通信控制管理等，以便完成信息交换。通信线路和通信设备是连接计算机系统的桥梁，是数据传输的通道。

（3）网络协议

网络协议是指通信双方必须共同遵守的约定和规则。它是通信双方关于通信如何进行所达成的一致。例如，用什么样的格式表达、组织和传输数据，如何校验和纠正传输出现的错误，以及传输信息的时序组织与控制机制等。现代网络都是层次结构，协议规定了分层原则、层间关系、执行信息传递过程的方向、分解与重组等。

在网络上通信的双方必须遵守系统的协议，才能正确地交流信息，就像人们谈话要说同一种语言一样。如果谈话时使用不同的语言，就会造成双方都听不懂对方在说什么的问题，那么他们将无法进行交流。因此，协议在计算机网络中是至关重要的。

目前，存在着两种占主导地位的网络体系结构，一种是 ISO（国际标准化组织）的 OSI/RM（开放系统互联参考模型）体系结构，另一种是 TCP/IP（传输控制协议/网际协议）体系结构。

（4）网络软件

网络软件是一种在网络环境下使用和运行或者控制和管理网络工作的计算机软件。根据软件的功能，计算机网络软件可分为网络系统软件和网络应用软件两大类型。

网络系统软件是控制和管理网络运行、提供网络通信、分配和管理共享资源的网络软件，它包括网络操作系统、网络协议软件、通信控制软件、管理软件等。

网络应用软件是指为某一个应用目的而开发的网络软件，如远程教育软件、数字图书馆软件、Internet 信息服务软件等。网络应用软件为用户提供访问网络的手段及网络服务，如资源共享和信息传输的服务。

4．计算机网络的分类

计算机网络的分类有多种方式，常用的方法主要是：按通信方式分类、按拓扑结构分类、按地理覆盖范围分类 3 种。

（1）按通信方式分类

① 广播式网络：只有一条通信信道，网络上所有的计算机共享通道，信息传输是以广播方式传输，如局域网上的总线网、广域网上的微波通信、卫星通信等。

② 点到点网络：由一对对计算机之间的多条链路组成，用点到点的方式将计算机连接起来，信息传输是点到点之间传输，如局域网中的令牌环网。

（2）按拓扑结构分类

"拓扑"是几何学中的概念，从图论演变而来的，将实体抽象成与其大小、形状无关的点，将连接实体的线路抽象成线，进而研究点、线、面之间的关系。

网络的拓扑结构是在计算机网络中若将各节点抽象为"点"，将通信介质抽象为"线"来表达网络节点与节点之间的关系。按照拓扑结构计算机网络可以分为 5 类，如图 2-1 所示。

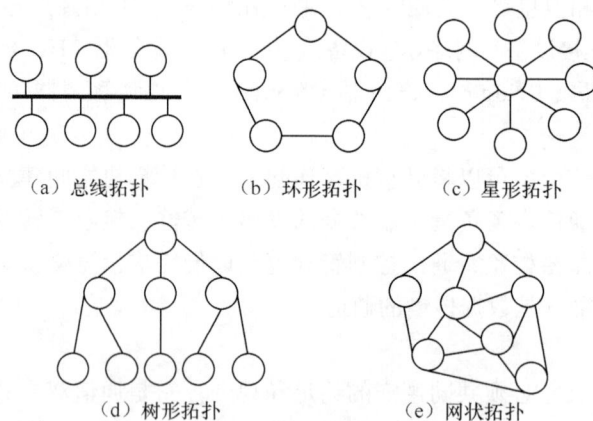

（a）总线拓扑   （b）环形拓扑   （c）星形拓扑

（d）树形拓扑   （e）网状拓扑

图 2-1   计算机网络拓扑结构

（3）按地理覆盖范围分类

计算机网络按照其覆盖的地理范围进行分类，可以很好地反映不同类型网络的技术特征。因为网络覆盖的地理范围不同，它们所采用的传输技术也不同，因而形成了不同的网络技术特点与网络服务功能。按网络覆盖的地理范围进行分类，计算机网络可以分为局域网（LAN）、城域网（MAN）和广域网（WAN）3 种类型，见表 2-1。

表 2-1 局域网、城域网和广域网比较

类型	覆盖范围	传输速率	误码率	计算机数目	传输介质	所有者
LAN	<10km	很高	$10^{-11}\sim10^{-8}$	$10\sim10^3$	双绞线、同轴电缆、光纤	专用
MAN	几百千米	高	$<10^{-9}$	$10^2\sim10^4$	光纤	公/专用
WAN	很广	低	$10^{-7}\sim10^{-6}$	极多	公共传输网	公用

2.1.2 局域网技术

1. 局域网的特点

局域网属于专有网络，通常位于一个建筑物或者一个校园内。地理覆盖范围通常在十千米之内，一般不使用网状结构。与其他网络相比，局域网技术的发展最为迅速。

1980 年 2 月 IEEE（Institute of Electrical and Electronics Engineers，电气与电子工程师协会）802 委员会成立。该委员会制订了一系列局域网标准，即 IEEE 802 标准。

局域网具有以下特点。

① 地理范围有限：10 千米以内。

② 传输速率高：10Mbit/s～1000Mbit/s。

③ 误码率低：$10^{-8}\sim10^{-11}$。

④ 多采用分布式控制和广播式通信：站点平等，广播式发送。

⑤ 低层协议简单：没有网状结构。

⑥ 不单独设立网络层：根据其拓扑结构，不需要中间转发。

⑦ 采用多种媒体访问技术：CDMS/CD、令牌环、令牌总线、FDDI 等。

⑧ 局域网的体系结构由 IEEE 802 体系结构委员会定义。

2. 以太网技术

（1）以太网的概念

以太网（Ethernet）是一种被广泛使用的局域网技术，采用的是总线型拓扑结构。这里的"以太"是电缆的意思。以太网是由 Xerox 公司 Palo Alto 研究中心在 20 世纪 70 年代早期发明的。在此基础上，DEC、Intel 和 Xerox 三家公司合作，制订了一个针对于 10Mbit/s 的以太网标准，该标准以这三家公司名称的首字母命名，被称为 DIX 标准。DIX 标准经过了两次很小的修改后，转变为 IEEE 802.3 标准。在标准化后，以太网技术以飞快的速度发展，而且得到了广泛使用。

现在以太网技术还在发展，快速以太网和千兆位以太网出现了，交换技术和电缆技术等也相继促进了以太网的发展。

（2）交换式以太网结构

自从交换机产生和应用以来，打破了共享介质式以太网的广播式传输、会产生冲突等缺点，交换机各端口之间可以进行并发通信，而不会冲突，极大地提高了网络响应速度，从而使得建立较大规模的局域网成为可能。

目前大多数企业网、校园网等典型的局域网均采用交换式以太网结构，主要采用五类非屏蔽双绞线和光纤连接。根据网络规模，可以采用两层或三层交换机结构。图 2-2 所示为典型的千兆位三层交换的局域网结构。

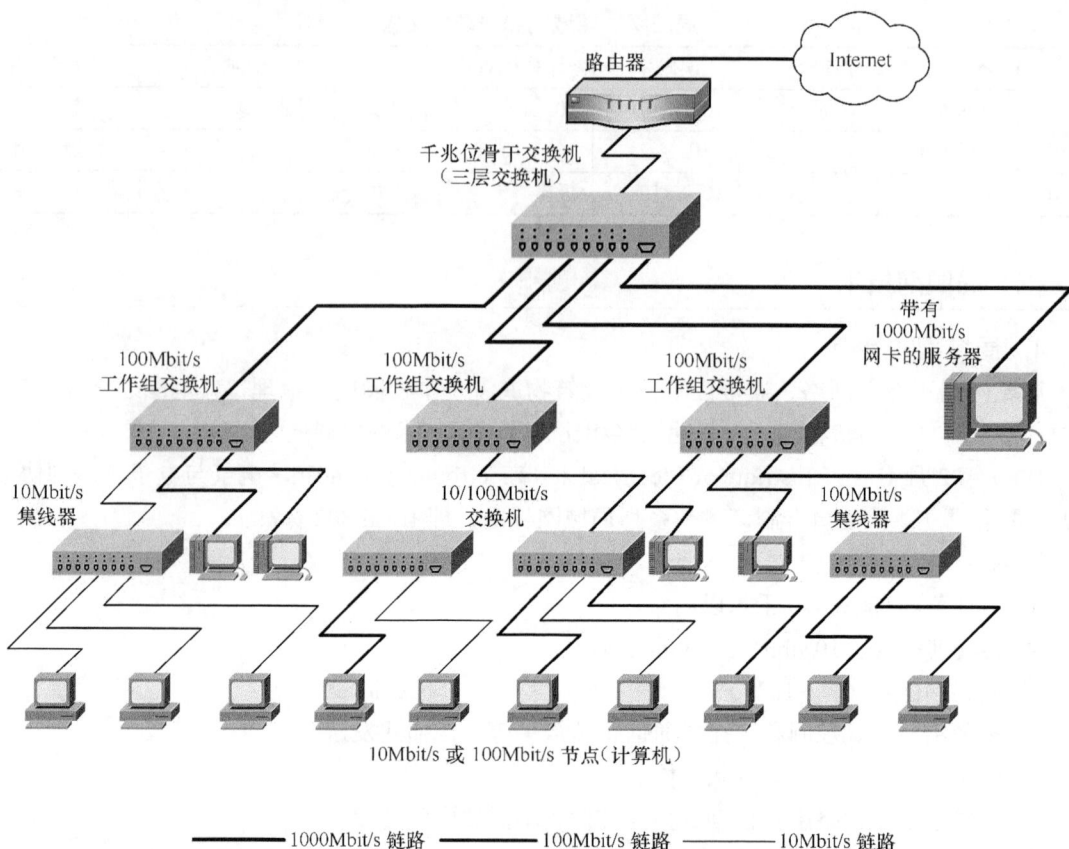

图 2-2　千兆位三层交换的局域网结构

（3）局域网常用设备

① 网卡：网卡（Network Interface Card，NIC）也称为网络适配器，是连接计算机和网络必不可少的硬件设备，是局域网中最基本的部件之一。必须正确的安装并设置网卡，才能保证计算机与网络中其他计算机实现交换数据、资源共享。网卡通常插在主板的扩展插槽中，并通过网线与网络进行正常通信。也有把网卡集成到主板上的。

② 集线器（HUB）：集线器属于中继器的一种，其不同之处是能提供多端口服务，因此集线器又称为多口中继器。集线器与网卡、网络线缆一样属于 OSI 模型中的物理层。在以太网中，集线器通常支持星型或混合型拓扑结构。

集线器的一个端口与主干网相连，并有多个端口连接多个计算机或其他设备。集线器的主要功能是接收从源端口发出的数据信号，将收到的数据信号进行整形放大，使网络传输过程中衰减了的信号还原，最后将处理后的信号广播到其他端口。

③ 交换机（Switch）：目前交换机在局域网中的应用十分广泛，主要提供桥接功能及在现存网络上增加带宽。交换机保持一张有关地址的信息表，并通过该信息来决定过滤并转发的网络流量。

交换机根据数据包的目的地址将数据从源端口发送到指定端口，且同时可建立多条传输路径，可明显提高网络实际吞吐量。

交换机主要用于连接集线器、服务器或分散式主干网。从 OSI 模型来看，交换机属于 OSI 的第二层数据链路层。与集线器相比，交换机不仅可以对传输的数据进行同步、整形和放大，而且可以过滤短帧、碎片等，更有效地保证数据的正确性和完整性。

④ 网络介质：组建一个局域网，就要使用传输介质来实现网络实体间的连接、网络中的数据和信息传递。若把计算机比作仓库，数据信息比作运输工具，那么传输介质就是不可缺少的公路。常用的局域网传输介质有双绞线、同轴电缆、光纤、微波或无线电波。不同的传输介质，其费用、数据传输速度、传输距离和网络提供的带宽各不相同。

2.1.3 因特网基础

Internet 是一个以 TCP/IP 网络协议连接各个国家、各个地区、各个机构的计算机网络的数据通信网。今天的 Internet 已成为一个最开放的、连接所有国家亿万人的通信系统。Internet 的持续发展是当今网络领域最令人感兴趣的现象之一，它越来越融入人们的生活，并逐渐改变人们的生活方式。

1. Internet 的基本概念

Internet 的中文正式译名为因特网，又叫做国际互联网。它是由那些使用公用语言互相通信的计算机连接而成的全球网络。一旦连接到它的任何一个节点上，就意味着计算机已经连入Internet。Internet 目前的用户已经遍及全球，有超过十几亿人在使用 Internet，而且它的用户数还在上升。

Internet 的特点包括：具有公平性、具有开放性、入网方式灵活多样、信息资源极为丰富、安全性差、资源的分散化管理为信息的查找带来一定困难。

Internet 发展可以分为以下 3 个阶段。

（1）Internet 的雏形阶段

1969 年，美国国防部高级研究计划局（Advance Research Projects Agency，ARPA）开始建立一个命名为 ARPANET 的网络。当时建立这个网络的目的是出于军事需要，计划建立一个计算机网络，当网络中的一部分被破坏时，其余网络部分会很快建立起新的联系。人们普遍认为这就是 Internet 的雏形。

（2）Internet 的发展阶段

美国国家科学基金会（National Science Foundation，NSF）在 1985 开始建立计算机网络NSFNET。NSF 规划建立了 15 个超级计算机中心及国家教育科研网，用于支持科研和教育的全国性规模的 NSFNET，并以此作为基础，实现同其他网络的连接。NSFNET 成为 Internet 上主要用于科研和教育的主干部分，代替了 ARPANET 的地位。1989 年 MILNET（由 ARPANET 分离出来）实现和 NSFNET 连接后，就开始采用 Internet 这个名称。自此以后，其他部门的计算机网络相继并入 Internet，ARPANET 就宣告解散了。

（3）Internet 商业化阶段

20 世纪 90 年代初，商业机构开始进入 Internet，使 Internet 开始了商业化的新进程，成为Internet 大发展的强大推动力。1995 年，NSFNET 停止运作，Internet 已彻底商业化了。

2. TCP/IP

（1）TCP/IP 的概念与特点

TCP/IP（Transmission Control Protocol/Internet Protocol）中文译名为传输控制协议/网际互

联协议。它是 Internet 最基本的协议、Internet 国际互联网络的基础，由网络层的 IP 协议和传输层的 TCP 协议为主的相关协议组成。TCP/IP 定义了电子设备如何连入 Internet 以及数据如何在它们之间传输的标准。

TCP/IP 开发于 20 世纪 60 年代末，先于 OSI/RM（开放式系统互联/参考模型）。虽然 OSI/RM 是网络协议标准，但因为比较复杂、开销太大，所以真正采用的不多，TCP/IP 协议因其简单实用，受到普遍采用，TCP/IP 成为实际上的标准。

TCP/IP 的特点包括：开放的协议标准、独立与特定的网络硬件、统一的地址分配方案、标准化的高层协议等。

（2）TCP/IP 体系结构

TCP/IP 的分层结构比较简单、易于实现，比 OSI 参考模型的 7 层结构更为实用。TCP/IP 协议采用了 4 层的层级结构：网络接口层对应 OSI 的物理层与数据链路层；网际层对应 OSI 的网络层；传输层对应 OSI 的传输层；应用层对应 OSI 的会话层、表示层和应用层。而且人们开发和设计了大量通信协议，形成了 TCP/IP 的协议簇（见图 2-3）。

每一层都呼叫它的下一层所提供的网络来完成自己的需求。通俗而言：TCP 负责发现传输的问题，一有问题就发出信号，要求重新传输，直到所有数据安全正确地传输到目的地。而 IP 是规定数据报的格式，给 Internet 的每一台计算机规定一个地址。

TCP/IP 的体系结构与 OSI 参考模型的体系结构对比和 TCP/IP 的协议簇如图 2-3 所示。

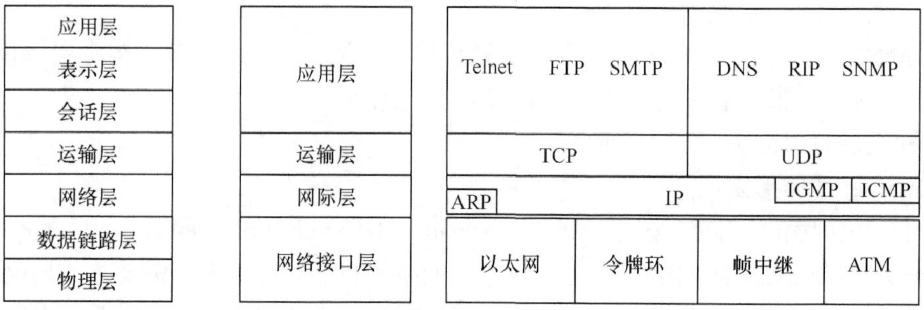

（a）OSI 参考模型　（b）TCP/IP 参考模型　（c）TCP/IP 协议簇

图 2-3　TCP/IP 体系结构

（3）IP 地址

为准确找到目的地，连在某个网络上的两台计算机之间在相互通信时，在它们所传输的数据包里都会含有发送数据的计算机地址和接收数据的计算机地址的附加信息。为了通信的方便给每一台计算机都事先分配一个类似电话号码的标识地址，该标识地址就是 IP 地址。

根据 TCP/IP 协议规定，IP 地址（IPv4）是由 32 位（4 字节）二进制数组成，而且在 Internet 范围内是唯一的。为了方便记忆，Internet 管理委员会采用了一种“点分十进制”方法表示 IP 地址，即将 IP 地址分为 4 个字节，且每个字节用十进制表示，并用点号“.”隔开，例如，二进制的 IP 地址是“00001010000000000000000000000001”，可以表示为 10.0.0.1，这显然比 1 和 0 容易记忆得多。

IP 地址由两部分组成，前一部分为前缀，表示网络地址；后一部分为后缀，表示主机地址。IP 地址分为 A、B、C、D、E 五大类。常用的是 A、B、C 三类。A 类地址分配给超大型网络；B 类地址分配给大型和中型网络；C 类地址分配给小型网络；D 类地址用于多目地址传输；

E 类研究试验。其分类方法如图 2-4 所示。

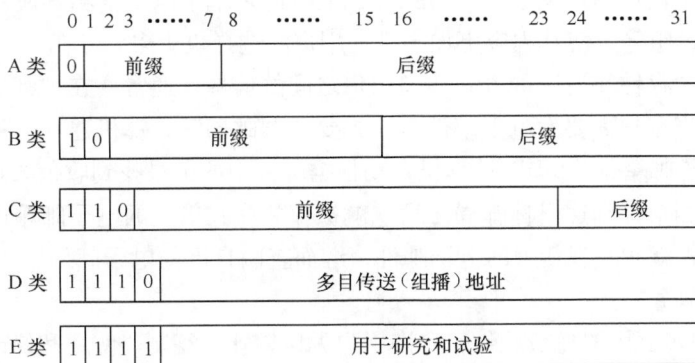

图 2-4　IP 地址的分类

根据以上分类方法，很容易计算出各类地址第一个字节的取值范围，从而判断其地址分类，如 192.168.1.1 为 C 类地址。

类	数值范围
A	1～126
B	128～191
C	192～223
D	224～239
E	240～255

3. Internet 的常用服务

Internet 是一种应用广泛的计算机网络，它有两个突出特点：一是促进人们相互之间的信息沟通，二是为人类提供了信息资源的共享。在 Internet 上，共享的资源不是硬件，而是各种信息服务，Internet 之所以发展如此迅速，就是它恰好满足了人们对网络信息服务的需求。Internet 的信息服务可分为电子邮件服务、远程登录服务、文件传输服务、新闻讨论组服务以及 WWW 服务等。最常用的服务有以下 3 种。

（1）www 服务

WWW（World Wide Web）是欧洲核子物理实验室首先开发的基于超文本的信息查询工具，当用户浏览一篇 WWW 页时，可以从当前浏览页随意跳转到其他的浏览页。它提供了一种信息浏览的非线性方式，用户不需要遵循一定的层次顺序，就可以在 WWW 的海洋中随意"冲浪"。

使用 WWW 时，用户只需要拥有 WWW 浏览器就可以通过 Internet 连接到世界各地的 WWW 服务器，并在世界各地 WWW 服务器组成的 WWW "海洋"中自由自在地浏览，获取各种信息服务。因为 WWW 服务器中提供了多媒体形式的信息服务，用户可以通过 WWW 服务查找各种图片，欣赏各种风格的音乐和录像。WWW 提供给用户的信息服务是全方位的，囊括了前面所提到的电子邮件之外的所有服务，包括信息咨询、股票分析、问与答、电子购物以及家庭影院等。

（2）电子邮件服务

电子邮件（E-mail），是一种点对点的服务，能传输文本、声音及图像等多种类型的信息，能向非 Internet 网的电子信箱用户发送信件。例如，Internet 网中的电子信箱用户就能向公用分组网中的 X.400 电子信箱用户发送信件；Internet 上有许多基于电子信箱的应用，如电子公告板、网络新闻、专题讨论组等，使其内容更加丰富，用户的选择也更多。

电子邮箱采用"存储转发"的方式传递用户之间的信件。通常要在"邮局"计算机上建立用户的电子邮箱。当用户需要发电子邮件时，先要和"邮局"计算机建立连接，然后将写好的邮件放到自己的电子邮箱，"邮局"计算机自动根据邮件中的记录找到收信人地址，并通过网络传递到目标邮局。当信件到达目标邮局之后，就被存放在收信人的电子邮箱内。一旦用户连接到电子邮件服务器，就能发现新来的电子邮件，继而查阅自己的电子邮件。

（3）文件传输服务

Internet 上有许多公用的免费软件，允许用户无偿转让、复制、使用和修改。这些公用的免费软件种类繁多，从媒体文件到普通的文本文件，从大型的 Internet 软件包到小型的应用软件和游戏软件，应有尽有。要获取这些软件可以使用文件传输服务（FTP）这个工具进行下载或上传。

FTP 是一种实时联机服务。也就是说，FTP 服务器会记录用户登录到服务器直至离开服务器的时间。如果用户的 FTP 是收费服务，通常是以传输的字节数为收费标准。因此，为了节省网络数据传输流量，也为了节省用户的传输费用，FTP 服务器一般都对文件进行压缩处理，然后供用户进行传输。

2.2 数据存储与挖掘技术

信息在现代社会和国民经济发展中所起的作用越来越大，已成为衡量一个国家综合国力的重要标志之一。在计算机的三大主要应用领域（科学计算、数据处理和过程控制）中，数据处理是主要方面。数据库技术就是作为数据处理的一门技术而发展起来的技术。物流信息管理基于管理信息系统（MIS），MIS 以数据库管理为核心，建立科学合理的数据库系统是物流信息管理的关键。

2.2.1 数据库系统的组成

一个完整的数据库系统由三部分组成：数据库、数据库管理系统和数据库应用。三者的关系如图 2-5 所示。

1. 数据库

数据库（Database，DB）是一个存储数据的"仓库"。仓库中不但有数据，而且数据被分门别类、有条不紊地保存。可以这样定义数据库：数据库是保存在存储介质上的数据集合，它能被各类用户所共享；数据的冗余被降到最低，数据之间有紧密的联系；用户通过数据库管理系统对其进行访问。

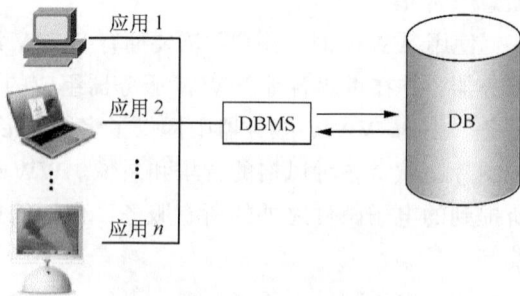

图 2-5　数据库系统的 3 个组成部分

在 Access 数据库系统中，数据以表的形式保存。一个实际应用的数据库不但包含数据，还常包含其他的对象。这些对象通常由数据表派生而出，表现为数据检索的规则、数据排列的方式、数据表之间的关系以及数据库应用程序等。Access 的数据库中就存在着查询、报表、窗体等对象。

数据以表的形式保存在数据库中。数据表的结构保证了表中数据是有组织、有条理的，每个数据都有其确切的含义。在目前流行的数据库系统中，用户一般无法得知数据的真实物理地址，必须通过数据库管理系统访问数据库。

2. 数据库管理系统

一个实际运行中的数据库有复杂的结构和存储方式，用户如果直接访问数据库中的数据是很困难的。数据库管理系统（Database Management System，DBMS）如同一座桥梁，一端连接面向用户的数据库应用，另一端连接数据库。DBMS 将数据库复杂的物理结构和存储格式封装起来，用户访问数据库时只需发出简单的指令，这些指令由 DBMS 自动译成机器代码并执行，用户不必关心数据的存储方式、物理位置和执行过程，使得数据库系统的运行效率和空间资源得到充分、合理的使用。

常用的 DBMS 包括 Oracle、SQL-Server、Sybase、Access、VFP 等。

3. 数据库应用

数据库应用指用户对数据库的各种操作，包括通过交互式命令、各类向导和视图、SQL 命令以及为非计算机专业用户开发的应用程序。这些程序可以用数据库管理系统内嵌的程序设计语言编写，也可以用其他程序语言编写。

2.2.2 关系数据模型

从数据库的逻辑结构角度，可以对数据库中的实体类型、实体间关系以及数据的约束规则进行抽象，归纳出 3 种数据模型，分别是层次模型、网状模型和关系模型。

关系模型自 1970 年被提出后，迅速取代层次模型和网状模型，成为流行的数据模型。它的原理比较简单，其特征是基于二维表格形式的实体集（见图 2-6），即关系模型数据库中的数据均以表格的形式存在。表完全是一个逻辑结构，用户和程序员不必了解一个表的物理细节和存储方式；表的结构由数据库管理系统（DBMS）自动管理，表结构的改变一般不涉及应用程序，在数据库技术中称为数据独立性。

1. 实体描述

现实世界存在各种事物，事物与事物之间存在着联系。这种联系是客观存在的，是由事物本身的性质所决定的。例如，图书馆中有图书和读者，读者借阅图书；学校的教学系统中有教师、学生和课程，教师为学生授课，学生选修课程并取得成绩；在物资或商业部门有货物和客户，客户要订货、购物；在体育竞赛中有参赛代表队和竞赛项目，代表队中的运动员参加特定项目的比赛等。

要把现实世界中的事物及其联系在计算机中表达和处理，必须经过信息世界（人大脑的思维）抽象和转换，计算机中的数据才能形象地表达现实世界中的现象。

① 现实世界：现实世界是在人们头脑以外的客观世界。

② 信息世界：实现使世界在人们头脑中的反应。

③ 计算机世界：是数据存储形式，在计算机中数据以文件方式存储。

现实世界中的事物到计算机世界中文件数据的转换过程如图 2-6 所示。

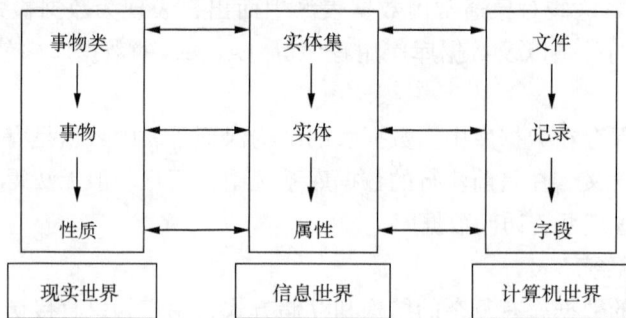

图 2-6 数据的转换过程

在计算机系统内，实体及其属性是有关系表来表示的。如图 2-7 所示的"学生基本情况"实体集中，每一条记录（每行）代表一个实体及其属性。

图 2-7 学生情况表

2. 实体之间的联系

实体之间的对应关系称为联系，它反映现实世界事物之间的相互关联。例如，一位读者可以借阅若干本图书，同一本书可以相继被几个读者借阅。实体之间的联系可以通过表中的主键和外键表达，也可以通过独立的表来表示（尤其在表示多对多关系时）。

实体间联系的种类是指一个实体型中可能出现的每一个实体与另一个实体型中的几个实体存在联系。两个实体间的联系可以归结为 3 种类型。

（1）一对一关系：一个实体集中每个实体只能与另一个实体集中的一个实体相对应，如公司和总经理的联系。

（2）一对多关系：一个实体集中每个实体可以与另一个实体集中的多个实体相对应，反之不行，如部门和职工的联系。

（3）多对多关系：一个实体集中每个实体可以与另一个实体集中的多个实体相对应，反之也可以。如学生和课程这两个实体型，一个学生可以选修多门课程，一门课程可由多个学生选修。

实体之间的联系可以通过表中的主键和外键表达，也可以通过独立的表来表示（尤其在表示多对多关系时）。

基于关系数据模型的数据库系统称关系数据库系统，所有的数据分散保存在若干个独立存储的表中，表与表之间通过公共属性实现"松散"的联系，当部分表的存储位置、数据内容发生变化时，表间的关系并不改变。这种联系方式可以将数据冗余（即数据的重复）降到最低。

3. 关系数据库的规范化

关系数据库的设计必须遵守一定的规范，一个好的数据库应该是冗余度低、查询效率较高的，其检验标准就是看数据库是否符合范式（Normal Forms，NF）。范式可分为第一范式、第二范式和第三范式。在这三个范式中，以第一范式的要求为最低，第三范式的要求为最高。

① 第一范式（1NF）：规定了表中任意字段的值必须是不可分的，即每个记录的每个字段中只能包含一个数据，不能将两个或两个以上的数据"挤入"到一个字段。

② 第二范式（2NF）：仅仅满足第一范式是不够的，当一个表中所有非主键字段完全依赖于主键字段时，称该表满足第二范式（2NF）。

③ 第三范式（3NF）：在满足第二范式的前提下，如果一个表的所有非主键字段均不传递依赖于主键，称该表满足第三范式。

2.2.3 数据仓库与数据挖掘

1. 数据仓库的概念

要将庞大的数据转换成为有用的信息，必须先有效率地收集信息。随着科技的进步，功能完善的数据库系统就成了最好的收集数据的工具。数据仓库，简单地说，就是搜集来自其他系统的有用数据，存放在统一整合的存储区内。其实就是一个经过处理整合，且容量特别大的关系型数据库，用以存储决策支持系统所需的数据，供决策支持或数据分析使用。从信息技术的角度来看，数据仓库的目标是在组织中、在正确的时间、将正确的数据交给正确的人。

数据仓库系统的一般体系结构由操作环境层、数据仓库层和业务层等组成（见图 2-8）。

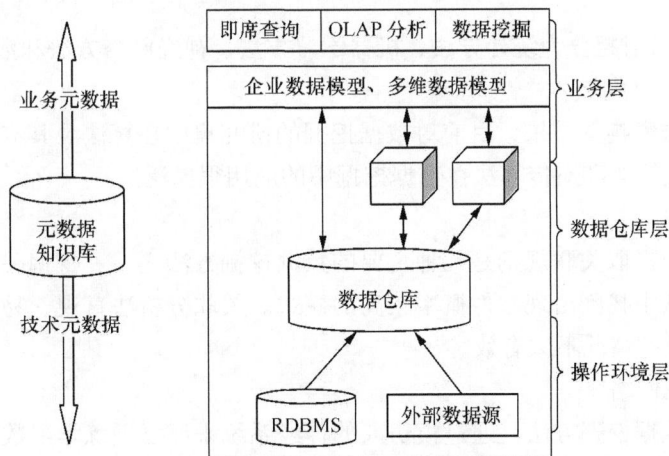

图 2-8　数据仓库系统的一般体系结构

其中，第一层（操作环境层）是指整个企业内有关业务的 OLTP 系统和一些外部数据源；第二层是通过把第一层的相关数据抽取到一个中心区而组成的数据仓库层；第三层是为了完成对业务数据的分析而由各种工具组成的业务层。图 2-8 中左边的部分是元数据管理，它起到了承上启下的作用。

若将数据仓库比喻成矿坑，数据挖掘就是深入矿坑采矿的工作。数据挖掘不是一种无中生有的魔术，也不是点石成金的炼金术，若没有够丰富完整的数据，是很难期待数据挖掘能挖掘出什么有意义的信息的。

数据仓库本身是一个非常大的数据库，它存储着由组织作业数据库中整合而来的数据，特别是事务处理系统（On-Line Transactional Processing，OLTP）所得来的数据。这些整合过的数据放置于数据仓库中，而公司的决策者则利用这些数据作决策。这个转换及整合数据的过程是建立数据仓库的最大挑战。将作业中的数据转换成有用的策略性信息是整个数据仓库的重点。

2. 数据挖掘的概念

随着信息技术的迅速发展，数据库的规模不断扩大，从而产生了大量的数据。为了给决策者提供全局视角，在许多领域建立了数据仓库，但大量的数据往往使人们无法辨别隐藏在其中的能对决策提供支持的信息，传统的查询、报表工具无法满足挖掘这些信息的需求。因此，需要一种新的数据分析技术处理大量数据，并从中抽取有价值的潜在知识，数据挖掘技术由此应运而生。

数据挖掘（Data Mining）是一种透过数理模式来分析企业内存储的大量资料，以找出不同的客户或市场划分，分析出消费者喜好和行为的方法。以数据库、人工智能、数理统计、可视化四大支柱技术为基础。数据挖掘算法的输入是数据库，输出的是要发现的知识或模式，算法的处理过程设计具体的搜索方法。

数据挖掘主要涉及 3 个方面：挖掘对象、挖掘任务、挖掘方法。

① 挖掘对象：包括若干种数据库或数据源，如关系数据库、面向对象数据库、空间数据库、时态数据库、文本数据库、多媒体数据库、历史数据库及万维网（Web）等。

② 挖掘任务：有关联分析、聚类分析、分类分析、异常分析、特异群组分析和演变分析等。

③ 挖掘方法：可以粗分为统计方法、机器学习方法、神经网络方法和数据库方法。

3. 数据挖掘的常用技术

数据挖掘的算法影响其结果，目前对数据挖掘的研究集中在算法及其应用。关联分析法、人工神经元网络、决策树和遗传算法在数据挖掘中的应用很广泛。

（1）关联分析法

从关系数据库中提取关联规则是几种主要的数据挖掘方法之一。挖掘关联是通过搜索系统中的所有事物，并从中找到出现条件概率较高的模式。关联分析法直观、易理解，但对于关联度不高或相关性复杂的情况不太有效。

（2）人工神经元网络

神经元网络的数据挖掘方法是通过模仿人的神经系统来反复训练学习数据集，从待分析的数据集中发现用于预测和分类的模式。

（3）决策树

根据训练数据、集中数据的不同取值建立树的分支，形成决策树。它与神经元网络最大的不同在于其决策制订的过程是可见的，可以解释结果是如何产生的。决策树也可用于聚类、分类及序列模式，其应用的典型例子是 CART（回归决策树）方法。

（4）遗传算法

其基本观点是"适者生存"的原理，用于数据挖掘中则常把任务表示为一种搜索问题，利用遗传算法强大的搜索能力找到最优解。遗传算法可处理许多数据类型，同时可并行处理各种数据，常用于优化神经元网络，解决其他技术难以解决的问题，但需要的参数太多，对许多问题编码困难，一般计算量大。

（5）聚集发现

聚集是把整个数据库分成不同的群组。它要求群与群之间差别很明显，而同一个群之间的数据尽量相似。此外聚类分析可以作为其他算法（如特征和分类等）的预处理步骤，之后这些算法再在生成的簇上进行处理。聚类方法主要有两类：统计方法和神经网络方法。

2.3 网站开发技术

网站是网络设计师应用各种网络设计技术，为企事业单位、公司和个人在全球互联网（Internet）上建立自己的站点并包含域名注册和主机托管等服务，主要为了展现公司形象、加强客户服务、完善网络业务。网站建设要突出个性，注重浏览者的综合感受，令其在众多的网站中脱颖而出。网站建设要在法律法规允许下遵守网站开发流程。物流行业中供应链各相关企业要实现物流信息化，必须要建立各种网站，如企业门户网站、电子商务网站、第三方物流信息平台网站等。

2.3.1 网站的基本知识

1. 网站的概念

网站（Website）是指在互联网上，根据一定的规则，使用 HTML、ASP、Java 等工具制作的用于展示特定内容的相关网页的集合。简单地说，网站是一种通信工具，就像布告栏一样，人们可以通过网站发布自己想要公开的信息，或者利用网站提供相关的网络服务。人们可以通过网页浏览器访问网站，获取自己需要的信息或者享受网络服务。世界上第一个网站由蒂姆·伯纳斯建立于 1991 年 8 月 6 日。

如今网络已经成为人们生活中不可或缺的一部分，互联网、局域网，甚至手机通信的 GPRS，在生活处处反映着网络的力量。在互联网的早期，网站只能保存单纯的文本。经过几年的发展，当万维网出现之后，图像、声音、动画、视频，甚至 3D 技术开始在互联网上流行起来，网站也慢慢地发展成人们现在看到的图文并茂的样子。通过动态网页技术，用户也可以与其他用户或者网站管理者交流。

随着互联网技术的迅猛发展，一些新的 Internet 技术和网站的应用技术层出不穷，如 Web 2.0、博客、论坛、聚合内容 RSS 等。

2. 网站的作用

企业建设网站可以通过互联网这个全球性的网络来宣传企业、开拓市场、降低企业的管理成本、交易成本和售后服务成本，还可以通过开展一系列的电子商务活动获得更多的利润，这些均与企业的经营目的一致。所以，只有把信息技术同企业的管理体系、生产流程和商务活动紧密结合起来，才能正确地建设和维护这个网站，并使网站发挥其作用，为企业服务。建设网站的主要作用体现在如下 5 个方面。

（1）充分利用网络资源

近年来随着 Internet 的发展，网络已经成为强有力的宣传工具。现在人们了解信息的主要途径是通过互联网，如此大的群体是任何企业也不会错过的，通过网络能以较低的成本将产品或服务的信息传递到全世界的每个角落。全世界所有的客户都能通过网站，了解企业而且与企业建立联系、发展业务。

（2）与客户互动来往

企业通过网站与外部建立实时的、专题的或个别的信息交流渠道，在网站上公开电子邮件地址，使客户能够通过电子邮件进行沟通。一些网站以 BBS 或公告板的形式联系客户，客户可以发表意见，同时也能够看到其他客户的信息，还可以全面和客观地了解企业和企业的服务及产品。

（3）建立企业形象

企业能够建立自己的网站无疑是一种宣传企业、产品和服务的机会。从广告角度上看，企业网站事关企业形象建设，没有网站也谈不上企业形象。网站就是企业的窗口，通常客户先从网站了解企业，一个好的网站可以建立良好的企业形象。

（4）主动抢占先机

为了不被竞争对手建立网站抢占先机，为了不落后于时代潮流，应该考虑建站的必要性。公司网站的一个最基本的功能，就是能够全面、详细地介绍公司及公司产品。事实上，公司可以把任何想让人们知道的东西放入网站，如公司简介、公司的厂房、生产设施、研究机构、产品的外观、功能及其使用方法等，都可以展示于网上。

（5）可以实现盈利

网站盈利的基本模式有出卖广告位、收取会员费、提取经纪费等。各大型网站主要是靠出卖广告位来盈利的，如百度、搜狐、新浪等网站都提供有图片、文字链接广告的合作。其他的网站如电子商务网可以在网上进行交易而获取利润。

3．网站的分类

网站从不同的方面可划分为不同类型的网站，分类方法主要有以下几种。

（1）根据网站所用编程语言分类，可分为 ASP 网站、PHP 网站、JSP 网站、ASP.NET 网站等。

（2）根据网站的用途分类，可分为门户网站（综合网站）、行业网站、娱乐网站等。

（3）根据网站的持有者分类，可分为个人网站、企业网站、政府网站等。

2.3.2　网站的建设

网站建设就是建一个网站，没有规范的流程很难做出完美的网站，通常不同的公司开发网站的具体步骤会有所不同，但概括起来讲要经过以下几步。

（1）客户提出网站建设申请

一个好的开始是成功的一半，建设网站的第一步就是，开发人员和客户进行沟通交流，对要做什么样的网站进行详细的分析，弄清楚客户的要求，开发人员明确客户到底想要什么样的网站。只有做好第一步，后续的工作才能很好地开展。如果第一步有问题，后面的工作做得再多也没有意义。

（2）制订网站建设方案

本阶段是以客户为中心进行策划、设计、运营和管理网站。首先要确定做的网站是否有市场，然后确定建设网站的目标。为了达到这个目标，要分析目标用户对站点的需求，即网站浏览者想要在网站上得到什么，以此为出发点来确定网站内容、风格、浏览器与分辨率、网络速度、交互性等网站相关内容。在建设时还要考虑网络技术、服务器等因素。

（3）签订网站相关协议

在制订完网站建设方案后，委托方（客户）和受委托方（网站承建公司）签署网站建设协议书。网站建设协议书是网站建设顺利完成的重要保证，协议书中应明确网站建设委托方和受委托方的权利、责任和义务。

（4）网站设计

协议签订后，就要设计网站了，在网站设计阶段要对整个网站的创意、风格、整体框架布局、文字编排、图片的合理利用，空间的合理安排等方面进行细致的考虑。

（5）网站开发

网站开发是完成根据网站总体目标和设计要求，经过域名的定义和注册、搭建开发和应用环境、通过 Dreamweaver 等软件实现网页内容（包括文本、图像、声音、Flash 动画以及其他多媒体信息）完成整体网站制作。

网站制作完成后，根据客户需求分析，要对网站进行发布前的测试。网站测试主要包括可用性测试、兼容性测试和负载测试。

（6）网站发布

用户创建了 Web 页之后，通常可以直接将其保存在硬盘、软盘或光盘上，作为一种电子文档；也可以将其发布到 Internet 或 Intranet 上，以便其他浏览者浏览。网站最主要的形式是发布到服务器上供他人浏览；申请域名（即网址），购买空间（即存放网站文件的磁盘空间），网站页面上传备案。

2.3.3 网站的开发工具

1. HTML 语言

（1）HTML 语言概念

在万维网（WWW）上的一个超媒体文档称为一个页面，使用超文本标记语言结合其他的 Web 技术（如脚本语言、公共网关接口、组件等），可以创造出功能强大的网页。因而，超文本标记语言是万维网（Web）编程的基础，也就是说万维网是建立在超文本基础之上的。超文本标记语言的文本中包含了所谓"超级链接"。

HTML（HyperText Mark-up Language）即超文本标记语言或超文本链接标示语言，是目前网络上应用最为广泛的语言，也是构成网页文档的主要语言。HTML 文件是由 HTML 命令组成的描述性文本，HTML 命令可以说明文字、图形、动画、声音、表格、链接等。HTML 文件的结构包括头部（Head）、主体（Body）两大部分，其中头部描述浏览器所需的信息，而主体则包含所要说明的具体内容。

HTML 文件的基本格式如下。

```
<Html>
<Head>
<title>
网页标题
</title
</Head>
<Body>
<P>这是正文部分! </P>
</Body>
</Html>
```

（2）HTML 语言的特点

超文本标记语言文档制作不是很复杂，但功能强大，支持不同数据格式的文件镶入，这也是万维网（WWW）盛行的原因之一，其主要特点如下。

① 简易性：超文本标记语言版本升级采用超集方式，从而更加灵活方便。

② 可扩展性：超文本标记语言的广泛应用带来了加强功能，增加标识符等要求。超文本标记语言采取子类元素的方式，为系统扩展带来保证。

③ 平台无关性：虽然个人计算机大行其道，但使用其他机器的大有人在。超文本标记语言可以使用在广泛的平台上，这也是万维网（WWW）盛行的另一个原因。

（3）HTML 语言的工作方式

设计 HTML 语言的目的是为了能把存放在一台计算机中的文本或图形与另一台计算机中的文本或图形方便地联系在一起，形成有机的整体，人们不用考虑具体信息是在当前计算机上还是在网络的其他计算机上。只需使用鼠标在某一文档中点取一个图标，Internet 就会马上转到与此图标相关的内容上去，而这些信息可能存放在网络的另一台计算机中。

来查看一个 HTML 文件的例子。打开喜爱的网络浏览器，在浏览器的地址输入框内敲入相关网址，进入相应的网点服务器（计算机应该已连上了 Internet），浏览器将向目标服务器发送 HTTP 请求，目标服务器就将相应的 HTML 语言文件（页面）发送到浏览器中，浏览器将网页的内容显示出来（见图 2-9）。当在屏幕上显示了此网页后，从网络浏览器的菜单条上选择 View Source 命令。此时屏幕上就会弹出一个新的窗口并显示一些古怪的文字。这些文字就是 HTML 文件。

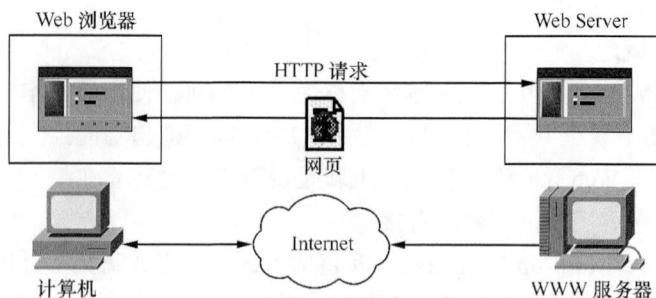

图 2-9　HTML 语言的工作方式

2. ASP 开发工具

（1）ASP 的概念

ASP（Active Server Page）意为"动态服务器页面"。ASP 是微软公司开发的代替 CGI 脚本程序的一种应用，它可以与数据库和其他程序进行交互，是一种简单、方便的编程工具。ASP 的网页文件的格式是.asp，现在常用于各种动态网站中。

ASP 是一种服务器端脚本编写环境，它使用的脚本语言是 VBScript，可以用来创建和运行动态网页或 Web 应用程序。ASP 网页可以包含 HTML 标记、普通文本、脚本命令以及 COM 组件等。利用 ASP 可以向网页中添加交互式内容（如在线表单），也可以创建使用 HTML 网页作为用户界面的 Web 应用程序。

从 1996 年 ASP 诞生到现在已经过去了 16 年。在这短短的 16 年中，ASP 发生了重大的变化，直到现在的 ASP。

（2）ASP 的特点

与 HTML 相比，ASP 网页具有以下特点。

① 利用 ASP 可以实现突破静态网页的一些功能限制，实现动态网页技术。

② ASP 文件是包含在 HTML 代码所组成的文件中的，易于修改和测试。

③ 服务器上的 ASP 解释程序会在服务器端执行 ASP 程序，并将结果以 HTML 格式传输到客户端浏览器上，因此使用各种浏览器都可以正常浏览 ASP 所产生的网页。

④ ASP 提供了一些内置对象，使用这些对象可以使服务器端脚本功能更强。例如，可以从 Web 浏览器中获取用户通过 HTML 表单提交的信息，并在脚本中对这些信息进行处理，然后向 Web 浏览器发送信息。

⑤ ASP 可以使用服务器端 ActiveX 组件来执行各种各样的任务，例如，存取数据库、发送 E-mail 或访问文件系统等。

⑥ 因为服务器是将 ASP 程序执行的结果以 HTML 格式传回客户端浏览器，因此使用者不会看到 ASP 所编写的原始程序代码，可防止 ASP 程序代码被窃取。

⑦ 方便连接 Access 与 SQL 等数据库。

⑧ 开发需要有丰富的经验，否则会留出漏洞，被黑客（Cracker）利用进行注入攻击。

（3）ASP 的工作方式

ASP 也不仅仅局限于与 HTML 结合制作 Web 网站，而且还可以与 XHTML 和 WML 语言结合制作 WAP 手机网站，但是其原理也是一样的。

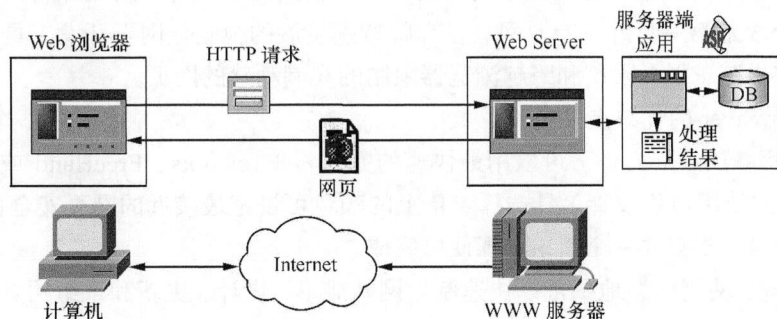

图 2-10　ASP 的工作方式

当在 Web 站点中融入 ASP 功能后，将发生以下事情。

① 用户向浏览器地址栏输入网址，默认页面的扩展名是.asp。

② 浏览器向服务器发出请求。

③ 服务器引擎开始运行 ASP 程序。

④ ASP 文件按照从上到下的顺序开始处理，执行脚本命令，执行 HTML 页面内容。

⑤ 页面信息发送到浏览器。

3. Dreamweaver 开发环境

（1）Dreamweaver 概况

Dreamweaver 是一个原本由 Macromedia 公司所开发的著名的网站开发工具（见图 2-11）。它使用所见即所得的接口，也有 HTML 编辑的功能。它现在有 Mac 和 Windows 系统的版本。随 Macromedia 被 Adobe 收购后，Adobe 也开始计划开发 Linux 版本的 Dreamweaver 了。Dreamweaver 自 MX 版本开始，使用了 Opera 的排版引擎 "Presto" 作为网页预览。

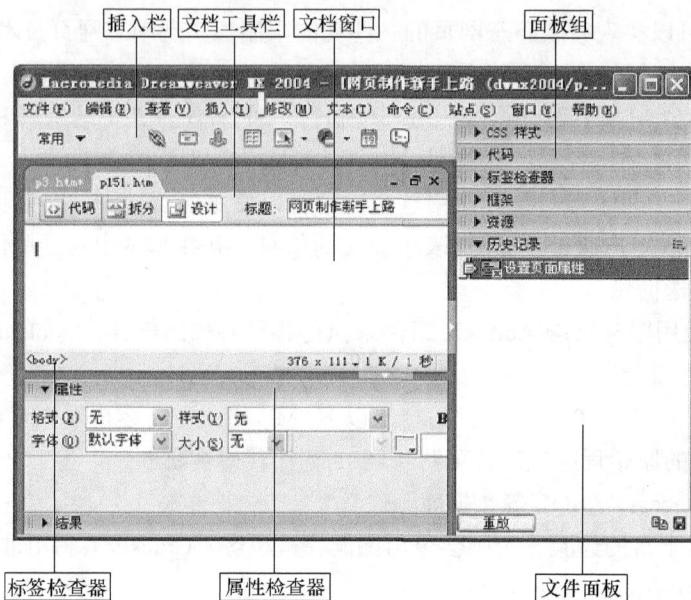

图 2-11　Dreamweaver 的界面

Adobe Dreamweaver CS5 是一款集网页制作和管理网站于一身的所见即所得网页编辑器，Dreamweaver CS5 是第一套针对专业网页设计师特别发展的视觉化网页开发工具，利用它可以轻而易举地制作出跨越平台限制和跨越浏览器限制的充满动感的网页。

（2）Dreamweaver 的优缺点

① 制作效率：Dreamweaver 可以用最快速的方式将 Fireworks、FreeHand 或 Photoshop 等档案移至网页上。使用检色吸管工具选择荧幕上的颜色可设定最接近的网页安全色。对于选单、快捷键与格式控制，都只要一个简单步骤便可完成。

② 网站管理：使用网站地图可以快速制作网站雏形，设计、更新和重组网页。改变网页位置或档案名称，Dreamweaver 会自动更新所有链接。使用支援文字、HTML 码、HTML 属性标签和一般语法的搜寻及置换功能使得复杂的网站更新变得迅速而又简单。

③ 控制能力：Dreamweaver 是唯一提供 Roundtrip HTML、视觉化编辑与原始码编辑同步的设计工具。它包含 HomeSite 和 BBEdit 等主流文字编辑器。帧（frames）和表格的制作速度快得令人无法想象。

④ 效果难一致：难以精确达到与浏览器完全一致的显示效果，也就是说在所见即所得网页编辑器中制作的网页放到浏览器中显示的效果可能有差别，这在结构复杂一些的网页（如分帧结构、动态网页结构）中尤为明显。

（3）Dreamweaver 界面简介

Dreamweaver 提供了将全部元素置于一个窗口中的集成工作区。在集成工作区中，全部窗口和面板集成在一个应用程序窗口中。可以选择面向设计人员的布局或面向手工编码人员需求的布局。

安装后，它会自动在 Windows 的菜单中创建程序组。与 FrontPage 有很大的不同，它把工具栏省去了，然后增加了几个浮动的工具栏。它的工具栏全是浮动工具栏，可以将工具栏缩小，也可以关闭。在专业术语里面，它们叫"浮动面板"。利用浮动面板来控制对页面的编写，而不是利用烦琐的对话框，这是 Dreamwaver 编辑网页中最值得人赞赏的特性。通过在浮动面板中进行属性设置，就直接可以在文档中看到结果，避免了中间过程，提高了工作效率。但对于熟悉了微软的应用程序的用户来说，开始的时候可能很不习惯。

4．Apache 发布平台

Web 服务器软件有很多，如 Windows 中自含的 IIS（Internet 信息服务）管理器，通过简单的配置、启动就可以发布网站。虽然其简单方便，但因其在功能上和安全方面的缺陷，实际应用得不多。

Apache 可以运行在几乎所有广泛使用的计算机平台上，因为其跨平台和安全性被广泛使用，是商业使用中比较流行的 Web 服务器端软件之一。Apache 音译为阿帕奇。在 Apache 计划的早期，这个服务器几乎每天都需要打上新的补丁，因此有人称它是"打满补丁"的服务器，这个名字也就这样流传下来。

时过境迁，在 20 世纪 90 年代末，Apache 已经成长为最流行的 Web 服务器。已有超过 2/3 的 Web 服务器在使用 Apache，人们津津乐道于它的稳定性。

2.3.4 网站的管理与维护

网站管理内容十分广泛，主要是进行网站服务器的日常维护、网站访问性能的检测、网站的日常维护、网站数据的定期备份及清理、网站内容的更新等，通过管理评测确定网站的性能，提出网站的修改建议，提高网站的访问率和影响力。

1．网站日常管理

（1）网站的日志管理

操作系统的日志文件可以记录系统中硬件、软件和系统问题的信息，同时还可以监视系统中发生的事件。用户可以通过它来检查错误发生的原因，或者寻找受到攻击时攻击者留下的痕迹。

（2）网站的数据备份

目前，从国际上来看，以美国为首的发达国家都非常重视数据存储备份技术，而且将其充分利用，服务器与磁带机的连接已经达到 60%以上。而在国内，据专业调查机构调查数据显示，只有不到 15%的服务器连有备份设备，这就意味着 85%以上的服务器中的数据面临着随时遭到全部破坏的危险。而且这 15%中绝大部分是属于金融、电信、证券等大型企业领域或事业单位。由此可见，国内用户对备份的认识与国外相比存在着相当大的差距。

（3）网站安全保护

网站开发商必须保证服务器的正常运行，并应采取措施防止黑客入侵与袭击，防止病毒的感染，以维护网站的安全。尤其是电子商务网站，应该保证交易的安全进行，包括访问者个人资料的安全、电子合同签订的安全、电子数据传输的安全、电子支付的安全等。

2．网站的更新与升级

（1）网站的更新

网站内容是网站主要价值的体现，经常更新内容的网站更能吸引网站的各受众群体，提高网站的关注度。网站的内容管理是网站管理的重要组成部分，网站内容的更新主要分为以下几个方面。

① 网站主体信息的更新。

② 网站模板信息的更新。

③ 网站配置信息的更新。

（2）网站的功能升级

网站的功能和版本乃至网站程序都不应该是一成不变的，必须根据网站的访问情况、用户的需求情况、网站运行的性能评测数据进行适当的升级。这些升级不仅包括某些功能模块的升级改进，也包括整站的版本升级。通过网站功能的升级可以进一步满足用户的需求，提升用户的体验和网站的吸引力。

网站的功能升级主要通过网站程序的更新来实现，网站程序的更新分为网站部分功能的升级和网站的整站改版。

3．网站的宣传与推广

即使内容再丰富、功能再全面的网站，如果缺乏足够的宣传和推广也不会引起网友们的注意。要想使网站名扬天下，提高网站的知名度，就必须对网站进行必要的宣传和推广。

网站的宣传推广方法主要包括注册搜索引擎、和其他网站做友情链接、使用广告交换等。还可以利用新闻组、邮件签名或利用留言板、聊天室、论坛等来发布网站宣传信息。当然，利用传统媒体如报纸、电视、广播等来宣传网站也是不错的选择，但相对网络宣传来说费用较高，只适合那些大型的商业网站。

对网站的宣传与推广过程中应注意相关法律问题。交换网站链接，应该审查被链接对象内容是否合法，如是否涉及不当内容与敏感问题，是否侵犯他人名誉与隐私，病毒性营销是否有非法传销嫌疑，发布网络广告是否符合广告法，是否有虚假信息，是否构成不正当竞争，E-mail宣传是否构成侵权等。

2.4 信息安全技术

开放的、自由的、国际化的 Internet 的发展给物流业带来了革命性的改革和开放，使得人们能够利用 Internet 提高信息共享和传递效率、市场反应能力，以便减少物流成本、提高竞争力，同时人们又要面对网络开放带来的数据安全的新挑战和新危险。如何保护内部机密信息不受黑客和工业间谍的入侵，已成为政府机构、物流企业包括金融机构信息化健康发展所必须考虑的重要事情之一。

2.4.1 信息安全基本概念

1. 信息安全的内涵

信息安全作为一个更大的研究领域，对应信息化的发展，包含了信息环境、信息网络和通信基础设施、媒体、数据、信息内容、信息应用等多个方面的安全需要。信息安全可以防止意外事故和恶意攻击，对信息基础设施、应用服务和信息内容的保密性、完整性、可用性、可控性和不可否认性进行的安全保护。

信息安全是指信息网络的硬件、软件及其系统中的数据受到保护，不受偶然的或者恶意的原因而遭到破坏、更改、泄露，系统连续可靠正常地运行，信息服务不中断。

信息安全是一门涉及计算机科学、网络技术、通信技术、密码技术、信息安全技术、应用数学、数论、信息论等多种学科的综合性学科。

信息安全的目标是实现信息系统的如下特性。

① 保密性：保证机密信息不被窃听，或窃听者不能了解信息的真实含义。

② 完整性：保证数据的一致性，防止数据被非法用户篡改。

③ 可用性：保证合法用户对信息和资源的使用不会被不正当地拒绝。

④ 真实性：对信息的来源进行判断，能对伪造来源的信息予以鉴别。

⑤ 不可否认性：建立有效的责任机制，防止用户否认其行为，这一点在电子商务中是极其重要的。

⑥ 可控制性：对信息的传播及内容具有控制能力。

⑦ 可追究性：对出现的网络安全问题提供调查的依据和手段。

2. 威胁信息安全的因素

随着信息技术的飞速发展和互联网的普及应用，威胁信息安全的因素错综复杂、日益多元化，可以大致总结为以下几个方面。

（1）互联网体系结构的开放性

互联网核心 TCP/IP 是开放式体系结构，这种特性推动了互联网的迅速发展，加速了计算机产业和网际空间的发展。但同时，TCP/IP 从设计初期就没有考虑到安全问题，存在着先天不足，当前很多安全协议（如 IPsec、SSL、HTTPS 等）的制订是为了弥补之前的设计漏洞，属于以亡羊补牢、打补丁的方式来应对网络威胁。

（2）网络基础设施的安全漏洞

物理层安全风险主要包括地震、水灾、火灾等环境事故造成设备损坏；电源故障造成设备断电以至操作系统引导失败或数据库信息丢失；设备被盗、被毁造成数据丢失或信息泄漏；电磁辐射可能造成数据信息被窃取或偷阅；监控和报警系统的缺乏或者管理不善可能造成原本可以防止的事故。

（3）外部攻击（黑客）

从普通用户角度来看，黑客是对计算机和网络通信构成威胁的最大因素，其通过使用病毒、蠕虫以及拒绝服务等攻击手段对计算机以及网络通信系统发动毁灭式的攻击，以获取个人利益；也包括很多知名企业和团体涉嫌开发的软件，如恶意软件、软广告、间谍软件等，它们在未明确提示用户或未经用户许可的情况下，在用户计算机或其他终端上安装运行，侵犯用户合法权益。

（4）系统软件的漏洞

软件错误可以对计算机系统造成严重的安全威胁，尤其是网络操作系统、数据库管理系统等的错误。操作系统不但对于方便快捷地使用计算机系统起到重要的作用，而且在系统安全方面也起到了关键作用。攻击者会利用操作系统的漏洞取得操作系统中高级用户的权限，进行更改文件、安装和运行软件、格式化硬盘等操作。同样，数据库管理系统软件也存在不同程度的漏洞。

（5）内部管理的漏洞

信息系统无论从数据的安全性、业务服务的保障性和系统维护的规范性等角度，都需要严格的安全管理制度，从业务服务的运营维护和更新升级等层面加强安全管理能力。责权不明、管理混乱、安全管理制度不健全及缺乏可操作性等都可能引起管理安全的风险。恶意的内部攻击是另外一种对系统安全构成重大威胁的因素。

3．信息安全体系结构

关于信息安全的体系结构，国际标准化组织于 1989 年 2 月 15 日颁布了基于 OSI 参考模型的 7 层协议之上的信息安全体系结构标准 ISO 7498-2。在 ISO 7498-2 中描述了开放系统互联安全的体系结构，提出设计安全的信息系统的基础架构中应该包含 5 种安全服务（安全功能）、能够对这 5 种安全服务提供支持的 8 类安全机制和普遍安全机制，内容主要如下。

5 类安全服务：保密性、完整性、鉴别、访问控制、抗否认。

8 类安全机制：加密、数字签名、访问控制、数据完整性、鉴别交换、业务流填充、路由控制、公证。

2.4.2　信息系统的攻击手段

攻击是指任何的非授权行为，攻击的范围从简单的使服务器无法提供正常的服务到完全破坏和控制服务器。在网络上成功实施的攻击级别依赖于用户采用的安全措施。

从黑客的攻击目标来划分主要有两类攻击：系统型攻击和数据型攻击，其所对应的安全性也涉及系统安全和数据安全两个方面。从比例上分析，前者占据了攻击总数和损失的 30%；后者占到攻击总数和损失的 70%。一个完整的网络安全解决方案不仅能防止系统型攻击，也能防止数据型攻击，既能解决系统安全，又能解决数据安全两方面的问题。这两者当中，应着重强调数据安全，重点解决来自内部的非授权访问和数据的保密问题。

网络信息系统的攻击手段如下。

① 恶意代码攻击：病毒、特洛伊木马、蠕虫、细菌、陷门、逻辑炸弹等。

② 消息收集攻击：口令猜测、嗅探器 Sniffer、端口扫描、节点扫描等。

③ 代码漏洞攻击：代码漏洞扫描、缓冲区溢出等。

④ 欺骗和会话劫持攻击：IP 地址欺骗、TCP 会话劫持等。

⑤ 分布式攻击：使网站服务器充斥大量要求回复的信息，消耗网络带宽或系统资源，导致网络或系统不胜负荷以至于瘫痪。

⑥ 其他攻击：死亡之 ping、SYN Flood、Land 攻击、泪珠（Teardrop）攻击等。

2.4.3　信息安全技术

通常保障信息安全的方法有两大类：其一，以"防火墙"技术为代表的被动防卫型；其二，建立在数据加密、用户授权确认机制上的开放型网络安全保障技术。常见的安全技术包括以下6个方面。

（1）防火墙技术

防火墙主要用于保护与互联网相连的企业内部网络或单独结点。它简单实用、透明度高、可以在不修改原有网络应用系统的情况下达到一定的安全要求。利用防火墙一方面通过检查、分析、过滤从内部网流出的 IP 包，尽可能地对外部网络屏蔽被保护网络或结点的信息结构；另一方面对内屏蔽外部某些危险地址，实现对内部网络的保护。

（2）加密技术

为了防止信息内容泄露，可以将被传输的信息加密，使信息以密文的形式在网络上传输。这样，攻击者即使截获了信息，也只得到密文，而无法知道信息的内容。数据加密实质上是对以符号为基础的数据进行移位和置换的变换算法。可分为对称密码体制（私钥密码体制）和非对称密码体制（公钥密码体制）两大类。其加解密过程如图 2-12 所示。

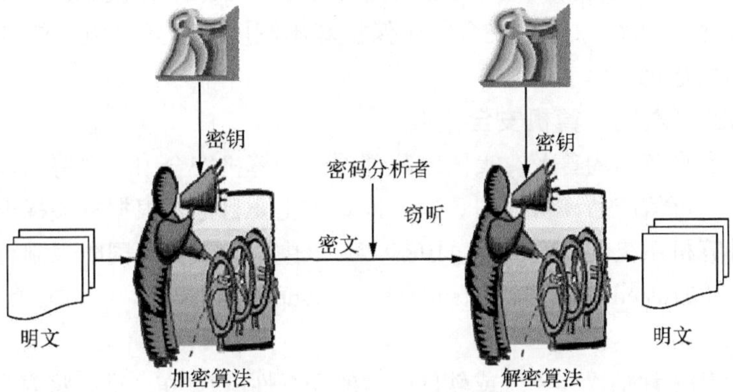

图 2-12　加解密过程模型

（3）认证技术

在虚拟的网络世界中，人和人的交流和通信往往不能谋面，如何确认对方的身份和接收到的信息来源以及确保可靠性和完整性，成为网络信息安全的重要内容。认证技术主要针对互联网中人员的身份和消息的确认和证实。

它是解决电子商务活动中的安全问题的技术基础，主要采用对称密码、公钥加密、散列算法等技术，目标是保证信息完整性、不可否认性、身份真实性。

① 消息认证：是不是假冒的，有没有被篡改过。

② 身份认证：和我通话/信的这个人真的是他吗？

（4）操作系统的安全配置

操作系统的安全是整个网络安全的关键。在操作系统中一般可实现用户授权访问控制，主要用于对静态信息的保护。确保未授权用户无法接触、读取和修改系统中的信息，它不仅仅建立内部保护机制，而且考虑系统运行的外部环境。

（5）攻击防御和入侵检测

如果网络防线最终被攻破了，就需要及时发出被入侵的警报。对网络的攻击可能来自非法用户，也可能来自合法的用户。对此，系统管理员一定要有安全防范意识，对系统采取一定的安全措施。要清楚对网络系统可能的攻击方法，既要时刻警惕来自外部的黑客攻击，又要加强对内部网络用户的管理和教育，并采取必要的措施，保护自己的信息系统。

（6）防病毒

计算机病毒指编制或者在计算机程序中插入的破坏计算机功能或者破坏数据、影响计算机使用而且能够自我复制的一组计算机指令或者程序代码。从广义上定义，凡能够引起计算机故障，破坏计算机数据的程序统称为计算机病毒。

计算机病毒的特征具有自我复制能力、感染性、潜伏性、触发性、破坏性。病毒种类繁多，无处不在，破坏力也有所不同，给各种信息系统和网络应用带来很大危害。做好防病毒工作不但要安全功能强大的防病毒软件、及时更新病毒库、随时查杀，而且要养成健康良好的上网习惯和提高安全意识。

2.4.4 信息安全标准

对信息安全进行分级保护是国际上通行的做法，我国国家信息安全等级保护标准已于2007年6月出台，标志着国家信息安全等级保护基本制度的正式实施，信息安全保护工作将更加有层次、更加规范化。

1. 美国国防部开发的计算机安全标准

为了促进信息安全产品的普及，美国国防部国家计算机安全中心主持了一项政府与产业界合作进行的项目——可信产品评价计划。这项计划的主要目标是根据有关标准从技术上来认定市场上商品化的计算机系统的安全性能。1985年，该中心代表美国国防部制订并出版了可信计算机安全评价标准（Trusted Computer Standards Evaluation Criteria，TCSEC），即著名的"橘皮书"（Orange Book）。

TCSEC通常被用来评估操作系统或软件平台的安全性。TCSEC准则将安全等级划分为A、B、C、D四大类等级，A为最高等级。每个等级中又分为几个细的等级，如C类中有两个等级，见表2-2。

表 2-2　　　　　　　　　　　　　　TCSEC 等级表

级别	名　称	特　征
A	验证设计安全级	形式化的最高级描述和验证，形式化的隐蔽通道分析，非形式化的代码一致性证明
B3	安全域级	安全内核，高抗渗透能力
B2	结构化安全保护级	面向安全的体系结构，遵循最小授权原则，有较好的抗渗透能力，对所有的主体和客体提供访问控制保护，对系统进行隐蔽通道分析
B1	标记安全保护级	在C2安全级上增加安全策略模型，数据标记（安全和属性），托管访问控制
C2	访问控制环境保护级	访问控制，以用户为单位进行广泛的审计
C1	选择性安全保护级	有选择的访问控制，用户与数据分离，数据以用户组为单位进行保护
D	最低安全保护级	保护措施很少，没有安全功能

2. 我国网络安全评价标准

目前我国普遍使用的操作系统大都是国外引进的，属于C1级和C2级产品。开发我国自己的高级别的安全操作系统和数据库的任务迫在眉睫。1999年10月，经过国家质量技术监督局批准发布，从 2001 年 1 月 1 日起开始实施的强制性的国家标准《计算机信息安全保护等级划分准则》和 2007 年出台的信息安全等级保护标准都将计算机安全保护划分为以下 5 个级别。

① 第一级为用户自主保护级：它的安全保护机制使用户具备自主安全保护的能力，保护用户的信息免受非法的读写破坏。

② 第二级为系统审计保护级：除具备第一级所有的安全保护功能外，还要求创建和维护访问的审计跟踪记录，使所有的用户对自己的行为的合法性负责。

③ 第三级为安全标记保护级：除继承前一个级别的安全功能外，还要求以访问对象标记的安全级别限制访问者的访问权限，实现对访问对象的强制保护。

④ 第四级为结构化保护级：在继承前面安全级别安全功能的基础上，将安全保护机制划分为关键部分和非关键部分，对关键部分直接控制访问者对访问对象的存取，从而加强系统的抗渗透能力。

⑤ 第五级为访问验证保护级：在这一级特别增设了访问验证功能，负责仲裁访问者对访问对象的所有访问活动。

本 章 小 结

从国际经验来看，物流领域是现代信息技术应用比较普遍和成熟的领域，物流企业正在转变为信息密集型企业群体。目前，我国物流领域中现代信息技术应用和普及的程度还不高，发展也不平衡。信息技术在物流领域中应用程度普遍落后的现实，是物流市场竞争水平较低、充分竞争市场格局难以形成的主要原因之一。物流领域的信息化主要涉及互联网应用和信息系统建设两个方面。

随着互联网技术商业化应用范围的扩大和普及，网络技术为信息的处理、传输和共享提供了更为便捷的手段和工具。网络技术在物流方面的应用还处在起步探索过程之中。局域网在我国企业中的普及水平还不高，只有零售企业的使用情况还比较好。实际应用过程中，企业局域网目前还主要应用在信息共享、管理应用和打印服务等方面。此外，企业网站建设尚不普及，利用互联网开展电子商务、电子物流等仅在少数企业中开始探索。互联网的开放性带来的是信息安全的问题日益突出，建立一个科学完善的信息安全保障体系向来是信息化发展的头等大事，安全问题必须从技术和管理两方面着手，所谓"三分技术、七分管理"。

物流信息化的另外一个重要方面是信息系统的应用。数据库管理是信息系统建设的核心，除了企业内部设计合理规范的数据库以外，物流企业主要考虑与供应链相关企业之间的信息交流与信息共享，所以数据库的建设还要考虑标准化和兼容性的问题。信息系统的运行环境多为互联网平台，采用 B/S（浏览器/服务器）模式，相应网站的建设成为信息系统建设的重点，目前开发网页的工具有很多，如 ASP、JSP、PHP 等，数据库管理系统包括 SQL Server、Oracle 等。在考虑其功能和开发方便性的同时还要考虑数据库的安全性和共享性，能够满足数据挖掘的需求，为决策提供辅助。

综合实训：简单个人网站的开发

【实训目的】

通过简单个人网站的建设了解一般网站的开发过程和工具，并通过数据库设计、页面设计、数据库连接和访问、网上浏览等功能的实现，将本章的内容进行综合演练，达到了解企业物流信息化所需要的环境、技术和工具，并使动手能力得到一定的提高。

【实训内容】

（1）包括主页在内，至少实现 3～5 个页面的设计（不要求实现所有功能）。

（2）主页：多框架、图片、LOGO、主菜单、导航栏、药店资质、联系方式等内容（可自行选择和设计）。

（3）用 Access 建立朋友信息、爱好信息等数据库表。

（4）实现朋友注册、朋友登录、爱好信息查询等动态网页功能。

【实训方法】

（1）通过浏览相关网站、查阅图书、企业调查等方式搜集资料、进行总结。了解一般网站的开发过程和结构特点。

（2）上网浏览典型个人主页，了解其功能、界面和结构。

（3）发挥主观能动性，规划具有自己风格特色网站结构、界面。

（4）实现主页和重要几个网页的设计。

（5）根据自己能力实现一定程度的交互功能。

【实训要求】

（1）网站的功能：包含主要功能、网页丰富、基本可以运行，便于操作。

（2）网站的界面：统一的风格、简洁美观，包含多种网页元素。

（3）交互功能：能够实现对数据表的增加、修改、查询等功能。

课 后 习 题

一、填空题

1. 1969 年，美国国防部国防高级研究计划署资助建立了一个名为（　　　）的网络。

2. Internet 是一个以（　　　）网络协议连接各个国家、各个地区、各个机构的计算机网络的数据通信网。

3. IPv4 的地址位数为（　　　）位，Internet 中每台计算机必须有唯一的 IP 地址。

4. Internet 地址中的第一级域名和第二级域名由互联网信息中心管理，我国的第一级域名是（　　　）。

5. 计算机网络是（　　　）技术和（　　　）技术相结合的产物。

6. 关系模型的主要特征是用（　　　）结构表达实体集，用（　　　）表示实体间的联系。

7. 二维表中的列称为关系的（属性），二维表中的行称为关系的（　　　　）。

8. Url 的中文名是（　　　　）。

9. 作为一个组织或个人在 WWW（或其他 Web）上开始点的页面称为（　　　　）。

10. （　　　　）是网页中的标记符，可以告诉浏览器如何显示网页，即确定内容的格式。

11. 网络安全有 5 大要素，分别是（　　　　）。

12. TCSEC（　　　　）分为（　　　　）个等级，我国的信息安全标准分为（　　　　）个等级。

13. Web 服务器软件有很多，如 Windows 中自含的 IIS（　　　　）管理器，目前应用最广泛的 Web 服务器软件是（　　　　）。

14. TCSEC 通常被用来评估操作系统或软件平台的安全性。TCSEC 准则将安全等级划分为 A、B、C、D 四大类等级，（　　　　）为最高等级。

15. 局域网的体系结构是（　　　　）。

二、选择题

1. 下面不是局域网的特征的是（　　　　）。

    A. 分布在一个宽广的地理范围之内　　B. 提供给用户一个带高宽的访问环境

    C. 连接物理上相近的设备　　　　　　D. 速率高

2. 一座大楼内的一个计算机网络系统，属于（　　　　）。

    A. PAN　　　　　　　　　　　　　　B. LAN

    C. MAN　　　　　　　　　　　　　　D. WAN

3. 用二维表数据来表示实体及实体之间联系的数学模型称为（　　　　）。

    A. 实体-联系模型　　　　　　　　　　B. 层次模型

    C. 网状模型　　　　　　　　　　　　D. 关系模型

4. 在下列实体类型的关系中，一对多关系的是（　　　　）。

    A. 学校与课程的学习关系　　　　　　B. 父亲与孩子的父子关系

    C. 省与省会的关系　　　　　　　　　D. 顾客与商品的购买关系

5. 下列 4 项中，不属于数据库特点的是（　　　　）。

    A. 数据共享　　　　　　　　　　　　B. 数据完整性

    C. 数据冗余很高　　　　　　　　　　D. 数据独立性高

6. 学生社团可以接纳多名学生参加，但每个学生只能参加一个社团，社团与学生之间的关系类型是（　　　　）。

    A. 多对多　　　　　　　　　　　　　B. 一对一

    C. 多对一　　　　　　　　　　　　　D. 一对多

7. 以一定的组织方式存储在计算机存储设备上，能为多个用户所共享的与应用程序彼此独立的相关数据的集合称为（　　　　）。

    A. 数据库　　　　　　　　　　　　　B. 数据库系统

    C. 数据库管理系统　　　　　　　　　D. 数据结构

8. 在短时间内向网络中的某台服务器发送大量无效连接请求，导致合法用户暂时无法访问服务器的攻击行为是破坏了（　　　　）。

    A. 机密性　　　　　　　　　　　　　B. 完整性

    C. 可用性　　　　　　　　　　　　　D. 可控性

9. 有意避开系统访问控制机制，对网络设备及资源进行非正常使用属于（　　　）。
   A. 破坏数据完整性　　　　　　　　　B. 非授权访问
   C. 信息泄漏　　　　　　　　　　　　D. 拒绝服务攻击

10. 防火墙通常被比喻为网络安全的大门，但它不能（　　　）。
    A. 阻止基于 IP 包头的攻击
    B. 阻止非信任地址的访问
    C. 鉴别什么样的数据包可以进出企业内部网
    D. 阻止病毒入侵

11. 在全新安装操作系统的时候最常用的安装方法是（　　　）。
    A. 光盘安装　　　　　　　　　　　　B. 网络安装
    C. 无人值守　　　　　　　　　　　　D. 升级安装

12. 以下（　　　）是国际标准化组织定义的计算机网络的体系结构的标准。
    A. OSI/RM　　　　　　　　　　　　B. TCP/IP
    C. IEEE 802　　　　　　　　　　　　D. IPX/SPX

13. 信息安全中认证技术主要分为（　　　）。
    A. 消息认证和报文认证　　　　　　　B. 消息认证和身份认证
    C. 报文认证和数字签名　　　　　　　D. 数字签名和实体认证

14. 关系数据库中规定了表中任意字段的值必须是不可分的，即每个记录的每个字段中只能包含一个数据，不能将两个或两个以上的数据"挤入"一个字段，这表示满足数据库范式中的（　　　）。
    A. 第一范式（1NF）　　　　　　　　B. 第二范式（2NF）
    C. 第三范式（3NF）　　　　　　　　D. 第四范式（4NF）

15. ASP 是一种服务器端脚本编写环境，它使用的脚本语言是（　　　），可以用来创建和运行动态网页或 Web 应用程序。
    A. Java 语言　　　　　　　　　　　　B. VC++
    C. VBScript　　　　　　　　　　　　D. VFP

三、名词解释

1. 以太网
2. OSI/RM
3. 数据挖掘
4. 数据库的范式
5. 防火墙
6. Web 服务器
7. 动态网站
8. 公钥体系

四、简答题

1. 计算机网络主要有哪些功能？
2. 简述 Internet 的发展过程。
3. 什么是关系数据库，其特点是什么？

4. 说明数据库、数据库管理系统、数据系统之间的关系。

5. 常见的网络安全技术有哪些？

6. 网络攻击和防御分别包括哪些内容？

7. 简述企业网站建设的主要步骤。

8. 网站管理内容主要包括哪几个方面？

▶▶| 案例分析 |◀◀

轻点鼠标　物流信息一目了然

总部位于芜湖经济技术开发区境内的安得物流股份有限公司，是美的集团控股的第三方物流公司，是国内最早开展现代物流服务的物流企业之一，主要为消费品企业提供专业物流服务。在芜湖打造了集企业集货、信息交易、零担快运、仓储配送、服务管理于一体的安得综合物流园区，其综合性、信息化水平全国领先。目前安得物流已在多个战略城市建立了 200 多个物流服务平台，物流服务覆盖全国，这些平台通过功能强大的信息系统实现随时的信息互通和快速反应，形成了高效的物流服务网络。

"货物从在仓库存储到配送至客户手中，我们都有实时的监控。这也是我们所说的智慧物流，通过物联网的技术来掌握每一个环节。"安得物流技术中心常务副主任詹昌仕向记者介绍，"如果某地天气恶劣或者道路不通，我们就可以立即通知车辆暂时不要前往或者绕路而行，要是司机停车时间过长或者车辆开往的方位有错误，我们都能通过信息平台及时了解并予以处置。"

在安得物流公司的仓库里，一辆智能化叉车从一排排四五米高的大型货架前通过时，扫描系统将每一件货物的信息编码自动读取，发现需要运送的货物就立即告知操作手，随即数公斤到数百公斤的货物被轻轻取下，运输到等待在一旁的货车里……

詹昌仕告诉记者，安得公司的可视化立体库，运用库位自动识别系统，让找货、盘点货物更方便快速。仓库设计的创新点，不仅是库位识别系统，还有装卸平台的设计。装卸平台可以根据装货车辆的高低自动调整高度，保持和车辆一致后，货物装卸便可在一个平稳的平台进行，更好地保证货物在搬运中的完整性。据介绍，安得物流管理仓库总面积超过 400 多万平方米，年运输量 60 亿吨·千米，配送能力达 200 万票次。

不久前，安得物流股份有限公司获得"国家 5A 级物流企业"荣誉，终结了我省没有 5A 级物流企业的历史，为我市打造现代化物流中心再添金字招牌。在我国 A 级物流评审中，5A 级为最高标准。安得物流成功跻身中国物流"最强梯队"，不仅增强了我市民营物流企业参与市场竞争的底气和实力，也为我市传统物流业加快转型升级，向高附加值的现代化物流发展提供了成功借鉴。

现代物流是芜湖市"十二五"期间重点培育的现代服务业五大发展重点之一，对提升城市综合交通枢纽地位、推动产业结构调整具有重要意义。未来五年，我市将加快推进物流、信息、标准、管理等综合性服务平台建设，大力培育物流龙头企业，重点发展国际物流、专业市场物流、产业基地物流、城乡配送物流。争取到 2015 年，第三产业增加值占

GDP 比重达到 35%，销售收入 100 亿元的服务业企业 8 家以上。我市将优先发展金融、现代物流、文化创意、服务外包、旅游五大现代服务业，建设一批特色鲜明的服务业集聚区，不断推进第三产业规模扩张、结构优化和竞争力提升，构建完善的服务业体系，把芜湖建设成为国家级服务外包基地城市。

——芜湖新闻网 2011 年 11 月 2 日

根据案例回答问题。

（1）安得物流股份有限公司物流信息化建设现状是怎样的？

（2）其中涉及哪些物流信息基础技术的应用？

（3）物流信息化给当地发展带来哪些好处？

第3章　条码技术与应用

本章主要内容

本章学习方略

本章重点内容

● 商品条码 EAN13、EAN8

● 条码在物流中的应用

本章难点内容

● 条码编码方法

● 二维条码及应用

案例引入

火车票的条码技术应用

　　我国火车票一共经历了 3 个阶段，最早的窄窄小小、印有盲文的硬卡片式纸票，使用的时间最长；1997 年全国铁路系统开始计算机联网售票，启用第二代火车票，就是粉红色软纸票。众所周知，粉红色火车票最下方都有一条长长的条形码，下面还有很多数字，这就是一维条码。因为其存储容量小，只能起到一种标识作用。

　　第二代火车票上条码数据的含义如下。

　　第一组：前面是车站和窗口代码，后面是发售日期代码（识别假票的好办法）。其中第一段前 6 位是车站代码（始发站代码），7～10 位是窗口代码（出票窗口代码），11～14 位是售票日期。

　　第二组：票号（即 15～21 位）是车票号码，和左上角的红色数码一样。

　　第三组：前面是防伪代码（通票改签时机器只能识别这个）。最后 4 位是里程（识别假票的最好办法）。

　　如火车票条码为 21152110390628　A000032　1261301239196577167055963291 6900494064，其中 2115211039 代表售出票的车站及窗口，0628 代表售出车票的日期，A000032 为车票

号，1261301239196577167055963291690049 为铁路内部的防伪加密码，4064 为到站的里程数。

2008 年春节公安部门查处了数千张第二代假车票。第二代假票采用的是敲图章的方法，制假者将到站地、票价和有效期刻成图章，挖掉到站地、票价和有效期后，敲上图章。这类假票底板是真票，做工精细，初看起来和真票没有什么不同，几可乱真。同时，制假者为了覆盖挖补，将刻成图章的字号、线条加粗。

为了有力打击假票的泛滥，铁道部决定 2009 年 12 月 10 日在全国范围内对火车票进行升级改版，即第三代火车票。此次升级最大的变化是将车票下方的一维防伪条码变成了二维防伪图案。二维防伪图案呈方形、黑白相间，形似以前的"三维立体画"。

如火车票条形码为 23693001011112A002362，其中 2369300101 代表售出票的车站及窗口，1112 代表售出车票的日期，A002362 为车票号（对应左上角数码）。

第三代火车票采用的是二维条码 QR 码。QR 码是 1994 年 9 月由日本 Denso 公司研制的一种矩阵二维码符号。QR 码呈正方形，只有黑白两色。在 4 个角落的其中 3 个印有较小像"回"字的正方图案，它是帮助解码软件定位的图案。QR 码除具有其他二维条码所具有的信息容量大、可靠性高、可表示汉字及图像多种信息、保密防伪性强等优点外，还具有数据密度大、超高速识读、全方位识读等特点。使用者不需要对准，无论以任何角度扫描，资料均可被正确读取。

——自动识别网 2010 年 3 月 10 日

3.1 条码的起源与发展

条码技术的迅速发展和在诸多领域的广泛应用，已引起了许多国家的重视。如今在世界各国从事条码技术及其系列产品开发研究的单位和生产经营的厂商越来越多，条码技术产品的品种近万种。

3.1.1 条码的发展历史

条码技术诞生于 20 世纪 40 年代，但得到实际应用和迅速发展还是在近 20 年间。条码技术在欧美、日本已得到普遍应用，而且正在世界各地迅速推广普及，其应用领域还在不断扩大。从条码的起源、应用的普及到条码技术的不断成熟，可以将条码技术的发展总结为 3 个阶段。

1. 条码技术的萌芽期（20 世纪 40～70 年代）

早在 20 世纪 40 年代后期，美国乔·伍德兰德（Joe Wood Land）和贝尼·西尔佛（Beny Silver）两位工程师就开始研究用条码表示食品项目以及相应的自动识别设备，并于 1949 年获得了美国专利。这种条码图案如图 3-1 所示。该图案很像微型射箭靶，称作"公牛眼"条码。靶的同心环由圆条和空白绘成。在原理上，"公牛眼"条码与后来的条码符号很接近，遗憾的是当时的商品经济还不十分发达，而且工艺上也没有达到印制这种代码的水平。

20 年后，乔·伍德兰德作为 IBM 公司的工程师成为北美地区的统一代码——UPC 码的奠基人。吉拉德·费伊塞尔（Girad Feissel）等人于 1959 年申请了一项专利，将数字 0～9 中的每个数字用 7 段平行条表示。但是这种代码机器难以阅读，人读起来也不方便。不过，这一构想促进了条码码制的产生与发展。不久，E. F. 布林克尔（E. F. Brinker）申请了将条码标识在有轨电车上的专利。

60 年代后期，西尔韦尼亚（Sylvania）发明了一种被北美铁路系统所采纳的条码系统。1967 年辛辛那提市（美国中部俄亥俄州西南端工商业城市）的 Kroger（克罗格公司）超市安装了第一套条码扫描零售系统。

图 3-1　早期的"公牛眼"条码

2. 条码技术普及期（20 世纪 70～80 年代）

1970 年，美国超级市场 Ad Hoc（非常设）委员会制订了通用商品代码——UPC 代码（Universal Product Code），此后许多团体也提出了各种条码符号方案。UPC 商品条码首先在零售业中试用，这为以后该码制的统一和广泛采用奠定了基础。次年，布莱西公司研制出"布莱西码"及相应的自动识别系统，用于库存验算。这是条码技术第一次在仓库管理系统中应用。

1972 年，莫那奇·马金（Monarch Marking）等人研制出库德巴码（Coda Bar），主要应用于血库，是第一个利用计算机校验准确性的码制。1972 年，交插 25 码由美国易腾迈（Intemec）公司的戴维·阿利尔（David Allair）博士发明，提供给 Computer-Identics 公司，此条码可在较小的空间内容纳更多的信息。至此，美国的条码技术进入了新的发展阶段。

美国统一代码委员会（Uniform Code Council，UCC）于 1973 年建立了 UPC 商品条码应用系统。同年，UPC 条码标准宣布。食品杂货业把 UPC 商品条码作为该行业的通用商品标识，为条码技术在商业流通销售领域里的广泛应用，起到了积极的推动作用。1974 年，Intermec 公司的戴维·阿利尔（David Allair）博士推出 39 条码，很快被美国国防部所采纳，作为军用条码码制。39 条码是第一个字母、数字式的条码，后来广泛应用于工业领域。

1976 年，美国和加拿大在超级市场上成功地使用了 UPC 商品条码应用系统，这给人们以很大的鼓舞，尤其是欧洲人对此产生了很大的兴趣。1977 年，欧洲物品编码协会在 12 位的 UPC-A 商品条码的基础上，开发出与 UPC-A 商品条码兼容的欧洲物品编码系统（European Article Numbering System），简称 EAN 系统，并签署了欧洲物品编码协议备忘录，正式成立了欧洲物品编码协会（European Article Numbering Association，EAN）。直到 1981 年，因为 EAN 组织已发展成为一个国际性组织，改称为"国际物品编码协会"（International Article Numbering Association，简称 EAN International）。

3. 条码技术成熟期（20 世纪 80 年代至今）

20 世纪 80 年代以来，人们围绕如何提高条码符号的信息密度，开展了多项研究工作。信息密度是描述条码符号的一个重要参数，EAN-128 条码和 93 条码就是人们为提高密度而进行的成功的尝试。

1981 年 128 条码由 Computer-Identic 公司推出。EAN-128 条码于 1981 年被推荐应用，而 93 条码于 1982 年投入使用。这两种条码的符号密度均比 39 条码高将近 30%。随着条码技术的发展和条码的码制种类不断增加，条码的标准化显得越来越重要。为此，美国曾先后制订了军用标准、交插 25 条码、39 条码和 Coda Bar 条码等 ANSI 标准。同时，一些行业也开始建立行业标准，如 1983 年汽车工业行动小组（AIAG）选用 39 条码作为行业标准。这是第一个行业采用了"现场标识"来识别条码。1984 年医疗保健业条码委员会采用 39 条码作为其行业标准。

1990 年，条码印刷质量美国国家标准 ANSI X3.182 颁布。以适应发展的需要。此后，戴维·阿利尔又研制出第一个二维条码码制——49 条码。这是一种非传统的条码符号，它比以往的条码符号具有更高的密度。特德·威廉斯（Ted Williams）于 1988 年推出第二个二维条码码制——16K 条码，该码的结构类似于 49 条码，是一种比较新型的码制，适用于激光系统。

1990 年讯宝公司（Symbol）推出二维条码 PDF417。1994 年 9 月日本电装公司（Denso）研制成 QR Code。2003 年中国龙贝公司研制成龙贝码，矽感公司研制成二维半条码码制——CompactMatrix。从此，中国在二维条码方面有了自主知识产权。

3.1.2　我国条码应用的发展

我国条码技术的研究始于 20 世纪 70 年代。当时的主要工作是学习和跟踪世界先进技术。随着计算机应用技术的普及，80 年代末，条码技术在我国的邮电、仓储、图书管理及生产过程的自动控制等领域开始得到初步运用。我国条码技术的推广和应用自 20 世纪 80 年代开始。我国条码技术的推广应用坚持以发展为核心、以服务求巩固、以标准促应用，条码技术已从商业零售领域向运输、物流、电子商务和产品追溯等多领域拓展，并带动了条码产业的形成和发展。主要可以分为 3 个阶段。

1. 技术启蒙阶段（20 世纪 80 年代末到 90 年代初）

1986 年原国家标准局信息分类编码研究所将"条码技术研究"课题列入研究计划，开始进行条码技术基础研究，掌握了条码的编码原理、扫描识读原理等基础技术。1988 年 12 月 28 日，经国务院批准，成立了中国物品编码中心，负责统一组织、协调、管理我国的条码工作。1989 年，原国家科委重点项目"条码系统研究"正式立项。课题组进行了条码检测技术、条码生成技术、胶片制作技术等研究，并在国内率先开发出条码打印软件。1991 年 4 月，中国物品编码中心代表我国加入国际物品编码协会（EAN），为全面开展我国条码工作创造了先决条件。中国商品条码系统成员数量近年来迅速增加。同年，上海食品一店应用条码的 POS 系统正式投入运行。这是我国自行研制拥有自主知识产权的商业 POS 系统。1992 年 11 月，"条码系统研究"通过鉴定。该项成果填补了国内商品条码技术的空白，对条码技术的发展起到了指导作用。

1993 年，中国物品编码中心创办了科技期刊《条码与应用系统》，这是我国最早的条码技术刊物。1995 年 8 月，《流通领域电子数据交换规范 EANCOM》正式翻译出版。1996 年 1 月 17 日，国家"八五"重点科技攻关项目"交通运输、仓储、物流条码的研究"科技成果鉴定会在北京召开，并通过了鉴定。课题确定了物流条码体系、贸易单元物流的表示内容和码制选择及条码的生成、识读、质量保证等技术，并就物流条码与 EDI 的接口及物流条码的应用进行了研究。1997 年年初，由中国物品编码中心矫云起、张成海编著的《二维条码技术》一书出版，标志着"八五"期间我国对二维条码的技术攻关取得了阶段性成果。

2. 起步阶段（20 世纪 90 年代中期至 21 世纪初）

1997 年 4 月中国物品编码中心承担了国家科委"九五"重点项目"二维条码技术研究与应用试点"。同年，编制发布了国家标准《四一七条码》（GB/T 17172—1997），该标准是我国自动识别技术领域内第一个二维条码国家标准，它的制订标志着 PDF417 条码在我国的应用进入了正规有序的发展阶段。1998 年 8 月，中国物品编码中心在对商品条码技术的推广应用情况进行了全面调查、分析之后，根据当时需要，对《通用商品条码》（GB/T 12904）进行了修订，修订后的标准在实用性和可操作性方面都有了较大提高。

2000 年，完成了"二维条码技术研究与应用试点"、"EDI 位置码的研究与应用"等 3 项国家"九五"重点攻关项目。同时 还完成了国家技术监督局"供应链管理标准体系及运作模式的研究"、"条码印制品质量控制与质量管理研究"等 3 项科研项目，以及《128 条码》、《快速响应矩阵条码》等 5 项国家标准的制、修订工作。在"十五"计划中明确提出"要加强条码和代码信息标准化基础工作"，我国条码事业也进入了一个前所未有的发展时期。2002 年 1 月，中国物品编码中心、中国 ECR 委员会发布"连续补货实施指南"。2003 年 1 月，中国标准研究中心等单位承担了"物流配送系统标准体系及关键标准研究"课题。

在推进国家科研项目过程中，中国物品编码中心及有关机构完成了 7 项与条码、商业 EDI 相关的国家标准制修订任务；通过开展相关标准化的研究与制修订工作，推广应用 EAN·UCC 系统（全球统一物品标识系统），编写了《EAN·UCC 系统用户手册》，加强对 EAN·UCC 系统行业解决方案与物流标准化的研究与应用；进行了科技部、国家计委、国家质检总局的其他科研项目的申请、论证和立项工作，为"十五"期间条码技术研究、发展与应用打下了良好的基础。

3. 快速发展阶段（21 世纪初至今）

党的十六大报告明确指出"以信息化带动工业化，优先发展信息产业，在经济和社会领域广泛应用信息技术"。条码技术推广应用工作作为我国信息化发展的重要基础工作之一，已被国家列入"十五"计划纲要。这充分表明在世界经济一体化，我国加入 WTO 后的今天，条码推广应用工作在我国经济建设中具有举足轻重的作用。

为了使条码工作面向市场，适应加入 WTO 的需要，满足我国经济发展的需求，中国物品编码中心于 2003 年 4 月启动 "中国条码推进工程"。

中国条码推进工程的总体目标是：根据我国条码发展战略，加速推进条码在各个领域的应用，利用 5 年时间，共发展系统成员 15 万家，到 2008 年实现系统成员数量翻一番，系统成员保有量居世界第二；使用条码的产品总数达到 200 万种；条码的合格率达到 85%。条码技术在零售、物流配送、连锁经营和电子商务等国民经济和社会发展的各个领域得到广泛应用；形成以条码技术为主体的自动识别技术产业。

中国条码推进工程的实施步骤如下。

第一阶段——启动期（2003 年）

系统成员保持 10%的增长率，发展系统成员 2.2 万家，建立 2 个应用示范系统，开辟 2 个新的应用领域。

第二阶段——起飞期（2004～2006 年）

系统成员以每年至少 16%的速度增长，发展系统成员 8.8 万家，商品条码质量合格率提高到 80%，开辟 3 个新的应用领域，建立 8 个应用示范系统。

第三阶段——成熟期（2007 年后）

系统成员以 18%的速度增长，发展系统成员 4 万家，系统成员数量翻一番，系统成员保有量居世界第二；使用条码的产品总数达到 200 万种；条码的合格率达到 85%。条码技术在零售、物流配送、连锁经营和电子商务等国民经济和社会发展的各个领域得到广泛应用；形成以条码技术为主体的自动识别技术产业。

3.1.3 自动识别技术

自动识别技术是信息数据自动识读、自动输入计算机的重要方法和手段，它是以计算机技术和通信技术的发展为基础的综合性科学技术。自动识别技术近几十年在全球范围内得到了迅猛发展，初步形成了一个包括条码技术、磁卡识别技术、光学字符识别、射频技术、生物识别及图像识别等集计算机、光、机电、通信技术为一体的高技术学科。

除了条码和射频技术外，还有下列自动识别技术。

1. 生物识别技术

生物识别技术是指通过计算机利用人类自身生理或行为特征进行身份认定的一种技术，如指纹识别、虹膜识别技术和头像识别等。据介绍，世界上某两个人指纹相同的概率极为微小，而两个人的眼睛虹膜一模一样的情况也几乎没有。人的虹膜在两到三岁之后就不再发生变化，眼睛瞳孔周围的虹膜具有复杂的结构，能够成为独一无二的标识。与生活中的钥匙和密码相比，人的指纹或虹膜不易被修改、被盗或被人冒用，而且随时随地都可以使用。

生物识别是用来识别个人的技术，它以数字测量所选择的某些人体特征，然后与这个人的档案资料中的相同特征作比较，这些档案资料可以存储在一个卡片中或存储在数据库中。被使用的人体特征包括指纹、声音、掌纹、手腕上和眼睛视网膜上的纹路排列、眼球虹膜的图像、脸部特征、签字时和在键盘上打字时的动态等。

生物特征识别技术适用于几乎所有需要进行安全性防范的场合，遍及诸多领域，在包括金融证券、IT、安全、公安、教育、海关等行业的许多应用中都具有广阔的前景。随着电子商务应用的越来越广泛，身份认证的可靠安全性就越来越重要，就越来越需要更好的技术来实现身份认证。

所有的生物识别过程大都具有 4 个步骤：原始数据获取、抽取特征、比较和匹配。生物识别系统捕捉到生物特征的样品，唯一的特征将会被提取而且被转化成数字的符号，接着，这些符号被用作那个人的特征模版，这种模版可能会存放在数据库、智能卡或条码卡中，人们同识别系统交互，根据匹配或不匹配来确定人们的身份。生物识别技术在不断增长的电器世界和信息世界中的地位将会越来越重要。

2. 语音识别技术

语音识别技术（也称作"声音识别"）将人类语音转换为电子信号，然后将这些信号输入进具有规定含义的编码模式中，它并不是将说出的词汇转变为字典式的拼法，而是转换为一种计算机可以识别的形式，这种形式通常开启某种行为。例如，组织某种文件、发出某种信号或开始对某种活动录音。

语音识别以两种不同形式的作业进行信息收集工作：分批式和实时式。分批式是指使用者的信息从主机系统中下载到手持式终端里，并自动更新，然后在工作日结束时将全部信息上传到计算机主机。在实时式信息收集中，语音识别也可以与射频技术相结合，提供活动和快捷的与主机的联系方式。

语音识别系统还分为这样两种类型：连续性讲话和间断发音。连续性讲话型允许使用者以一个演讲者的讲话速度讲话。间断发音要求在每个词和词组之间留出一个短暂的间歇。不管选择什么类型的语音识别系统，安装这样的系统会在信息收集的速度和准确性方面带来很大的效益，有助于提高工作人员的活动能力和工作效率。

语音识别技术常用于汽车行业的制造和检查、仓储业和配送中心的物料实时跟踪、运输业的收发货和装卸车船等几个行业中，需要检查和质量控制方面的应用及一些需要解放手眼和实时输入数据等工作场合的应用。语音识别技术输入的准确率不如条码，而速度是声音识别技术的关键优点。

3. 图像识别技术

随着微电子技术及计算机技术的蓬勃发展，图像识别技术得到了广泛的应用和普遍的重视。作为一门技术，它创始于 20 世纪 50 年代后期，随后开始崛起，经过近半个世纪的发展，已经成为在科研和生产中不可或缺的重要部分。

具有"数据量大、运算速度快、算法严密、可靠性强、集成度高、智能性强"等特点的各种应用图文系统在国民经济各部门得到广泛的应用，并在逐渐深入家庭生活。现在，通信、广播、计算机技术、工业自动化、国防工业乃至印刷、医疗等部门的尖端课题无一不与图像科学的进展密切相关。事实上，图像科学已成为各高技术领域的汇流点。有人预言，"图像产业"将是 21 世纪影响国民经济、国家防务和世界经济的举足轻重的产业。

"图像科学"的广泛研究成果同时也扩大了"图像信息"的原有概念。广义而言，图像信息不必以视觉形象乃至非可见光谱（红外、微波）的"准视觉形象"为背景：只要是对同一复杂的对象或系统，从不同的空间点、不同的时间等诸方面收集到的全部信息之总和，就称为多维信号或广义的图像信号。多维信号的观点已渗透到如工业过程控制、交通网管理及复杂系统分析等理论中。

4. 磁卡识别技术

常用的磁卡是通过磁条记录信息的。磁条技术应用了物理学和磁力学的基本原理。磁条就是一层薄薄的由定向排列的铁性氧化粒子组成的材料（也称为涂料），用树脂粘合在一起并粘在诸如纸或塑料这样的非磁性基片上。

磁条技术的优点是数据可读写，即具有现场改变数据的能力；数据存储量能满足大多数需要，便于使用，成本低廉；还具有一定的数据安全性；它能黏附于许多不同规格和形式的基材上。这些优点使之在很多领域得到广泛应用，如信用卡、银行 ATM 卡、机票、公共汽车票、自动售货卡、会员卡、现金卡（如电话磁卡）等。

几种自动识别技术的比较见表 3-1。

表 3-1　　几种自动识别技术的比较

项目名称	键盘	图像识别	磁条（卡）	条码	射频
输入 12 位数据速度	6s	4s	0.3～2s	0.3～2s	0.3～0.5s
误码率	1/300	1/10000		1/15000	
印刷密度（每英寸）		10～12 字符	48 字符	最大 20 字符	4～8000 字符
基材价格	无	低	中	低	高
扫描器价格	无	高	中	低	高
识读距离		接触	接触	至 2 米	至几十米
优点	操作简单；可用眼睛阅读	可用眼睛阅读	数据密度高；输入速度快	输入速度快；误读率低；设备便宜种类多	适应环境能力强；可非接触式识读

续表

项目名称	键盘	图像识别	磁条（卡）	条码	射频
缺点	误码率高； 输入速度低； 因人而异	输入速度低； 不能非接触式 识读； 设备价格高	不能直接用眼 阅读； 不能非接触式 阅读	数据不能更改； 不可用眼直接阅读	设备价格昂贵、 寿命短； 数据可改写

3.2 条码的基本理论

3.2.1 条码的相关概念

1. 条码

条码是由一组规则排列的条、空及其对应字符组成的标记，用以表示一定的信息。条码通常用来对物品进行标识，这个物品可以是用来进行交易的一个贸易项目，如一瓶啤酒或一箱可乐，也可以是一个物流单元，如一个托盘。

所谓对物品的标识，就是首先给某一物品设计一个代码，然后以条码的形式将这个代码表示出来，而且标识在物品上，以便识读设备通过扫描识读条码符号而对该物品进行识别（见图 3-2）。

2. 代码

代码（Code）即一组用来表征客观事物的一个或一组有序的符号。代码必须具备鉴别功能，即在一个信息分类编码标准中，一个代码只能唯一地标识一个分类对象，而一个分类对象只能有一个唯一的代码，在不同的应用系统中，代码可以有含义，也可以无含义。如图 3-2 所示，图中的阿拉伯数字 6902018994262 即是该瓶古井贡酒的商品标识代码，而在其上方由条和空组成的条码符号则是该代码的符号表示。

图 3-2　典型的商品条码

3. 码制

条码的码制是指条码符号的类型。每种类型的条码符号都是由符合特定编码规则的条和空组合而成。每种码制都具有固定的编码容量和所规定的条码字符集。条码字符中字符总数不能大于该种码制的编码容量。常用的一维条码码制包括 EAN 条码、UPC 条码、UCC/EAN-128 条码、交叉 25 条码、39 条码、93 条码、库德巴条码等。

4. 字符集

字符集是指某种码制的条码符号可以表示的字母、数字和符号的集合。有些码制仅能表示 10 个数字字符：0～9，如 EAN/UPC 条码；有些码制除了能表示 10 个数字字符外，还可以表示几个特殊字符，如库德巴条码。39 条码可表示数字字符 0～9、26 个英文字母 A～Z 以及一些特殊符号。

5. 连续性

条码符号的连续性是指每个条码字符之间不存在间隔。相反，非连续性是指每个条码字符之间存在间隔（见图 3-3），该图为 25 条码的字符结构，从图中可以看出，字符与字符间存在着字符间隔，所以是非连续的。

图 3-3　25 条码的字符结构

6. 双向可读性

条码符号的双向可读性，是指从左、右两侧开始扫描都可被识别的特性。绝大多数码制都可双向识读，所以都具有双向可读性。事实上，双向可读性不仅仅是条码符号本身的特性，也是条码符号和扫描设备的综合特性。对于双向可读的条码，识读过程中译码器需要判别扫描方向。

7. 自校验特性

条码符号的自校验特性是指条码字符本身具有校验特性。若在一条码符号中，一个印刷缺陷（例如，因出现污点把一个窄条错认为宽条，而相邻宽空错认为窄空）不会导致替代错误，那么这种条码就具有自校验功能。例如，39 条码、库德巴条码、交叉 25 条码都具有自校验功能。

3.2.2　条码的结构与分类

1. 条码的结构

一个完整的条码符号是由两侧空白区、起始字符、数据字符、校验字符（可选）和终止字符以及供人识读字符组成，如图 3-4 所示。条码信息靠条和空的不同宽度和位置来传递，信息量的大小是由条码的宽度和印刷的精度来决定的，条码越宽，包容的条和空越多，信息量越大；条码印刷的精度越高，单位长度内可以容纳的条和空越多，传递的信息量也就越大。

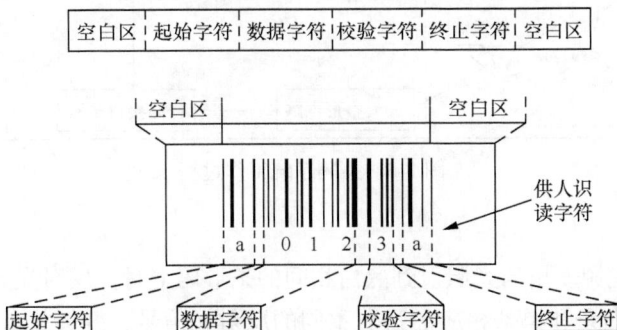

图 3-4　条码的结构

① 空白区：条码起始符、终止符两端外侧与空的反射率相同的限定区域。

② 起始符：位于条码起始位置的若干条与空。

③ 终止符：位于条码终止位置的若干条与空。

④ 条码数据符：表示特定信息的条码字符。

⑤ 条码校验符：表示校验码的条码字符。

⑥ 供人识别的字符：位于条码字符的下方，与相应的条码字符相对应的、用于供人识别的字符。

2. 条码的分类

条码按照不同的分类方法、不同的编码规则可以分成许多种，现在已知的世界上正在使用的条码就有 250 种之多。

通常的分类方法有以下 3 种。

① 按照维数来分：可分为一维条码、二维条码。

② 按用途来分：一维可以分为商品条码（包括 EAN 码和 UPC 码），存储条码（交叉 25 码、ITF-14 条码和 ITF-6 条码）、物流条码（包括 128 码、ITF 码、39 码、库德巴码）等。

③ 二维条码按结构来分：可分为行排式二维条码（PDF417、Code 49、Code 16K 等）、矩阵式二维条码（QR Code、Data Matrix、Maxi code、Code One 等）

④ 按码制来分：可分为 UPC 码、EAN-13 码、EAN-8 码、ITF-14、ITF-16、EAN/UCC-128 码、39 码和库德巴码等。

3.2.3 条码的工作原理

条码系统把条码标签、条码扫描器、后台计算机结合在一起来完成自动识别和信息采集的工作。集编码、印刷、识别、数据采集和处理于一身，其核心内容是利用光电扫描设备识读条码符号。从功能上来说条码系统由扫描系统、信号整形、译码等部分组成。

条码系统主要是根据条码图形的条（黑条）和空（白条）对光的反射率不同来自动识别和将信息输入计算机系统的。其工作过程可以大致分为 3 个步骤（见图 3-5）。

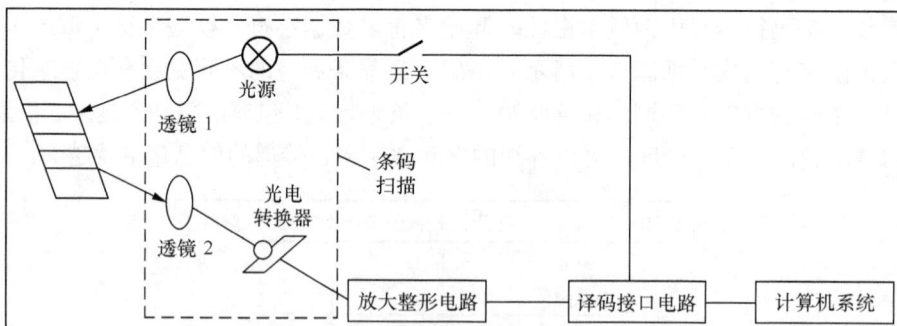

图 3-5 条码系统工作过程

（1）条码扫描

当条形码扫描器光源发出的光照射到黑白相间的条形码上时，反射光照射到光电转换器上，光电转换器接收到与白条和黑条相应的强弱不同的反射光信号，并转换成相应的电信号输出到放大整形电路，从而来表示不同的字符和信息。

（2）放大整形

由光电转换器输出的与条形码的条和空相应的电信号一般仅 10mV 左右，不能直接使用，因而先要将光电转换器输出的电信号送放大器放大，放大后的电信号仍然是一个模拟电信号，为了避免由条形码中的疵点和污点导致错误信号，在放大电路后需加一整形电路，把模拟信号转换成数字信号，由信号放大、滤波、波形整形 3 个步骤完成。

（3）译码

译码是条码编码的逆过程，是对得到的条码矩形波信号进行译码，根据码制所对应的编码规则，便可将条形码符号换成相应的数字、字符信息，通过接口电路传输给计算机系统，进行数据处理与管理，并将结果输出到条码应用系统中的数据采集终端，便完成了条形码识别的全过程。

3.3

商品条码

3.3.1 商品条码的组织机构

商品条码是用于表示商品标识代码的条码，它的组织机构主要是国际物品编码协会（EAN）和统一代码委员会（UCC）。所以常用的商品条码码制包括：EAN 商品条码（EAN-13 商品条码和 EAN-8 商品条码）和 UPC 商品条码（UPC-A 商品条码和 UPC-E 商品条码）。

1. 美国统一代码委员会

条码标识商品起源于美国，并形成一个独立的编码系统，通用于北美地区。UCC 是负责开发和维护北美地区包括产品标识标准在内的国际标准化组织，创建于 1972 年，2002 年底已拥有系统成员 26 万家，推广 UPC 商品条码是它的一项业务。目前，UCC 正在面向 23 个行业开展活动，主要对象是零售及食品行业。

UPC 码（Universal Product Code）是美国统一代码委员会制订的一种商品用条码，主要用于美国和加拿大地区，在美国进口的商品上可以看到。UPC 码是最早大规模应用的条码，其特性是一种长度固定、连续性的条码，因为其应用范围广泛，故又被称为万用条码。UPC 码仅可用来表示数字，其字码集为数字 0～9。UPC 码共有 A、B、C、D、E 五种版本（见表 3-2），常用的商品条码版本为 UPC-A 码和 UPC-E 码。UPC-A 码是标准的 UPC 通用商品条码版本，UPC-E 码为 UPC-A 的压缩版。

表 3-2   UPC 码的版本

版　本	应 用 对 象	格　式
UPC-A	通用商品	SXXXXX
UPC-B	医药卫生	SXXXXX
UPC-C	产业部门	XSXXXXX
UPC-D	仓库批发	SXXXXX
UPC-E	商品短码	XXXXXX

注：S 为系统码；X 为数据码；C 为校验码。

2. 国际物品编码协会

国际物品编码协会（EAN）是一个不以营利为目的的国际标准化组织。1976 年美国和加拿大在超级市场上成功地使用了 UPC 系统。1977 年，欧洲共同体开发出与 UPC 系统兼容的欧洲物品编码系统（European Article Numbering System），简称 EAN 系统。1981 年，随着协会成员的不断增加，EAN 组织已发展成为一个事实上的国际性组织，改称为"国际物品编码协会"。

因为国际物品编码协会推出的国际通用编码系统（EAN 系统），在世界范围内得到迅速推广应用，UPC 系统的影响逐渐缩小。2002 年 11 月 26 日 EAN 正式接纳 UCC 成为系统成员，EAN 和 UCC 合并为一个全球统一的标识系统——EAN·UCC 系统。目前，EAN·UCC 系统已拥有 99 个编码组织，代表 100 多个国家或地区，遍及六大洲，已有 120 多万家用户通过国家（或地区）编码组织加入 EAN·UCC 系统。EAN·UCC 系统正广泛应用于工业生产、运输、仓储、图书、票汇等领域。

3. 中国物品编码中心

中国物品编码中心是我国商品条码工作的组织、协调、管理机构，于 1988 年 12 月 28 日经国务院批准正式成立，并于 1991 年 4 月 19 日加入国际物品编码协会。

中国物品编码中心地方分支机构接受所在地的省、自治区、直辖市人民政府质量技术监督行政部门的领导，其业务工作接受编码中心的指导、检查和考核。中国物品编码中心统一审批商品条码的注册、变更、续展和注销，统一向系统成员发放证书。企业使用 EAN 商品条码须向中国物品编码中心申请（申请流程见图 3-6）。

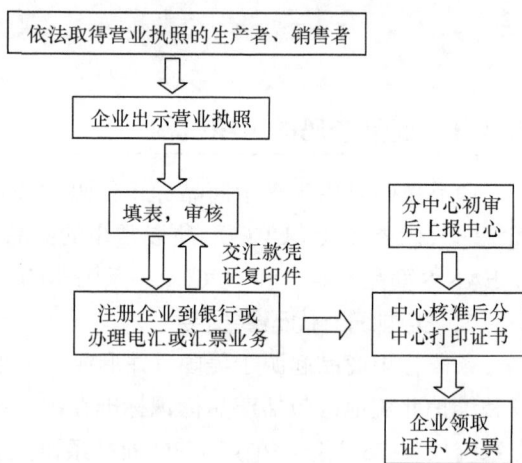

图 3-6　企业申请注册厂商识别代码流程图

3.3.2　商品标识代码与条码

商品标识代码是代表商品的一组符号。商品标识代码包括 EAN/UCC-13、EAN/UCC-8、UCC-12 三种代码结构，还有一些特殊的商品代码。厂商应根据需要选择申请适宜的代码结构，遵循三项基本的编码原则，即唯一性原则、无含义性原则、稳定性原则。

商品条码是表示商品标识代码的图形符号，即条形码。对应的商品条码包括 EAN-13、EAN-8、UPC-12 等（其关系见图 3-7）。

1. EAN/UCC-13 代码

（1）EAN-13 条码的结构

EAN-13 商品条码由左侧空白区、起始符、左侧数据符、中间分隔符、右侧数据符、校验符、终止符、右侧空白区及供人识别字符组成（见图 3-8）。

（2）EAN/UCC-13 代码的结构

EAN/UCC-13 代码由 13 位数字组成。不同国家（地区）的条码组织对 13 位代码的结构有不同的划分。对于我国商品条码的代码前缀码为构成的 EAN-13 码有如下 3 种结构（见表 3-3）。

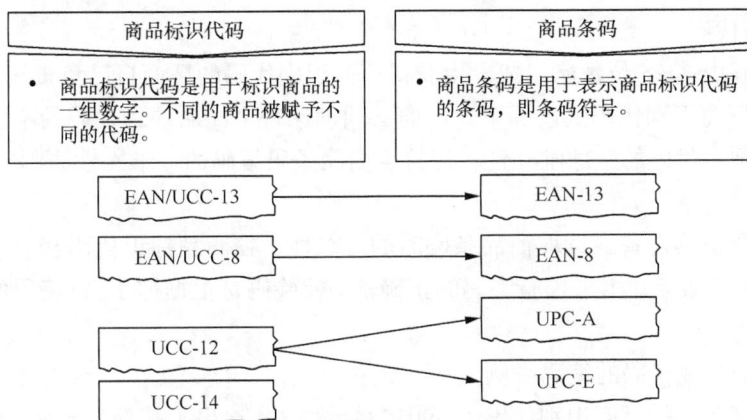

图 3-7　商品代码与商品条码的关系

图 3-8　EAN-13 条码图

表 3-3　　　　　　　　　　　EAN/UCC-13 的结构

结构种类	厂商识别代码		商品项目代码	校验码
	前缀码	厂商代码		
结构一	$X_{13}X_{12}X_{11}$（690，691）	$X_{10}X_9X_8X_7$	$X_6X_5X_4X_3X_2$	X_1
结构二	$X_{13}X_{12}X_{11}$（692，693，694）	$X_{10}X_9X_8X_7X_6$	$X_5X_4X_3X_2$	X_1
结构三	$X_{13}X_{12}X_{11}$（695）	$X_{10}X_9X_8X_7X_6X_5$	$X_4X_3X_2$	X_1

① 前缀码。

前缀码由 2～3 位数字（$X_{13}X_{12}$ 或 $X_{13}X_{12}X_{11}$）组成，是 EAN 分配给国家（或地区）编码组织的代码。前缀码由 EAN 统一分配和管理。截至 2003 年 7 月，全球共有 101 个国家（或地区）编码组织代表 103 个国家（或地区）加入 EAN International，成为 EAN 的成员组织。

② 厂商识别代码。

厂商识别代码用来在全球范围内唯一标识厂商，其中包含前缀码。在中国大陆地区，厂商识别代码由 7～9 位数字组成，由中国物品编码中心负责注册分配和管理。

根据《商品条码管理办法》，具有企业法人营业执照或营业执照的厂商可以申请注册厂商识别代码。任何厂商不得盗用其他厂商的厂商识别代码，不得共享和转让，更不得伪造代码。允许厂商申请注册一个以上的厂商识别代码。

③ 商品项目代码。

商品项目代码由 3～5 位数字组成，由获得厂商识别代码的厂商自己负责编制。

在使用同一厂商识别代码的前提下，厂商必须确保每个商品项目代码的唯一性，这样才能保证每种商品的项目代码的全球唯一性，即符合商品条码编码的"唯一性原则"。

④ 校验码。

为了保证条码识读设备在读取商品条码时的可靠性，在商品标识代码和商品条码中设置校验码。校验码为 1 位数字，用来校验编码的正确性。校验码是根据前 12 位编码的数值按一定的数学算法计算而得。

（3）EAN/UCC-13 代码的编码举例

假设分配给某药厂的厂商识别代码为 6901234。表 3-4 给出了其部分产品的编码方案。

- 商品品种不同应编制不同的商品项目代码。
- 即使是同一企业生产的同一品种的商品，其商标不同，也应编制不同的商品项目代码。
- 同种商标的同种商品，如果剂型不同，其商品项目代码也应不同。
- 同一种类、同一商标、同一剂型的商品，其商品规格或包装规格不同，均应编制不同的商品项目代码。
- 对于组合包装的项目，也应分配一个独立的商品项目代码。

表 3-4 某药厂的商品编码方案

产品种类	商标	剂型、规格与包装规格			商品标识代码
清凉油	天坛牌	搽剂	固体	棕色 3.5g/盒	6901234 00000 9
				3.5g/袋	6901234 00001 6
				19g/盒	6901234 00002 3
				白色 19g/盒	6901234 00003 0
			液体	3ml/瓶	6901234 00004 7
				8ml/瓶	6901234 00005 4
				18ml/瓶	6901234 00006 1
		吸剂（清凉油鼻舒）		1.2g/支	6901234 00007 8
	龙虎牌	黄色		3.0g/盒	6901234 00008 5
				10g/盒	6901234 00009 2
		白色		10g/盒	6901234 00010 8
				18.4g/盒	6901234 00011 5
		棕色		10g/盒	6901234 00012 2
				18.4g/盒	6901234 00013 9
		吸剂（清凉油鼻舒）		1.2g/支	6901234 00014 6
	ROYAL BALM™	运动型棕色强力装		18.4g/瓶	6901234 00015 3
		关节型原始白色装		18.4g/瓶	6901234 00016 0
风油精	龙虎牌	8ml/瓶			6901234 00017 7
		3ml/瓶			6901234 00018 8
家友（组合包装）	龙虎牌	风油精 1ml，清凉油鼻舒 0.5g/支			6901234 00019 1

2. EAN/UCC-8 代码

（1）EAN-8 条码的结构

EAN-8 商品条码是由左侧空白区、起始符、左侧数据符、中间间隔符、右侧数据符、校验符、终止符、右侧空白区和供人识别字符组成（见图 3-9）。

图 3-9　EAN-8 条码

（2）EAN/UCC-8 的代码结构

EAN/UCC-8 代码是 EAN/UCC-13 代码的一种补充，用于标识小型商品。它由 8 位数字组成，其结构分为两部分（见表 3-5）。

① 商品项目识别代码：前缀码 + 商品项目代码。

② 校验码。

表 3-5　　　　　　　　　　　　　　　EAN-8 代码结构

前缀码	商品项目代码	校验码
$X_8X_7X_6$	$X_5X_4X_3X_2$	X_1

可以看出，EAN/UCC-8 的代码结构中没有厂商识别代码。EAN/UCC-8 的商品项目识别代码由 7 位数字组成。在中国大陆地区，$X_8X_7X_6$ 为前缀码。前缀码与校验码的含义与 EAN/UCC-13 相同。计算校验码时只需在 EAN/UCC-8 代码前添加 5 个"0"，然后按照 EAN/UCC-13 代码中的校验位计算即可。

从代码结构上可以看出，EAN/UCC-8 代码中用于标识商品项目的编码容量要远远少于 EAN/UCC-13 代码。以前缀码 690 的商品标识代码为例：就 EAN-8 代码来说，除校验位外，只剩下 4 位可用于商品的编码，即仅可标识 10000 种商品项目；而在 EAN/UCC-13 代码中，除厂商识别代码、校验码外，还剩 5 位可用于商品编码，即可标识 100000 种商品项目。可见，EAN/UCC-8 代码用于商品编码的容量很有限，应慎用。

（3）EAN/UCC-8 代码的注册

商品项目识别代码由国家（或地区）编码组织统一分配管理。在我国由中国物品编码中心依据《商品条码管理办法》的相关规定，对 EAN/-8 商品条码统一分配，以确保标识代码在全球范围内的唯一性，厂商不得自行分配。

3. UCC-12 代码

通常情况下，不选用 UPC 商品条码。当产品出口到北美地区而且客户指定时，才申请使用 UPC 商品条码。中国厂商如需申请 UPC 商品条码，须经中国物品编码中心统一办理。

（1）UPC-A 和 UPC-E 商品条码的符号结构

UCC-12 代码可以用 UPC-A 商品条码（见图 3-10）和 UPC-E 商品条码的符号表示。UPC-A 是 UCC-12 代码的条码符号表示，UPC-E 则是在特定条件下将 12 位的 UCC-12 消"0"后得到的 8 位代码的 UCC-12 符号表示。

UPC-A 左、右侧空白区最小宽度均为 9 个模块宽，其他结构与 EAN-13 商品条码相同。

UPC-E 是 UPC-A 码的简化型式，其编码方式是将 UPC-A 码整体压缩成短码，以方便使用，因此其编码形式须经由 UPC-A 码来转换。UPC-E 由 6 位数码与左右护线组成，无中间线。6 位数字码的排列为 3 奇 3 偶，其排列方法取决于校验码的值。UPC-E 码只用于国别码为 0 的商品。

图 3-10　UPC-A 条码结构

（2）UCC-12 的代码结构

UPC-A 商品条码所表示的 UCC-12 代码由 12 位（最左边加 0 可视为 13 位）数字组成，其由 3 个部分组成：厂商代码、商品项目代码、校验码。

① 厂商识别代码。

厂商识别代码是美国统一代码委员会 UCC 分配给厂商的代码，由左起 6～10 位数字组成。其中，X_{12} 为系统字符，其应用规则见表 3-6。UCC 起初只分配 6 位定长的厂商识别代码，后来为了充分利用编码容量，于 2000 年开始，根据厂商对未来产品种类的预测，分配 6～10 位可变长度的厂商识别代码。

表 3-6　　　　　　　　　　　　　　厂商识别代码应用规则

系统字符	应用范围
0，6，7	一般商品
2	商品变量单元
3	药品及医疗用品
4	零售商店内码
5	优惠券
1，8，9	保留

② 商品项目代码。

商品项目代码由厂商编码，由 1～5 位数字组成，编码方法与 EAN/UCC-13 相同。

③校验码。

校验码为 1 位数字。在 UCC-12 最左边加 0 即视为 13 位代码，计算方法与 EAN/UCC-13 代码相同。

4．特殊商品代码

除以上国际标准的商品代码编码规则外，一些特殊商品（如书、期刊等）或特殊情况下（如生产线上的元件、超市的特卖等）可以采用特殊的编码方法。

（1）EAN 系统的图书代码

国际物品编码协会（EAN）与国际标准书号（International Standard Book Number，ISBN）中心达成了一致协议，把图书作为特殊的商品，将 EAN 前缀码 978，作为国际标准书号（ISBN）系统的前缀码，并将 ISBN 书号条码化（见图 3-11）。

按照国际物品编码协会（EAN）的规范规定，EAN 图书代码可以用两种不同的代码结构来表示，一种是把图书视为一般商品，然后按 EAN 商品编码方法进行编码；另一种是利用图书本身的 ISBN 编号，按照 EAN 和 ISBN 协议规定，将 978 作为图书商品的前缀进行编码。

（2）EAN 系统的期刊代码

与图书编码类似，按照 EAN 的规定，期刊可以有两种不同的编码方式：第一种方法与普通商品方法相同，编码方法按照标准的 EAN-13 代码的编码方式进行；第二种方法是按照国际标准期刊号 ISSN（International Standard Serials Number）体系进行编码，其前缀特征码为 977，如图 3-12 所示。

图 3-11　图书 ISBN 条码　　　图 3-12　期刊 ISSN 条码

（3）音像制品和电子出版物

音像制品和电子出版物可视为一般商品，也有国家视为特殊商品，因此条码标识上有两种编码方法：可以像其他贸易项目一样使用 EAN/UCC-13 或 UCC-12，也可以在 EAN·UCC 指定的前缀后直接使用 ISBN 或 ISSN（无校验码）组成 GTIN。

如有附加信息，可将其印制成 2 位或 5 位数字的条码符号，这称为附加条码符号，置于 EAN/UPC 条码符号的右边并与其平行。

（4）厂商内部编码

厂商为了内部使用可能需要对贸易项目进行编码，这时应使用以 20～29 为前缀的 EAN/UCC-13。这些代码仅限于内部使用，也不能用于外部的数据交换，不能用于 EDI。商店使用店内码请遵循 GB/T 18283—2000《店内条码》标准。

（5）优惠券的编码

目前，优惠券的标识由各国自行管理，尚不能全球通用。我国优惠券的编码结构由中国物品编码中心决定。

优惠券的编码采用前缀为 99 的 EAN/UCC-13。如果优惠券流通于通用一种货币的两个以上国家或地区，则使用前缀 981 或 982。

3.4 储运与物流条码

3.4.1　储运单元条码

为便于搬运、仓储、订货、运输等，由消费单元组成的商品包装单元称为储运单元。储运单元分为定量储运单元和变量储运单元。

定量储运单元是由定量消费单元组成的储运单元，与消费单元同为一体的定量储运单元应共用一个商品项目代码，按消费单元编码方法构成 13 位代码，用 EAN-13 条码标识。内含的消费单元为同一类的定量储运单元，可以在 13 位代码前加指示符"0"构成 14 位代码，用 ITF-14 条码标识；如果仍用原商品项目代码，可按有关规定选用不同指示符构成不同 14 位代码，用 ITF-14 或 EAN-128 码标识。内含非同类消费单元的定量储运单元可用 EAN-13 条码或 ITF-14 条码标识。

变量储运单元是由变量消费单元组成的储运单元。变量储运单元由 14 位数字的主代码和 6 位数字的附加代码组成，主代码用 ITF-14 条码，附加代码用 ITF-6 条码标识。指示字符 9 表示主代码后面有附加代码；厂商识别代码与商品项目代码的编码规则同消费单元，只是商品项目代码只能表示储运单元的产品种类；商品数量代码表示基本计量单位（如 m、kg 等）的数量；校验字符的计算同商品条码 EAN-13 校验字符计算方法，如图 3-13 所示。

EAN/UCC-13：6901234000047

EAN/UCC-14：16901234000044 或
EAN/UCC-13：6901234000054

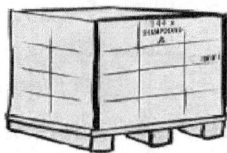

EAN/UCC-14：26901234000041 或
EAN/UCC-13：6901234000061

图 3-13　不同包装等级的编码方案

1. 交叉 25 码

交叉 25 条码（见图 3-14）是在 25 条码的基础上发展起来的，由美国的 Intermec 公司于 1972 年发明。它弥补了 25 条码的许多不足之处，不仅增大了信息容量，而且因为自身具有校验功能，还提高了交叉 25 条码的可靠性。交叉 25 条码起初广泛应用于仓储及重工业领域，1987 年开始用于运输包装领域。1987 年日本引入了交叉 25 条码，用于储运单元的识别与管理。1997 年我国也研究制订了交叉 25 条码标准（GB/T 16829—1997），主要应用于运输、仓储、工业生产线、图书情报等领域的自动识别管理。

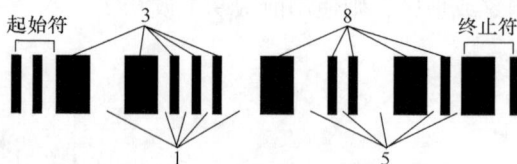

图 3-14　交叉 25 码

交叉 25 条码是一种条、空均表示信息的连续型、非定长，具有自校验功能的双向条码。它的字符集为数字字符 0～9。组成条码符号的条码字符个数为偶数。当条码字符所表示的字符个数为奇数时，应在字符串左端添加"0"。

2．ITF-14 条码符号

ITF-14 条码是连续型、定长、具有自校验功能，且条空都表示信息的双向条码。它的条码字符集、条码字符的组成与交叉 25 条码相同。ITF-14 条码由矩形保护框、左侧空白区、条码字符、右侧空白区组成，它们的结构为加上矩形保护框的交叉 25 条码，供人识读的字符置于保护框的下面，如图 3-15 所示。

图 3-15　ITF-14 条码图

ITF-14 条码只用于标识非零售的商品。ITF-14 条码对印刷精度要求不高，比较适合直接印刷（热转换或喷墨）表面不够光滑、受力后尺寸易变形的包装材料，如瓦楞纸或纤维板。

每个完整的非零售商品包装上至少应有一个条码符号。包装项目上最好使用两个条码符号，放置在相邻的两个面上（短的面和长的面右侧各放一个）。在仓库应用中，这样可以保证包装转动时，人们总能看到其中的一个条码符号，如图 3-16 所示。

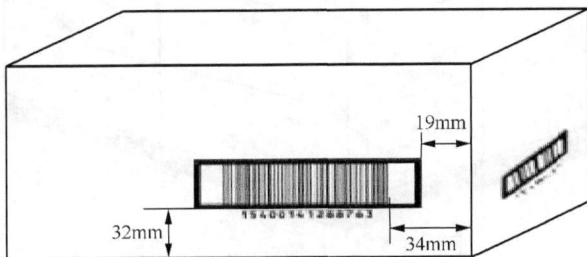

图 3-16　ITF-14 条码的印刷位置

3.4.2　物流单元条码

1．物流条码的概念

一般而言，商品条码用在商品包装上或者单个大件商品的物流包装箱上，如果包装箱内含有预先确定的、规则数量商品时也可用通用商品条码码制给每个货运单元分配一个与消费单元不同的通用商品条码；交叉 25 码可用于定量储运单元；EAN-128 码可以弥补商品通用代码和交叉 25 码的不足，更多地标识贸易单元信息。

2．EAN-128 码的结构

UCC/EAN-128 条码由国际物品编码协会（EAN）和美国统一代码委员会（UCC）共同设计而成。它是一种连续型、非定长、有含义的高密度、高可靠性、两种独立的校验方式的代码。必须保证具备以下两个条件：编码的数据字符的数量不能超过 48 个；整个符号的物理长度不能超过 165mm。

UCC/EAN-128 条码是唯一能够表示应用标识的条码符号。UCC/EAN-128 可编码的信息范围广泛包括项目标识、计量、数量、日期、交易参考信息、位置等。UCC/EAN-128 条码如图 3-17 所示。

图 3-17　EAN-128 条码

3. EAN-128 条码的印制位置

物流单元条码符号位置放置原则同 ITF-14 条码符号。在相邻的面上放置两个标签：一个放在短面的右边，一个在长面的右边，如图 3-18 所示。

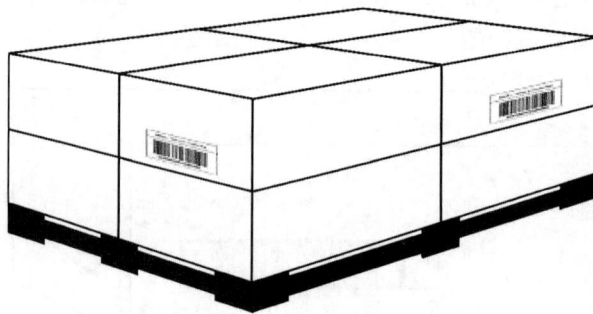

图 3-18　EAN-128 码的印刷位置图

3.5
二维条码

3.5.1　二维条码的产生与发展

二维条码技术是在一维条码无法满足实际应用需求的前提下产生的。因为受信息容量的限制，一维条码通常是对物品的标识，而不是对物品的描述。所谓对物品的标识，就是给某物品分配一个代码，代码以条码的形式标识在物品上，用来标识该物品以便自动扫描设备的识读，代码或一维条码本身不表示该产品的描述性信息。

1. 国外的发展

国外对二维条码技术的研究始于 20 世纪 80 年代末。在二维条码符号表示技术研究方面，已研制出多种码制，常见的有 PDF417、QR Code、Code 49、Code 16K、Code One 等。

在二维条码标准化研究方面，国际自动识别制造商协会（AIM）、美国标准化协会（ANSI）已完成了 PDF417、QR Code、Code 49、Code 16K、Code One 等码制的符号标准。新成立的国际标准化组织——国际电工委员会第一联合委员会的第 31 分委员会，即条码自动识别技术委员会（ISO/IEC/JTC1/SC31），已制订了 QR Code 的国际标准（ISO/IEC 18004），起草了 PDF417、Code 16K、Data Matrix、Maxi Code 等二维条码的 ISO/IEC 标准草案。

在二维条码设备开发研制、生产方面，美国、日本等国的设备制造商生产的识读设备、符号生成设备，已广泛应用于各类二维条码应用系统。

2．国内的发展

我国对二维条码技术的研究开始于 1993 年。中国物品编码中心对几种常用的二维条码 PDF417、QR Code、Data Matrix、Maxi Code、Code 49、Code 16K、Code One 的技术规范进行了翻译和跟踪研究。

中国物品编码中心在原国家质量技术监督局和国家有关部门的大力支持下，对二维条码技术的研究不断深入。在消化国外相关技术资料的基础上，制订了两个二维条码的国家标准：GB/T 17172—1997《四一七条码》，GB/T 18284—2000《快速响应矩阵码》。

2011 年 8 月"中国二维码技术研发应用（南通）基地"在江苏省南通市经济技术开发区揭牌，中国自动识别技术协会与南通市家纺商会签订了二维码项目合作协议。

二维条码中的"汉信码"是我国第一个具有完全自主知识产权的二维条码，具有汉字表示能力强、抗畸变、抗污损、信息容量大、信息密度高等优点，综合技术性能达到了国际先进水平。在物联网架构下，加大二维码技术的研发力度，适应市场需求，广泛推广二维条码，尤其是"汉信码"的应用，已成为我国自动识别产业发展的重大机遇。

3.5.2　二维条码的特点

二维条码具有条码技术的一些共性：每种码制有其特定的字符集，每个字符占有一定的宽度，具有一定的校验功能等，同时还具有以下特点。

（1）信息容量大

根据不同的条空比例每平方英寸可以容纳 250～1100 个字符，比普通条码信息容量约高几十倍。

（2）容错能力强

二维条码因穿孔、污损等引起局部损坏时，照样可以正确得到识读，损毁面积达 50%仍可恢复信息，比普通条码译码错误率低得多，误码率不超过 1/10000000。

（3）引入加密措施

引入加密措施后保密性、防伪性好。

（4）印刷多样

二维条码不仅可以在白纸上印刷黑字，还可以进行彩色印刷，而且印刷机器和印刷对象都不受限制，印刷方便。

（5）可影印及传真

二维条码经传真和影印后仍然可以使用，而一维条码在经过传真和影印后机器就无法进行识读。一维条码与二维条码比较见表 3-7。

表 3-7 一维条码与二维条码比较

项目/条码类型	一维条码	二维条码
条码密度与容量	密度低，容量小	密度高，容量大
错误校验及纠错能力	有校验码进行错误校验，但没有错误纠正能力	有错误检验及错误纠正能力，并可根据实际应用设置不同的安全等级
垂直方向的信息	不存储信息，垂直方向的高度是为了识读方便，并弥补印刷缺陷或局部损坏	携带信息，因对印制缺陷或局部损坏等可以错误纠正机制恢复信息
主要用途	主要用于对物品的标识	用于对物品的描述
信息网络与数据库依赖性	多数场合须依赖信息网络与数据库	可不依赖信息网络与数据库而单独应用
识读设备	可用线扫描器（如光笔、线型 CCD、激光扫描枪）识读	对于堆叠式可用型线扫描器的多次扫描，或可用图像扫描仪识读。矩阵式则仅能用图像扫描仪识读

3.5.3 二维条码的码制

1. 二维条码的分类

二维条码通过组成方式分为行排式和矩阵式二维码，另外还有邮政专业码。

① 行排式二维码：即线性堆叠式二维码，就是在一维条形码的基础上，降低条码行的高度，安排一个纵横比大的窄长条码行，并将各行在顶上互相堆积，每行间都用一模块宽的厚黑条相分隔。它在编码设计、校验原理、识读方式等方面继承了一维条码的特点，识读设备和条码印刷与一维条码技术兼容。典型的线性堆叠式二维码有 Code 16K、Code 49、PDF417 等。

② 矩阵式二维码：矩阵式二维条码是在一个矩形空间通过黑白像素在矩阵中的不同分布进行编码。它可能包含与其他单元组成规则不同的识别图形。矩阵式的条码比堆叠式的具有更高的自动纠错能力，更适用于在条码容易受到损坏的场合。矩阵式二维条码是建立在计算机图像处理技术、组合编码原理等基础上的一种新型图形符号自动识读处理码制。典型的矩阵二维码有 Aztec、MaxiCode、QR Code、Data Matrix 等。

③ 邮政码：通过不同长度的条进行编码，通过对不同长度的条进行编码，主要用于邮件编码，如 Postnet、BP04-State 等。

目前常用的二维条码主要的码制有 PDF417 码、49 码、16K 码、Data Matrix 码和 Maxi code 等。其中以 PDF417 码应用范围最广，从生产、运货、行销到存货管理都很适合，故 PDF417 码特别适用于流通业者；Maxi code 通常用于邮包的自动分类和追踪；Data Matrix 码则特别适用于小零件的标识（见图 3-19）。

2. PDF417 条码

PDF417 二维条码是一种行排式二维条码，目前应用最为广泛。PDF417 条码是由留美华人王寅敬博士发明的。PDF 取自英文 Portable Data File 三个单词的首字母，意为"便携数据文件"。因为组成条码的每一符号字符都是由 4 个条和 4 个空共 17 个模块构成，所以称为 PDF417 条码。

PDF417 是一种多层、可变长度、具有高容量和纠错能力的二维条码。每一个 PDF417 符号可以表示 1108 个字节、或 1850 个 ASCII 字符或 2710 个数字的信息（见图 3-20）。

自讯宝（Symbol）公司 1991 年将 PDF417 作为公开的标准后，PDF417 条码为越来越多的标准化机构所接受。

(a) Code one　　　　(b) Data Matrix 码　　　　(c) Maxicode

(d) PDF417 码　　　　(e) 49 码　　　　(f) 16K 码

图 3-19　几种典型的二维码

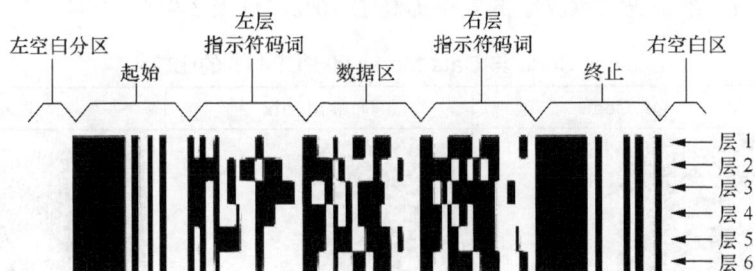

图 3-20　PDF417 条码

中国二维条码列为九五期间的国家重点科技攻关项目。1997 年 12 月国家标准 GB/T 17172—1997《四一七条码》正式颁布。

在相对理想的环境中，不可能损坏条码标签，故可利用截短 PDF417 符号，这种版本省略了右层标识符并将终止符缩减到一个模块宽的条。这种压缩版本减少了非数据符的数量，但却以降低其坚固性、抗噪声、损伤、污染等能力为代价。截短 PDF417 条码与普通 PDF417 完全兼容。表 3-8 列举了 PDF417 的特性。

表 3-8　　　　　　　　　　　　　PDS417 码的特性

项　　目	特　　性
可编码字符集	全 ASCII 字符或 8 位二进制数据，可表示汉字
类型	连续、多层
字符自校验功能	有
符号尺寸	可变，高度 3～90 行，宽度 90～583 个模块宽度
双向可读	是
错误纠正码词数	2～512 个
最大数据容量 （错误纠正级别为 0 时）	1850 个文本字符 或者：2719 个数字 或者：1108 个字节数字
附加属性	可选择纠错级别、可跨行扫描、宏 PDF417 条码、全球标记标识符等

3．QR Code 条码

QR Code 码（见图 3-21）是由日本 Denso 公司于 1994 年 9 月研制的一种矩阵二维码符号。从 QR Code 码的英文名称 Quick Response Code 可以看出，超高速识读是 QR Code 区别于 PDF417、Data Matrix 等二维条码的主要特点。用 CCD 二维条码识读设备，每秒可识读 30 个 QR Code 条码字符；对于含有相同数据信息的 PDF417 条码字符，每秒仅能识读 3 个条码字符；对于 Data Martix 矩阵码，每秒仅能识读 2～3 个条码字符。

图 3-21　QR Code 码

QR Code 具有全方位（360°）识读的特点，这是 QR Code 优于行排式二维条码如 PDF417 条码的另一主要特点。QR Code 用特定的数据压缩模式表示中国汉字和日本文字，它仅用 13bit 可表示一个汉字，而四一七条码、Data Martix 等二维码没有特定的汉字表示模式，因此仅用字节表示模式来表示汉字，在用字节模式表示汉字时，需用 16bit（2 个字节）表示一个汉字，比其他的二维条码表示汉字的效率提高了 20%，见表 3-9。

表 3-9　　　　　　　　QR Code 与 Data Martix 和 PDF417 的比较

码　　制	QR Code	Data Martix	PDF 417
符号结构			
研制公司	Denso Corp.（日本）	I.D. Matrix Inc.（美国）	Symbol Technolgies Inc.（美国）
码制分类	矩阵式		行排式
识读速度	30 个/秒	2～3 个/秒	3 个/秒
识读方向	全方位（360°）		正负 10°
识读方法	深色/浅色模块判别		条空宽度尺寸判别
汉字表示	13 bit	16 bit	16 bit

4．汉信码

（1）汉信码技术的产生

由中国物品编码中心承担的国家"十五"重大科技专项"二维条码新码制开发与关键技术标准研究"取得突破性成果，我国拥有完全自主知识产权的新型二维条码——汉信码（见图 3-22），于 2005 年岁末诞生在中国大地。汉信码填补了我国在二维条码码制标准应用中没有自主知识产权技术的空白。

编码信息：我国自主知识产权二维条码——汉信码

图 3-22　汉信码

汉信码的研制成功必将有利于打破国外公司在二维条码生成与识读核心技术上的商业垄断，降低我国二维条码技术的应用成本，推进二维条码技术在我国的应用进程。

（2）汉信码的特点

汉信码具有抗畸变、抗污损能力强，信息容量高等特点，达到了国际先进水平。其中在汉

字表示方面，支持 GB 18030 大字符集，汉字表示信息效率高，达到了国际领先水平。开发的汉信码生成系统具有通用性，可生成汉信码及其他常用二维条码，支持文本信息、图像文件以及二进制文件编码，可在多种打印机上打印汉信码符号。开发的汉信码识读系统图像处理技术先进，可以快速识读多种畸变与破损的汉信码符号。

① 信息容量大。

汉信码可以用来表示数字、英文字母、汉字、图像、声音、多媒体等一切可以二进制化的信息，而且在信息容量方面远远领先于其他码制，见表 3-10。

表 3-10	汉信码的信息容量
汉明码的数据容量	
数字	最多 7829 个字符
英文字符	最多 4350 个字符
汉字	最多 2174 个字符
二进制信息	最多 3262 个字节

② 具有高度的汉字表示能力和汉字压缩效率。

汉信码支持 GB18030 中规定的 160 万个汉字信息字符，而且采用 12 比特的压缩比率，每个符号可表示 12～2174 个汉字字符。

③ 编码范围广。

汉信码可以将照片、指纹、掌纹、签字、声音、文字等凡可数字化的信息进行编码。

④ 支持加密技术。

汉信码是第一种在码制中预留加密接口的条码，它可以与各种加密算法和密码协议进行集成，因此具有极强的保密防伪性能。

⑤ 抗污损和畸变能力强。

汉信码具有很强的抗污损和畸变能力，可以被附着在常用的平面或桶装物品上，而且可以在缺失两个定位标的情况下进行识读。

⑥ 修正错误能力强。

汉信码采用世界先进的数学纠错理论，采用太空信息传输中常采用的 Reed-Solomon 纠错算法，使得汉信码的纠错能力可以达到 30%。

⑦ 可供用户选择的纠错能力。

汉信码提供 4 种纠错等级，使得用户可以根据自己的需要在 8%、15%、23%、30%各种纠错等级上进行选择，从而具有高度的适应能力。

⑧ 容易制作且成本低。

利用现有的点阵、激光、喷墨、热敏/热转印、制卡机等打印技术，即可在纸张、卡片、PVC、甚至金属表面上印出汉信码。

⑨ 条码符号的形状可变。

汉信码支持 84 个版本，可以由用户自主进行选择，最小码仅有指甲大小。

⑩ 外形美观。

汉信码在设计之初就考虑到人的视觉接受能力，所以较之现有国际上的二维条码技术，汉信码在视觉感官上具有突出的特点。

条码的印制与识读

3.6.1 条码的生成与印制

条码是代码的图形化表示，其生成技术涉及从代码到图形的转化技术以及相关的印制技术。

1. 条码的生成

条码的生成过程是条码技术应用中一个相当重要的环节，直接决定着条码的质量。首先按照一定的标准为标识项目编制一个代码，当项目代码确定以后，主要采用的是软件生成方式将这个代码的数据信息转化成为图形化的条码符号。

目前，一般的条码打印设备和条码胶片生成设备均安装了相应的条码生成软件。需要生成条码的厂商可以自行编制条码的生成软件，也可选购商业化的编码软件，以便更加迅速、准确地完成条码的图形化编辑。此外，国外及国内的一些厂家还开发了条码生成控件功能函数库。可支持目前常用的一维条码和二维条码。这种函数库是专为软件开发人员设计的，可在 VB、VC、VFP 等多种编程环境下调用。条码的生成过程如图 3-23 所示。

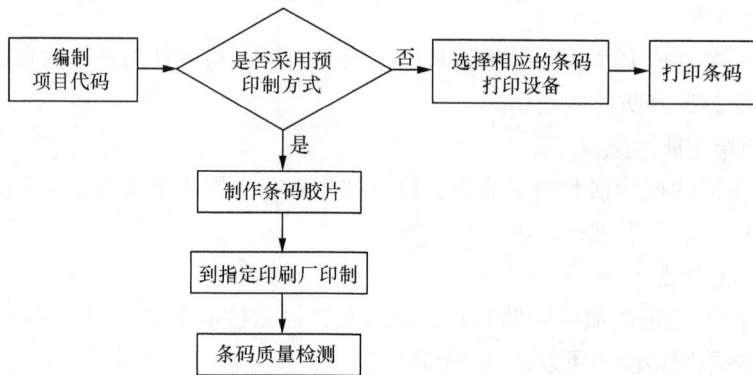

图 3-23 条码的生成过程

2. 条码的印制

条码的印制条码符号载体、所用涂料的光学特性以及条码识读设备的光学特性和性能有着密切的联系。要想制作出高质量的条码符号印制品，必须了解条码印制中的一些特殊要求。条码的印制方式基本有两大类。

① 预印制（非现场印制）：即采用传统印刷设备大批量印刷制作，它适用于数量大、标签格式固定、内容相同的条码的印制，如产品包装、相同产品的标签等。

② 现场印制：即由计算机控制打印机实时打印条码标签，这种方式打印灵活、实时性强，可适用于多品种、小批量、个性化的需现场实时印制的场合。常用的条码外围设备如图 3-24 所示。

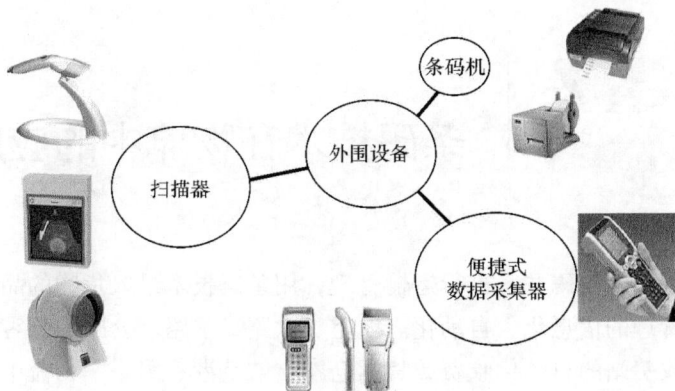

图 3-24　常用的条码外围设备

根据具体情况来确定采用预印制方式还是采用现场印制方式来生成条码，当印刷批量很大时，一般采用预印制方式，如果印刷批量不大或代码内容是逐一变化时，可采用现场印制的方式。在采用预印制方式时需首先制作条码胶片，然后送交指定印刷厂印刷。在印刷的各个环节都需严格按照有关标准进行检验，以确保条码的印制质量；在采用现场印制方式时，应该首先根据具体情况选用相应的打印设备，在打印设备上输入所需代码及相关参数后即可直接打印出条码。

3.6.2　条码的识读

1．条码识读系统的性能参数

条码符号是图形化的编码符号，对条码符号的识读就是要借助一定的专用设备，将条码符号中含有的编码信息转换成计算机可识别的数字信息。

从系统结构和功能上讲，条码识读系统是由扫描系统、信号整形、译码 3 部分组成。一个条码识读系统的优劣通常涉及以下参数。

① 首读率、误码率、拒读率。

② 扫描器的分辨率。

③ 工作距离和工作景深。

④ 扫描频率。

⑤ 抗镜向反射能力。

⑥ 抗污染、抗皱折能力。

2．条码识读器的分类

条码识别设备由条码扫描和译码两部分组成。现在绝大部分条码识读器都将扫描器和译码器集成为一体。人们根据不同的用途和需要设计了各种类型的扫描器。下面按条码识读器的扫描方式、操作方式、识读码制能力和扫描方向对各类条码识读器进行分类。

① 按扫描方式来分类：可分为接触和非接触两种条码扫描器。

② 按操作方式来分类：可分为手持式和固定式两种条码扫描器。

③ 按识读码制的能力来分类：可分为光笔、CCD、激光和拍摄 4 类条码扫描器。

④ 按扫描方向来分：可分为单向和全向条码扫描器。

3.7 | 条码技术在物流中的应用

1. 运输中的应用

现代运输已广泛运用条码技术进行运输管理，用条码技术录入货物的品名、规格、数量等数据，促进了运输管理的信息化、自动化。航空、铁路、水路、公路的旅客自动化售票系统，桥梁、隧道、公路收费站的自动化收费，货运仓库、航空港、码头、物流中心、货场的物流自动化管理，都要使用条码技术来进行自动化管理。

铁路运输、航空运输、邮政通信等许多行业都存在货物的分、拣搬运问题，大批量的货物需要在很短的时间内准确无误地装到指定的车箱或航班。应用物流标识技术，使包裹或产品自动分拣到不同的运输机上。人们所要做的只是将预先打印好的条码标签贴在发送的物品上，并在每个分拣点安装一台条码扫描器，物品的标识代码会通过后台的信息系统进行分拣，大大提高工作效率。

2. 仓储中的应用

在仓储管理中应用条码技术，可以对仓储管理中的入库、出库、盘点等环节进行科学管理。

货物在入库时自动扫描信息并输入计算机，然后由计算机处理后形成仓储信息，并输出入库货物的区位、货场的物流自动化管理，都要使用条码技术来进行自动化管理。

在库存管理中采用条码对库存物品进行盘点，通过应用标识符分辨不同的信息，经过计算机对信息进行处理后，更有利于对商品的采购、保管和销售。

货物出库时采用条码识读器对出库货物包装上的条码标签进行识读，并将货物信息快递给计算机，计算机根据货物的编号、品名、规格、数量等自动生成出库明细。发现标签破损或丢失按照程序人工补贴。将出库货物经过核对，确认无误后，再进行出库登账处理，更新货物库存明细。

3. 配送中的应用

配送中心是商家货物集散中心，从卸货、理货、收货直到配货、出货、装货、存车等众多环节，各种作业同步交错进行，是一个典型的实时多进程管理系统。在这一过程中，数据的实时准确的登录、处理、利用，对于加速物流周转，减少中间损失，降低营运成本，显得极为重要。

物流配送中心的各种作业活动中，利用条码技术实行自动化作业，大大提高了配送作业效率并减少了物流作业活动的差错事故，保证及时准确地将商品配送到目的地。

4. 商场 POS 系统的应用

商场 POS 系统利用条码技术，可以为经营者创造更好的利润提供一个新的作业环境，可以帮助控制店面中存货的流动，有效地把前台系统（POS）和后台系统结合起来，加快商品的流通速度，增强高度的营运能力，同时跟踪客户的购买模式。

现代零售商场广泛采用 POS 系统进行商场管理，在商品上贴上条码，通过扫描器读取数据并输入销售点信息系统。POS 系统能提供精确的销售、库存数据统计资料，有利于及时补充空货，掌握商品销售、库存情况和实行经济核算，为商场快速反馈商品的进、销、存各环节的信息，为经营决策提供依据。采用条码技术既方便迅速，又保证了信息准确，保证经营活动的正常进行。

5. 其他领域的应用

条码技术除了在物流领域各个环节得到普遍应用外，在医疗卫生、工业制造、现代军事、人口管理、环境保护等各个领域都得到了越来越广泛的应用。

目前世界各国特别是经济发达国家条码技术的发展重点正向着生产自动化、交通运输现代化、金融贸易国际化、医疗卫生高效化、票证金卡普及化、安全防盗防伪保密化等领域推进，除大力推行 13 位商品标识代码外，同时重点推广、应用贸易单元 128 码、EAN 位置码、条码应用标识、二维条码等。国际上一些走在前面的国家或地区已在商业批发零售和分配、工业制造、金融服务、政府行政管理、建筑和房地产、卫生保健、教育和培训、媒介出版和信息服务、交通运输、旅游和娱乐服务等推广应用，取得了十分明显的成果。

本 章 小 结

自动识别和信息输入是物流信息化中首要的环节，对于提高信息系统的准确性和效率起着决定性作用。条码的应用无疑是目前应用最广泛、技术最成熟的自动识别方式，普遍存在于商品、包装、运输工具等等各个物流实体，在物流过程的采购、生产、运输、库存、销售等各个环节均起着重要作用。

条码技术起源于 20 世纪 40 年代，研究于 60 年代，应用于 70 年代，普及于 80 年代。按照维数不同，条码可以分为一维条码和二维条码。按照码制不同，一维条码分为 UPC 码、EAN 码、25 码、交叉 25 码、库德巴码等；二维条码有 PDF417 码、49 码、16K 码、Data Matrix 码和 Maxicode 码等。

条码识别技术的核心内容是利用光电扫描设备识读条码符号，从而实现机器的自动识别，并快速准确地将信息录入计算机进行数据处理，以达到自动化管理的目的。条码在物流企业中的应用主要集中在物料管理、生产线管理、分拣运输、仓储管理、货物通道、产品售后跟踪服务等环节。

本章主要介绍了条码技术的概念和特点，重点阐述了条码的符号结构，并针对物流应用介绍了 3 种常用的码制，即商品条码、储运单元条码和物流单元条码。二维条码与普通条码相比具有信息量大、抗污损能力强、安全性好等优点，在票据标识、商品防伪等方面已经得到很好的应用，具有更加广阔的发展前景。另外对条码技术的工作原理以及对条码的扫描器和打印机等相关识读设备进行了概述。

随着物流信息化的飞速发展，条码技术因为其接触式识读、信息含量低等缺点，已经不能完全满足现代物流与物联网发展的需要，RFID 技术必将成为自动识别的重要补充和传感技术的发展方向。

综合实训：条码的设计与印制

【实训目的】

了解条码的组成、码制、特点及应用，掌握企业产品项目条形码的规划设计方法。通过安装操作常用的条码标签设计软件，掌握常用零售商品标签、条码证卡的设计过程、数据连结、以及印刷过程。

【实训内容】

（1）选择典型企业，根据其产品特点和种类规划产品 EAN13 编码。

（2）自行规划标签形状和内容。设计典型的条码标签，完成新建、添加控件、添加条码、连接数据、标签布局、打印设置、预览结果等过程。

【实训方法】

（1）上网查询、提供网站地址。

（2）企业调研、模拟设计企业产品代码。

（3）安装操作条码标签打印软件。

【实训参考】

新生命条码标签打印系统软件

新生命条码标签打印系统是集多工具选择、QR 二维条码、PDF417 条码、Data Matrix 二维条码和数十种一维条码标识、精确定位、数据链接等功能于一体的标签设计工具软件，它支持多种普通打印机（建议使用喷墨打印机、激光打印机）以及条码打印机，可设计打印各种条码标签与证卡等。

本系统由标签设计、数据表格和打印设置 3 个基本模块组成。

标签设计：可采用线条、框图、固定文本、域文本、图片、一维条形码、二维条形码和公式等工具，对标签进行设计和精确定位。

数据表格：采取 Microsoft Excel 表格形式，可利用单元格数据输入、Microsoft Excel 文件链接和数据库链接等方式，对标签设计中的不同的域文本、一维条形码、二维条形码和图片等进行数据赋值。

打印设置：具有纸张选择设置、标签位置设置、标签位置显示和打印标签预览等功能，完成设计标签（证、卡）在打印纸上的精确定位并执行打印。

本系统一个最大的特点是同时设置了一维、二维条形码，为使用者提供了便利的选择。条形码在物流信息管理中，特别是在军事物流信息管理中的作用越来越大，例如，仓库管理、物资运输、器材标识、各种证卡等信息处理，几乎都离不开条形码，因为条形码已成为"可视化管理"，实现信息化的有效工具。目前，市场条形码专用打印机设备仍然比较昂贵，本系统的开发，较好地发挥"让普通打印机具有专业条码标签打印机的功能"的作用，使用本打印软件可以极大地节省成本，提高效益。

课后习题

一、填空题

1. 条码作为一种图形识别技术，与其他识别技术相比有如下特点：简单、（　　　）、采集信息量大、可靠性高、灵活且实用、自由度大、设备结构简单、成本低。

2. 为了使条码工作面向市场，适应加入 WTO 的需要，满足我国经济发展的需求，中国物品编码中心于（　　　）启动"中国条码推进工程"。

3. 自动识别技术主要包括生物识别、图像识别、语音识别和磁卡识别 4 种类型。条码技术属于（　　　）。

4. 1988 年 12 月 28 日，经国务院批准，成立了中国物品编码中心负责统一组织、协调、管理我国的条码工作。（　　　）中国物品编码中心代表我国加入国际物品编码协会（　　　），为全面开展我国条码工作创造了先决条件。

5. 条码是由一组规则排列的条、空及其对应（　　　）组成的标记，用以表示一定的信息。

6. 条码系统把条码标签、条码扫描器、后台计算机结合在一起来完成自动识别和信息采集的工作。从功能上来说条码系统由扫描系统、（　　　）、译码等部分组成。

7. 在我国由（　　　）依据《商品条码管理办法》的相关规定，对 EAN-8 商品条码统一分配，以确保标识代码在全球范围内的唯一性，厂商不得自行分配。

8. EAN 分配给国际 ISBN 系统专用的前缀码（　　　），用以标识图书。

9. 从符号学的角度讲，二维条码和一维条码都是信息表示、携带和识读的手段，但从应用角度来讲，尽管在一些特定场合可以选择其中的一种来满足需要，但它们的应用侧重点是不同的：一维条码是对"物品"的（　　　），二维条码是对"物品"的（　　　）。

10. 组成条码的每一个符号都是由 4 个条和 4 个空共 17 个模块构成，所以称为（　　　）条码。

二、选择题

1. 条码最早出现在 20 世纪（　　　）年代。

    A. 20　　　　　　　　B. 40　　　　　　　　C. 60　　　　　　　　D. 70

2. 当前，条码技术比射频技术应用广泛是因为条码的（　　　）。

    A. 输入速度更快　　　　　　　　B. 准确性更高

    C. 采集信息量更大　　　　　　　　D. 价格更低

3. 商品条码 EAN-13 的前缀码是用来表示（　　　）的代码。

    A. 商品项目　　　　　　　　B. 厂商

    C. 各编码组织所在国家地区　　　　　　　　D. 国际编码组织

4. 商品条码 EAN-13 的校验码由（　　　）位数字组成，用以校验条码的正误。

    A. 1　　　　　　　　B. 2　　　　　　　　C. 3　　　　　　　　D. 4

5. 下面（　　　）不属于一维条码。

    A. 库德巴码　　　　B. PDF417 码　　　　C. ITF 条码　　　　D. QR 条码

6. 条码扫描译码过程是（　　　）。

    A. 光信号→数字信号→模拟电信号　　　B. 光信号→模拟电信号→数字信号

    C. 模拟电信号→光信号→数字信号　　　D. 数字信号→光信号→模拟电信号

7. （　　　）码是美国统一代码委员会制订的一种商品用条码，主要用于美国和加拿大地区。

    A. UPC　　　　　　B. EAN　　　　　　C. 39　　　　　　D. 93

8. 通常情况下，不选用 UPC 商品条码。当产品出口到北美地区而且客户指定时，才申请使用 UPC 商品条码。中国厂商如需申请 UPC 商品条码，须经中国物品编码中心统一办理。UPC 商品条码的码制包括（　　　）。

    A. UPC-A 和 UPC-B　　　　　　　　B. UPC-A 和 UPC-E

  C. UPC-B 和 UPC-C   D. UPC-A 和 UPC-D

9. (　　)二维条码形态上是由多行短截的一维条码堆叠而成，它在编码设计、校验原理、识读方式等方面继承了一维条码的一些特点，识读设备与条码印刷与一维条码技术兼容。

  A. 堆叠式/行排式 B. 矩阵式   C. 图像式   D. 数字式

10. (　　)经传真和影印后仍然可以使用，而一维条码在经过传真和影印后机器就无法进行识读。

  A. 128 码   B. 一维条码   C. 二维条码   D. 25 码

11. 从系统结构和功能上讲，条码识读系统由(　　)等部分组成。

  A. 条码扫描和译码   B. 光学系统及探测器

  C. 信号放大、滤波、波形整形   D. 扫描系统、信号整形、译码

12. 在 EAN·UCC 系统中，表示系列货运包装箱代码 SSCC 的条码符号是(　　)。

  A. UPC-A 条码   B. EAN-13 条码

  C. UCC/EAN-128 条码   D. UPC-E 条码

13. 单位长度条码所表示条码字符的个数，称为(　　)。

  A. 条码密度   B. 条码质量

  C. 条码长度   D. 条码自校验

14. (　　)是商品条码。

  A. 39 码   B. 库德巴码   C. ITF 码   D. EAN 码

15. 条、空的(　　)颜色搭配可获得最大对比度，所以是最安全的条码符号颜色设计。

  A. 红白   B. 黑白   C. 蓝黑   D. 蓝白

16. 图书按 ISBN 进行编码，中国图书代码由(　　)位数字构成。

  A. 13   B. 9   C. 7   D. 12

17. 在消化国外相关技术资料的基础上，制订了两个二维条码的国家标准：GB/T 17172—1997 和 GB/T 18284—2000。GB/T 17172—1997 是指每一个 PDF417 条码符号均由多层堆积而成的，其层数为 3~90 是指(　　)的国家标准。

  A. 四一七条码   B. UCC/EAN128

  C. 库德巴码   D. CODE39

18. 当前应用在物流领域的信息采集技术主要是条码技术和(　　)。

  A. 声音识别技术   B. OCR 识别技术

  C. 指纹识别技术   D. 射频识别技术

三、名词解释

1. 条码

2. EAN/UCC 系统

3. PDF-417

4. 汉明码

四、简答题

1. 简要说明扫描器的扫描译码过程。

2. 简述条码的分类。

3. 简述条码识别系统的组成。

4. 简述二维条码与一维条码的区别。

5. 条码识别技术的工作原理是什么？

6. 简述我国条码技术应用的发展与"条码推进工程"。

▶▷ 案例分析 ◁◀

引入物流条码管理系统，为物资设立电子身份档案

随着通信网络规模的扩大，网络维护备品备件的规范化管理成了令各个通信运营商头疼的问题。中国移动吉林公司延边朝鲜族自治州分公司针对设备物资的日常管理工作，从精细管理入手，引入了物流条码管理系统，为各种设备物资分项分类建立电子"身份"档案，圆满解决了长期以来设备物资管理与一线的网络维护工作沟通不畅的问题，为企业发展提供了强有力的后勤保障。

资源共享：后勤前台实现联动。

设备物资的日常管理工作是保障网络稳定运转的重中之重。以前的物资管理，是手工记录和计算机出入库登记同时进行的，有一件物资出库，需要进行双重操作，上万件设备物资的日常管理，累计起来就是一项浩大的周期性工作。

条码管理系统平台融入了先进的无线网络技术和 GPRS 网络技术，将 PDA 掌上电脑和无线通信技术充分融合，可以快捷实现仓储物资智能化高效率的管理需求。在引入条码管理系统之后，每一款物品在入库前都被贴上了条码标签，同时将条码对应的物资资料信息输入管理系统，建立了每一个物品在系统中独立的数据存储档案。当需要查询库存物资或者调用库存物资时，通过条码扫描，系统会即刻生成所需物资的库存数量、存放位置、入库日期、保存时间、生产厂家等一系列的数据资料，简化了查询及调用工作流程，形成了后勤物资保障管理与一线设备维护人员的直接对接，减少了在物资查找环节的工作量，极大程度地降低了物资管理流程中的可能性误差，缩短了设备故障的处理周期。

物流条码管理系统使延边州分公司全面实现了部门间资源数据的无缝共享，后勤保障和运行维护关联业务的实时联动，提高了工作效率，为企业管理运行工作节约了投入成本。

动态管理：细节控制统筹全局。

条码管理系统考虑到省级公司 MIS 系统的无缝对接，可以实现省级公司从上到下整个物流配送的自动化控制，无论是上级调拨还是自行采购的物资品类，经过库管员用 POS 终端的条码扫描，系统会自动生成（出、入库）核销计划单。

针对采购环节的实际工作需要，系统采购模块分为省级公司划拨和自行采购两种方式，省级公司划拨的入库物资，可以通过 MIS 系统接口，用 EXCEL 文件方式形成采购订单，库房管理员根据实际到货生成入库单，对已订货但暂没入库的货物作在途处理，可以进行实时查询，同时可以对过期没到货的订单进行智能预警。自行采购的物资由采购部门生成采购订单，到货后打印条码，录入物资信息张贴条码后通过 DT900/930 采集器完成入库。根据需要，出库环节会自动生成出库订单，系统还可以实时对在途物资、超期到货物资进行自动预警。出库单打印时可以进行汇总打印，并支持按照基站进行分类的打印功能。

条码管理系统的库存管理功能是强大的，可以对超期订单、低于安全库存的设备物资进行智能化的预警提示，省公司、地级分公司、县级支公司和基站之间可以通过系统平台实现自动调拨管理，出入库流水、物资信息明细、盘点单等会自动备份，后期可随时调用并查询电子备份记录。

条码管理系统给各类设备和关联物资建立一个自己的"身份证"，有效地实现了设备和关联物资的"生命周期"管理，规范了设备物资出入库管理工作流程，有效实现了固定资产和应急通信物资的及时调拨与应用，保障了通信网络的正常运转和稳定运行。

——"中国物品编码中心"网站

根据案例回答问题。

（1）该公司设备物资管理存在哪些问题？

（2）本公司的条码管理系统具有哪些功能？

（3）条码管理系统带来哪些好处？

第 4 章　射频识别技术与应用

本章学习方略

本章重点内容

- RFID 的功能与特点
- RFID 的工作原理
- 典型的物流系统应用

本章难点内容

- RFID 的标准体系
- EPC 与 RFID 的关系

案例引入

中远物流尝试条码与 RFID 结合的仓储管理解决方案

近日，美国易腾迈（Intermec Inc.）公司宣布，国内第三方物流行业首屈一指的中国远洋物流有限公司将在其指定的配送中心全面部署易腾迈的 RFID 解决方案。这个"指定的配送中心"是位于南五环的欧尚新库。

作为提供物流服务的企业，成本和效率已经成为各家争逐的目标，中远物流也不例外。终于，中远多年的合作伙伴易腾迈在仓储管理方面给中远物流找到了新的亮点。美国易腾迈公司中国区 RFID 业务发展经理徐承东在接受本刊记者采访时说："条码加 RFID 的自动识别数据采集解决方案的推出，主要是满足第三方物流配送服务的企业在仓储管理方面对于存货管理的精度要求。智能化操作在减少差错率的同时达到节约成本的目的。"

"与其说这是一个配套方案，倒不如把整个流程比喻成一个任务驱动来得贴切。"徐承东说。

新仓库并没有放弃传统的条码技术。货物单品和包装箱上仍然采用条码技术记录产品属性，不同的是，托盘和货架上出现了 RFID 的身影。RFID 的出现意味着仓储中收货、入库、存货管理、盘点、拣货、出库发运等所有作业环节都是在仓库管理信息系统的支持和控制下完成的。

此项目将用于给欧尚提供服务的新仓库的仓储管理。仓库有无线扫描探头，对即将入库的货品进行扫描，生成的相应信息发送至后台系统，后台系统随即生成相应的任务，并分配到相应的配有读写器的终端，一般情况下，有两个配有读写器的终端。

仓库作业人员配有手持读写器，叉车上则是车载读写器。一般也是这两个终端接收任务，收到任务后，终端按照要求完成相应的操作。黄大雷对"任务驱动"做出这样的解释。该项目的最大亮点在于可以对货位进行准确地定位，正在测试阶段的该项目预计下个月正式实施。

定位的精准性得益于验收和上架环节。在验收环节，除了探头扫描货品上的条码以记录产品属性之外，托盘两边的 RFID 此刻被一并记录下来，系统自动的把货品和托盘关联起来。

因为仓库是立体库，上架操作一般由叉车完成。叉车读到托盘号，后台系统随即把上货任务发到叉车，叉车按照系统建议的货位进行操作。

"当然，有些时候，后台建议的货位并不是最好的货位。找到新的合适的货位，叉车会记录标签所在的位置，把新的货位发到手持终端进行修改。"黄大雷说。这就完成了托盘和货位的关联。那么，货品与货位的联系自然也就并不奇怪了。

——恒佑科技 2008 年 7 月 25 日

4.1 | 射频识别系统（RFID）概述

近年来许多物流配送商指出使用 RFID 物流技术是一件"很重要的事情"。因为需要满足一些顾客的特别配送要求，RFID 技术的优势由此浮出水面。目前世界各国的许多供应商，包括 DHL、UPS、TNT 等都在深入研究并深刻体会 RFID 技术的精髓，而最好的研究是为了最棒的应用。

我国政府在1993年制订的金卡工程实施计划及全国范围内的金融卡网络系统的10年规划，是一个旨在加速推动我国国民经济信息化进程的重大国家级工程。由此各种自动识别技术的发展及应用十分迅猛。

4.1.1 RFID 概念

RFID（Radio Frequency Identification）即射频识别。常称为感应式电子晶片或近接卡、感应卡、非接触卡、电子标签、电子条码等。无线射频识别是一种通信技术，可通过无线电信号识别特定目标并读写相关数据，而无需在识别系统与特定目标之间建立机械或光学接触。

它就像手机通信一样是以问答形式工作的，解决了"是谁"的问题，而且可以同时与多个标签进行对话。随着网络通信技术开始的普及，它得到了广泛的应用，以便使整个物流供应链的管理实现透明化。零售巨头沃尔玛不仅是条码技术的推动者也是 RFID 技术的重要推动者。

在同等条件下，RFID 的识读比条码更加准确。任何技术都不能做到绝对准确的读取，但使用辅助手段或改善环境可以提高 RFID 的识读率，使得 RFID 更加符合实际使用的要求。

网络对数字的传输比电子标签与读写器之间的无线通信更稳定，因此网络的建设和运行比提高识读率更为容易。网络是 RFID 的生命线，没有网络，RFID 就不能发挥它相对于其他 ID 识别技术的绝对优势。RFID 的真正价值在于其价值链上的相关者都能够共享产品的信息，实现共享的技术手段在于网络。

4.1.2　RFID 的特点

射频识别技术的基本原理是电磁理论。射频系统不局限于视线，识别距离比光学系统远。射频识别标签具有可读写能力，可携带大量数据、难以伪造并具有智能化特征。射频识别系统的传输距离由许多因素决定，如传输频率、天线设计等。应用射频识别应考虑传输距离、工作频率、数据容量、尺寸、重量、定位、响应速度及选择能力等。

所有的射频识别系统都具有非接触识读能力，识读距离为 1 英寸到 100 英寸，甚至更远。在恶劣的环境中可能会给接触式读写器造成损坏或失调，所以非接触型识读的应用更广泛。某些射频识别系统已经具有高达 1MB 的存储能力，这使得数据处理很方便。

放置射频识别标签比条码标签更灵活，而且几乎不需要任何保养工作。射频识别标签不要求瞄准线，不会被强磁场洗去信息。射频识别系统非常准确，错误率极低。尘土、油漆和其他不透明的物质都不会影响射频标签的识读性。射频识别还可以识别"移动中"的物品，附有射频标签的物品不需要处于静止状态。非金属性的物品即使穿过读写器和射频标签之间也不会造成干扰。但若是金属则会影响射频识别系统。

总结起来，RFID 有如下特点。

① 非接触：读取距离为数厘米到几十米。

② 可遮盖：即使有遮蔽物（金属、液体除外）也可辨识。

③ 轻薄短小：可多样化地贴于对象人/物。

④ 环境时间性：耐污、耐振、耐撞击、长期性。

⑤ 个体识别：芯片单体上有个体标识符串，可个别管理物品。

⑥ 自动读取：无需人工介入即可读取。

⑦ 可抹写：数据可重复擦写。

⑧ 移动读写：在移动中也可实现读取、写入。

⑨ 同时多笔读取：可同时读取多个标签。

4.2　RFID 的组成与工作原理

4.2.1　RFID 的组成

RFID 是一种只有两个基本器件的无线系统，用于控制、检测和跟踪物体。系统由一个询问器（或阅读器）和很多应答器（或标签）组成，阅读器和标签上都具有无线天线。所以基本的 RFID 系统由三部分组成：标签、阅读器和天线（见图 4-1）。

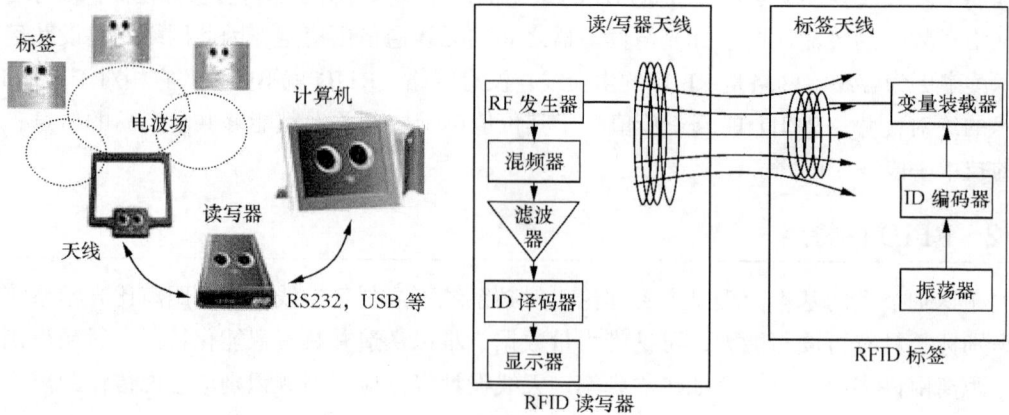

图 4-1　RFID 的组成

1．标签

标签由耦合元件芯片及内置天线组成。其中包含 RF 发生器、混频器、滤波器、ID 译码器、显示器等。

依据电子标签供电方式的不同，电子标签可以分为有源电子标签、无源电子标签和半无源电子标签。有源电子标签内装有电池，无源射频标签没有内装电池，半无源电子标签部分依靠电池工作。

电子标签依据频率的不同可分为低频电子标签、高频电子标签、超高频电子标签和微波电子标签。依据封装形式的不同可分为信用卡标签、线形标签、纸状标签、玻璃管标签、圆形标签及特殊用途的异形标签等。

还可以根据电子标签的读写方式分为主动式标签和被动式标签。主动式标签可以自主地、连续不断地发出标签内的射频信号供阅读器读取，一般为有源标签；被动式标签是当标签进入阅读器的频场范围内、获取能量后才能发出射频信号，一般为无源标签。

2．阅读器

它是读取（也还可以写入）标签信息的设备，一般由振荡器、ID 编码器、变量装载器组成。射频读写器应具有如下功能：读写器与标签通信的功能、读写器与计算机通信的功能。它利用射频技术读取标签信息，或将信息写入标签，然后通过计算机及网络系统进行管理和信息传输。阅读器还提供信号状态控制、奇偶错误校验与更正功能。

阅读器可设计为手持式或固定式。

3．天线

天线是标签与阅读器之间传输数据的发射、接收装置，用于发射和接收信号。

4.2.2　RFID 的工作原理

阅读器通过天线发送出一定频率的射频信号，当标签进入磁场时产生感应电流从而获得能量，发送出自身编码等信息被读取器读取并解码，然后送至计算机主机进行有关处理。

系统的基本工作流程如下（见图 4-2）。

① 阅读器通过发射天线发送一定频率的射频信号,当射频卡进入发射天线工作区域时产生

感应电流，射频卡获得能量被激活。

② 射频卡将自身编码等信息通过卡内置发送天线发送出去，或者主动发送某一频率的信号。

③ 系统接收天线接收到从射频卡发送来的载波信号，经天线调节器传输到阅读器，阅读器对接收的信号进行解调和解码，然后送到后台主系统进行相关处理。

④ 主系统根据逻辑运算判断该卡的合法性，针对不同的设定做出相应的处理和控制，发出指令信号控制执行机构动作。

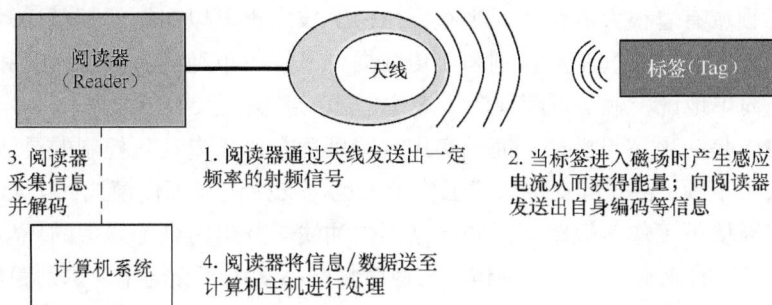

图 4-2　RFID 的工作原理图

在耦合方式（电感—电磁）、通信流程（FDX、HDX、SEQ）、从射频卡到阅读器的数据传输方法（负载调制、反向散射、高次谐波）以及频率范围等方面，不同的非接触传输方法不同，但所有的阅读器的功能原理及设计构造都很相似。所有阅读器均可简化为高频接口和控制单元两个基本模块。高频接口包含发送器和接收器，其功能包括：产生高频发射功率以启动射频卡并提供能量；对发射信号进行调制，用于将数据传输给射频卡；接收并解调来自射频卡的高频信号。

射频识别系统的读写距离是一个很关键的参数。目前，长距离射频识别系统的价格还很贵，因此寻找提高其读写距离的方法很重要。影响射频卡读写距离的因素包括天线工作频率、阅读器的 RF 输出功率、阅读器的接收灵敏度、射频卡的功耗、天线及谐振电路的 Q 值、天线方向、阅读器和射频卡的耦合度，以及射频卡本身获得的能量及发送信息的能量等。大多数系统的读取距离和写入距离是不同的，写入距离大约是读取距离的 40%～80%。

4.2.3　RFID 产品分类

目前，RFID 技术中所衍生的产品大概有 3 大类：无源 RFID 产品、有源 RFID 产品、半有源 RFID 产品。

1. 无源 RFID 产品

无源 RFID 产品发展最早，也是目前发展最成熟，市场应用最广的产品，如公交卡、食堂餐卡、银行卡、宾馆门禁卡、二代身份证等。这类产品在人们的日常生活中随处可见，属于近距离接触式识别类。其产品的主要工作频率有：低频 125kHz、高频 13.56MHz、超高频 433MHz、以及超高频 915MHz。

2. 有源 RFID 产品

有源 RFID 产品是最近几年慢慢发展起来的。其远距离自动识别的特性决定了其巨大的应用空间和市场潜质。目前，在远距离自动识别领域，如智能监狱、智能医院、智能停车场、智能交通、智慧城市、智慧地球及物联网等领域有重大应用。产品主要工作频率有超高频 915MHz、微波 2.45GHz。

有源 RFID 产品和无源 RFID 产品，具有不同特性，决定了不同的应用领域和不同的应用模式。有源 RFID 产品和无源 RFID 产品有各自的优势所在。

3. 半有源 RFID 产品

半有源 RFID 产品结合有源 RFID 产品及无源 RFID 产品的优势，该产品集有源 RFID 和无源 RFID 的优势于一体，在门禁进出管理、人员精确定位、区域定位管理、周界管理、电子围栏及安防报警等领域有着很大的优势。半有源 RFID 技术也可以叫做低频激活触发技术，利用低频近距离精确定位，微波远距离识别和上传数据，来解决单纯的有源 RFID 和无源 RFID 无法实现的功能。简单地说，就是近距离激活定位，远距离识别及上传数据。

半有源 RFID 是一项易于操控、简单实用且特别适合用于自动化控制的灵活性应用技术，识别工作无需人工干预，它既可支持只读工作模式也可支持读写工作模式，且无需接触或瞄准。它可在各种恶劣环境下工作，短距离射频产品不怕油渍、灰尘污染等恶劣的环境，可以替代条码，例如，用在工厂的流水线上跟踪物体。长距射频产品多用于交通上，识别距离可达几十米，如自动收费或识别车辆身份等。

4.3 | RFID 的标准体系

4.3.1 RFID 标准体系的内容

RFID 是从 20 世纪 80 年代开始逐渐成熟的一项自动识别技术。近年来因为集成电路的快速发展，RFID 标签的价格持续减低，因而在各个领域的应用发展十分迅速。为了更好地推动这一新产业的发展，国际标准化组织 ISO、以美国为首的 EPC global、日本 UID 等标准化组织纷纷制订 RFID 相关标准，并在全球积极推广这些标准。

RFID 标准体系由技术标准体系和应用标准体系组成，如图 4-3 所示。

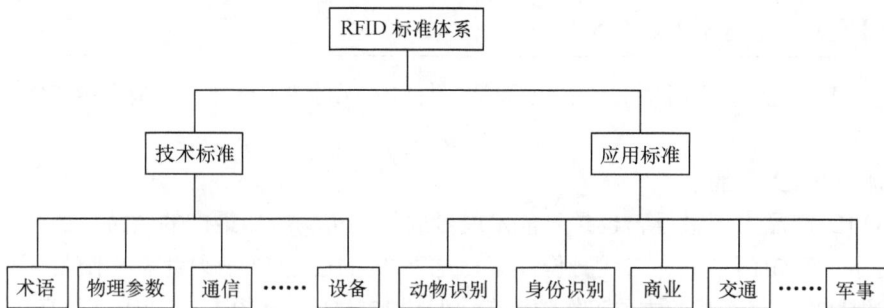

图 4-3 RFID 标准化体系的内容

4.3.2 三大标准体系

1. ISO 制订的 RFID 标准体系

RFID 标准化工作最早可以追溯到 20 世纪 90 年代。1995 年国际标准化组织 ISO/IEC 第一联合技术委员会 JTCl 设立了子委员会 SC31（以下简称 SC31），负责 RFID 标准化研究工作。SC31 委员会由来自各个国家的代表组成，如英国的 BSI IST34 委员、欧洲 CEN TC225 成员。

SC31 子委员会负责 RFID 标准可以分为 4 个方面：数据标准（如编码标准 ISO/IEC 15691、数据协议 ISO/IEC 15692、ISO/IEC 15693，解决了应用程序、标签和空中接口多样性的要求，提供了一套通用的通信机制）、空中接口标准（ISO/IEC 18000 系列）、测试标准（性能测试 ISO/IEC 18047 和一致性测试标准 ISO/IEC 18046）、实时定位（RTLS）（ISO/IEC 24730 系列应用接口与空中接口通信标准）方面的标准。这些标准涉及 RFID 标签、空中接口、测试标准、读写器与到应用程序之间的数据协议，它们考虑的是所有应用领域的共性要求。

ISO 对于 RFID 的应用标准是由应用相关的子委员会制订。RFID 在物流供应链领域中的应用方面标准由 ISO TC 122/104 联合工作组负责制订，包括 ISO17358 应用要求、ISO 17363 货运集装箱、ISO 17364 装载单元、ISO 17365 运输单元、ISO 17366 产品包装、ISO 17367 产品标签。RFID 在动物追踪方面的标准由 ISO TC 23 SC19 来制订，包括 ISO 11784/11785 动物 RFID 畜牧业的应用，ISO 14223 动物 RFID 畜牧业的应用—高级标签的空中接口、协议定义。

2. EPC global 制订的 RFID 标准体系

EPC global 的目标是解决供应链的透明性和追踪性。透明性和追踪性是指供应链各环节中所有合作伙伴都能够了解单件物品的相关信息，如位置、生产日期等信息。为此 EPC global 制订了 EPC 编码标准，它可以实现对所有物品提供单件唯一标识；也制订了空中接口协议、读写器协议。这些协议与 ISO 标准体系类似。在空中接口协议方面，目前 EPC global 的策略尽量与 ISO 兼容，如 C1Gen2 UHF RFID 标准递交 ISO 将成为 ISO 18000 6C 标准。但 EPC global 空中接口协议有它的局限范围，仅仅关注 UHF 860~930MHz。

除了信息采集以外，EPC global 非常强调供应链各方之间的信息共享，为此制订了信息共享的物联网相关标准，包括 EPC 中间件规范、对象名解析服务 ONS（Object Naming Service）、物理标记语言 PML（Physical Markup Language）。对信息的发布、信息资源的组织管理、信息服务的发现以及大量访问之间的协调等方面做出规定。"物联网"的信息量和信息访问规模大大超过普通的 Internet。"物联网"系列标准是根据自身的特点参照 Internet 标准制订的。"物联网"是基于 Internet 的，与 Internet 具有良好的兼容性。

与 ISO 通用性 RFID 标准相比，EPC global 标准体系是面向物流供应链领域，可以看成是一个应用标准。物联网标准是 EPC global 所特有的，ISO 仅仅考虑自动身份识别与数据采集的相关标准，数据采集以后如何处理、共享并没有作规定。物联网是未来的一个目标，对当前应用系统建设来说具有指导意义。

3. 日本 UID 制订的 RFID 标准体系

日本泛在中心制订 RFID 相关标准的思路类似于 EPC global，目标也是构建一个完整的标准体系，即从编码体系、空中接口协议到泛在网络体系结构，但是每一个部分的具体内容存在差异。

为了制订具有自主知识产权的 RFID 标准，在编码方面制订了 UID 编码体系，它能够兼容日本已有的编码体系，同时也能兼容国际其他的编码体系。在空中接口方面积极参与 ISO 的标准制订工作，也尽量考虑与 ISO 相关标准兼容。在信息共享方面主要依赖于日本的泛在网络，它可以独立于 Internet 实现信息的共享。

UID 在网络与 EPC global 的物联网还是有区别的，EPC 采用业务链的方式、面向企业，面向产品信息的流动（物联网），比较强调与互联网的结合。UID 采用扁平式信息采集分析方式，强调信息的获取与分析，比较强调前端的微型化与集成。

目前，ISO/IEC 18000、EPC global、日本 UID 3 个空中接口协议正在完善中。这 3 个标准相互之间并不兼容，主要差别在通信方式、防冲突协议和数据格式这 3 个方面，在技术上差距其实并不大。

4.3.3　RFID 的频率标准

目前定义 RFID 产品的工作频率有低频、高频和超高频，而且不同频段的 RFID 产品具有不同的特性。通常情况下，RFID 阅读器发送的频率称为 RFID 系统的工作频率或载波频率。RFID 载波频率有低频 125kHz 与 134.2kHz、高频 13.56MHz。

1. 低频系统（30～300kHz）

其实 RFID 技术首先在低频得到广泛的应用和推广。该频率主要是通过电感耦合的方式进行工作，也就是在读写器线圈和感应器线圈间存在着变压器耦合作用。通过读写器交变场的作用在感应器天线中感应的电压被整流，可作供电电压使用。

RFID 的低频系统主要用于短距离、低成本的应用中，如多数的门禁控制、校园卡、煤气表、水表等。常见的工作频率有低频 125kHz 与 134.2kHz。

2. 高频系统（3～30MHz）

在该频率的感应器不需要绕制线圈，可以通过腐蚀或者印刷的方式制作天线。感应器一般通过负载调制的方式进行工作。也就是通过感应器上的负载电阻的接通和断开促使读写器天线上的电压发生变化，实现用远距离感应器对天线电压进行振幅调制。如果人们通过数据控制负载电压的接通和断开，那么这些数据就能够从感应器传输到读写器。高频系统则用于需传输大量数据的应用系统。

值得关注的是，在 13.56MHz 频段中主要有 ISO 14443 和 ISO 15693 两个标准来组成，ISO 14443 俗称现在的 Mifare1 系列产品，识别距离近但价格低、保密性好，常作为公交卡、门禁卡来使用。ISO 15693 的最大优点在于识别效率高，通过较大功率的阅读器可将识别距离扩展至 1.5m 以上，因为波长的穿透性好在处理密集标签时有优于超高频的读取效果。

3. 超高频系统（300MHz～3GHz）

超高频系统通过电场来传输能量。电场的能量下降的不是很快，但是读取的区域不是很好进行定义。该频段读取距离比较远，无源可达 10m 左右，主要是通过电容耦合的方式进行实现。

超高频系统应用于需要较长的读写距离和高读写速度的场合，其天线波束方向较窄且价格较高，在火车监控、高速公路收费等系统中得以应用，使用的频率有 433MHz、860～930MHz 以及 2.45GHz 等。

4.3.4　我国 RFID 使用频率

RFID 标准研究制订应以 ISO/IEC、EPC global 相关标准为基础，参照欧、美、日等区域标准，结合我国 RFID 产品研究、生产、应用的实际情况自主创新来制订。既要重视与国际相关标准的兼容和协调一致，也要考虑到我国实际情况和技术应用发展，制订相应国家标准，并向国际标准组织提出我国的建议和意见。

ISO/IEC 18000 标准是最早开始制订的关于 RFID 的国际标准，按频段被划分为 7 个部分。目前支持 ISO/IEC 18000 标准的 RFID 产品最多。国际标准规定 RFID 使用的频率范围见表 4-1。

表 4-1   18000 标准结构

标准号	内　　容	应 用 领 域
18000-1	一般参数定义	
18000-2	135kHz 以下空气接口参数	适合短距离纸类标签，如门禁卡
18000-3	13.56MHz 空气接口参数	适合中距离使用，如货架
18000-4	2.45GHz 空气接口参数	适合较长距离使用
18000-6	860～930MHz 空气接口参数	适合较长距离使用
18000-7	433.92MHz 空气接口参数	只是作为一种选择，易被其他通信器材干扰

注：18000-5 规定了 5.8GHz 参数，但已被否决，不会成为国际标准。

RFID 目前在我国使用还刚刚起步，工作频率主要在 900MHz 频段。例如，铁道部运输局采用的 RFID 铁路车辆自动识别系统就是由国家无线电管理部门专批的 900MHz 频段中 4 组频率。目前深圳盐田港货柜码头采用 433.92 MHz 和 123kHz 两个频点。而 13.56MHz 目前主要用于非接触 IC 卡的系统，例如，广州羊城通 IC 卡收费系统和地铁 IC 卡收费系统等，作用范围不超过 10cm。

目前主要解决 1m 以外到 100m 的 RFID 使用频率：对 433MHz RFID 系统，因为是使用单频点，使用主要在港口货柜运输业，只要合理配置是可以使用的。余下的 2 个频段有 860～960MHz、2400～2483.5MHz。2.45GHz 属于 ISM 频段，是开放频段，在该频段有多个系统（无线局域网、宽带城域网）共用，存在相互影响，能否使用要慎重处置。因此重点研究的是 860～960MHz 频段，该频段主要使用无源电子标签，成本低、使用方便，目前应用范围最广。而目前我国 860～960MHz 频率资源已分配完毕（见表 4-2）。

表 4-2   我国 RFID 频段标准（MHz）

集群通信频段	数据通信频段	CDMA 下行频段	GSM-E 频段	GSM 频段	无中心选址频段	点与点立体声广播频段	导航通道频段	GSM 频段
851～866	866～869	870～880	880～885	885～915	915～917	917～925	925～930	930～960

4.4

EPC 与物联网

4.4.1 EPC 相关概念

EPC 技术是由 EPC 编码、RFID 空中接口协议构成的，利用网络传递编码及存储和检索相关产品信息的一项现代技术。其中编码体系是新一代的编码标准，它是全球统一标识系统的延伸和拓展，是全球统一标识系统的重要组成部分，也是该系统的核心与关键。

1．EPC 的概念

EPC（Electronic Product Code）即电子产品编码，是一种编码系统，建立在 EAN·UCC（即全球统一标识系统）条型编码的基础之上，并对该条形编码系统做了一些扩充，用以实现对单品进行标志。

1999 年美国麻省理工学院一位教授提出了 EPC（Electronic Product Code）开放网络（物联网）构想。在国际条码组织（EAN·UCC）、宝洁公司（P&G）、吉列公司（Gillette Company）、可口可乐、沃尔玛、联邦快递、雀巢、英国电信、SAP、SUN、PHILIPS、IBM 全球 83 跨国公司的支持下，开始了这个发展计划，并于 2003 年完成了技术体系的规模场地使用测试，于2003 年 10 月成立 EPC globle 全球组织，推广 EPC 和物联网的应用。欧、美、日等发达国家在全力推动符合 EPC 技术电子标签应用。全球最大的零售商美国沃尔玛宣布，从 2005 年 1 月开始，前 100 名供应商必须在托盘中使用 EPC 电子标签，2006 年必须在产品包装中使用 EPC 电子标签。美国国防部以及美国、欧洲、日本的生产企业和零售企业都制订了在 2004 年到 2005 年实施电子标签的方案。

EPC 是 RFID 的一种完整思想体系，EPC 至少包括产品编码、空中接口协议、物品网络检索结构。EPC 是一门十分完整的 RFID 应用体系，与之并行并在应用上赫赫有名的技术还有 NFC，但是 NFC 几乎只有空中接口协议而不含有产品编码和网络检索。EPC 用于物品，而NFC 用于人的证卡票券。前者通常用于物流行业，而后者一般不用于物流行业，只有特定的建立在网络后台管理基础上、成本低的 RFID 标签才适合 EPC 系统。

2．EPC 网络的概念

EPC 网络能够实现供应链中的商品快速自动识别及信息共享。EPC 网络使供应链中的商品信息真实可见，从而使组织机构更加高效地运转。通过采用多种技术手段，EPC global 网络可实现在供应链中识读 EPC 所标识的贸易项目、而且在贸易伙伴之间共享项目信息。

EPC 网络使用射频技术（RFID）实现供应链中贸易项信息的真实可见性，它由 5 个基本要素组成：产品电子代码（EPC）、射频识别系统（EPC 标签和识读器）、发现服务（包括 ONS）、EPC 中间件、EPC 信息服务（EPCIS）。

4.4.2 EPC 编码

1. EPC 的编码原则

（1）唯一性

EPC 提供对实体对象的全球唯一标识，一个 EPC 代码只标识一个实体对象。为了实现实体对象的唯一标识，EPC global 采取了以下措施。

① 足够的编码容量：从世界人口总数（大约 60 亿人）到大米总粒数（粗略估计 1 亿亿粒），EPC 有足够大的地址空间来标识所有这些对象。

② 组织保证：必须保证 EPC 编码分配的唯一性并寻求解决编码冲突的方法，EPC global通过全球各国编码组织来负责分配各国的 EPC 代码，建立相应的管理制度。

③ 使用周期：对一般实体对象，使用周期和实体对象的生命周期一致。对特殊的产品，EPC 代码的使用周期是永久的。

（2）简单性

EPC 的编码既简单又能同时提供实体对象的唯一标识。以往的编码方案，很少能被全球各国各行业广泛采用，原因之一是编码过于复杂。

（3）可扩展性

EPC 编码留有备用空间，具有可扩展性。EPC 地址空间的是可发展的，具有足够的冗余，确保了 EPC 系统的升级和可持续发展。

（4）保密性与安全性

EPC 编码与安全和加密技术相结合，具有高度的保密性和安全性。保密性和安全性是配置高效网络的首要问题之一。安全的传输、存储和实现是 EPC 能否被广泛采用的基础。

2. EPC 编码体系

EPC 编码的一个重要特点是：该编码是针对单品的，它的基础是 EAN·UCC，并在 EAN·UCC 基础上进行扩充。根据 EAN·UCC 体系，EPC 编码体系也分为 5 种。

① 全球贸易标识系列编码（Serialized Global Trade Identification Number，SGTIN）。

② 全球位置编码系列（Serialized Global Location Number，SGLN）。

③ 集装箱编码系列（Serial Shipping Container Code，SSCC）。

④ 可回收资产标识（Global Returnable Asset Identifier，GRA）。

⑤ 全球个人资产标识（Global Individual Asset Identifier，GIAI）。

4.4.3 EPC 系统的结构与工作流程

1. EPC 系统的结构

EPC 系统由全球产品电子代码（EPC）体系、射频识别系统及信息网络系统 3 个部分组成，见表 4-3，其中包括 EPC 编码标准、RFID 电子标签、识读器、Savant 网络、对象名解析服务以及 EPC 信息服务系统 6 个方面。

表 4-3　　　　　　　　　　　　　　EPC 系统的构成

系 统 构 成	名　　　称	注　　　释
全球产品电子代码编码体系	EPC 编码标准	识别目标的特定代码
射频识别系统	EPC 标签	贴在物品之上或者内嵌在物品之中
	阅读器	识读 EPC 标签
信息网络系统	EPC 中间件	EPC 系统的软件支持系统
	对象名称解析服务（Object Naming Service，ONS）	
	实体标记语言（Physical Markup Language，PML）	

（1）EPC 编码

EPC 提供物理对象的唯一标识。存储在 EPC 编码中的信息包括嵌入信息和参考信息。嵌入信息可以包括货品重量、尺寸、有效期、目的地等。其基本思想是利用现有的计算机网络和当前的信息资源来存储数据，这样 EPC 就成了一个网络指针，拥有最小的信息量。参考信息其实是有关物品属性的网络信息。

（2）RFID 电子标签

RFID 电子标签由天线、集成电路、连接集成电路与天线的部分、天线所在的底层 4 个部分构成。RFID 电子标签中存储 EPC 码。RFID 电子标签有主动型、被动型和半主动型三种类型。主动和半主动标签在追踪高价值商品时非常有用，它们可以远距离的扫描，但这种标签每个成本也较高。被动标签相对便宜，正在被积极地研究和推广。

（3）识读器

使用多种方式与标签交互信息，近距离读取被动标签中的信息最常用的方法就是电感式耦合。标签利用这个磁场发送电磁波给识读器。这些返回的电磁波被转换为数据信息，即标签的 EPC 编码。识读器读取信息的距离取决于识读器的能量和使用的频率。通常来讲，高频率的标签有更大的读取距离。一个典型的低频标签必须在一英尺内读取，而一个 UHF 标签可以在 3～10m 的距离内被读取。

（4）Savant 系统

每件产品都加上 RFID 电子标签之后，在产品的生产、运输和销售过程中，识读器将不断收到一连串的 EPC 码。为了在网上传输和管理这些数据，Auto-ID 中心开发了一种名叫 Savant（专家）的软件系统。它是一个树状结构，这种结构可以简化管理，提高系统运行效率。它可以安装在商店、本地配送中心、区域甚至全国数据中心中，它的主要任务是数据校对、识读器协调、数据传输、数据存储和任务管理。

（5）对象名解析服务系统（ONS）

通过将 EPC 码与相应物品信息进行匹配来查找有关实物的参考信息。例如，当一个识读器读取到 EPC 标签的信息时，EPC 码就传递给 Savant 系统，然后再在局域网或 Internet 上利用 ONS 找到这个产品信息所存储的位置。由 ONS 给 Savant 系统指明了存储这个产品的有关信息的服务器，并将这个文件中的关于这个产品的信息传递过来。

（6）EPC 信息服务

在物联网中，有关产品信息的文件存储在 EPC 信息服务器中。这些服务器往往由生产厂家来维护。所有产品信息将用一种新型的标准计算机语言——物理标记语言（PML）书写，PML 是基于为人们广为接受的可扩展标识语言（XML）发展而来的。PML 文件将被存储在 EPC 信息服务器上，为其他计算机提供它们需要的文件。

2．EPC 系统的工作流程

基于 EPC/RFID 的物联网系统，读写器读出的 EPC 只是一个信息参考（指针），由这个信息参考从 Internet 找到 IP 地址并获取该地址中存放的相关的物品信息，并采用分布式的 EPC 中间件处理由读写器读取的一连串 EPC 信息。因为标签上只有一个 EPC 代码，计算机需要知道与该 EPC 匹配的其他信息，这就需要 ONE 来提供一种自动化的网络数据库服务，EPC 中间件将 EPC 代码传给 ONE，ONE 指示 EPC 中间件到一个保存着产品文件的服务器（EPC IS）查找，该文件可由 EPC 中间件复制，因而文件中的产品信息就能传到供应链上。EPC 系统的工作流程如图 4-4 所示。

3．基于 EPC/RFID 的物联网

物联网是新一代信息技术的重要组成部分，其英文名称是"The Internet of things"。由此，顾名思义，"物联网就是物物相连的互联网"。这有两层意思：第一，物联网的核心和基础仍然是互联网，是在互联网基础上的延伸和扩展的网络；第二，其用户端延伸和扩展到了任何物品与物品之间，进行信息交换和通信。因此，物联网的定义是通过射频识别（RFID）、红外感应器、全球定位系统、激光扫描器等信息传感设备，按约定的协议，把任何物品与互联网相连接，进行信息交换和通信，以实现对物品的智能化识别、定位、跟踪、监控和管理的一种网络。

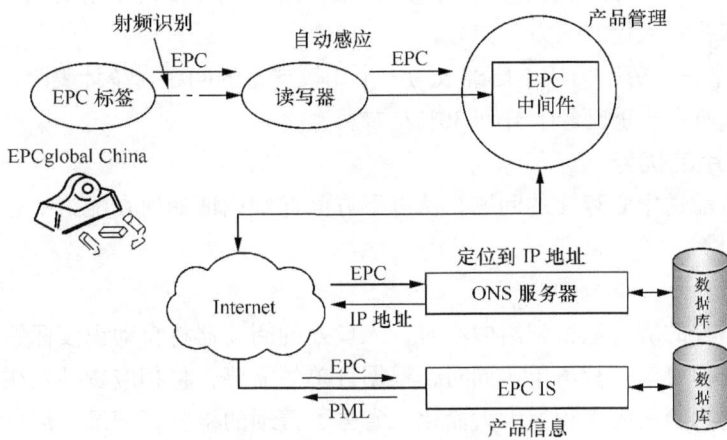

图 4-4　EPC 系统的工作流程

在全球互联网的基础上，EPC 通过管理软件系统、ONS 和 PML 实现全球"实物互联"。Savant 服务器的主要任务是数据校对、识读器协调、数据传输、数据存储和任务管理，它是 EPC 工作系统的中枢神经，起着管理系统平台的作用。ONS 给 Savant 系统指明存储产品有关信息的服务器，ONS 发挥了关键的作用。PML 则是描述产品信息的计算机语言。

4.5　RFID 在物流系统中的应用

近几年 RFID 技术发展十分迅速，RFID 技术已经逐步应用到食品安全、物流等供应链系统中，美国的沃尔玛已经在其物流系统中全面使用 RFID 技术。2008 年北京奥运会中在奥运食品跟踪、票证防伪等均采用 RFID 技术。我国对 RFID 的重视程度也越来越高，RFID 作为将要进入人们日常生活中的新型技术，不仅蕴藏着巨大商业利益，更涉及国家信息安全。

RFID 作为前端的自动识别与数据采集技术在物流的各主要作业环节中应用，可以实现物品跟踪与信息共享，极大地提高物流企业的运行效率，实现可视化供应链管理，在物流行业有着巨大的应用空间和发展潜力，在物流信息化中占有举足轻重的地位。

4.5.1　RFID 在配送中的应用

1. 传统配送中心存在的问题

① 存货统计缺乏准确性——因为某些条码不可读或者一些人为错误，使得存货统计常常不是十分精确，从而影响到配送中心作出正确决定。

② 订单填写不规范——很多订单没有正确填写，因此很难保证配送中心每次都可以将正确

数量的所需货物发送到正确的地点。

③ 货物损耗——在运输过程中的货物损耗始终是困扰配送中心的问题。损耗的原因有因为货物存放错了位置引起的，也有货物被偷盗而损失的，还有因为包装或者发运时出错误的。根据一项美国的调查表明，零售业的货物损耗可达销售量的 1.71%。

④ 清点货物——传统方法在清理货物时效率很低，而为了及时了解货物的库存状况又需要随时清点，为此需花费大量的人力、物力。

⑤ 劳动力成本——劳动力成本已经成为一个比较严重的问题。统计表明，在整个供应链成本中，劳动力成本所占比重已经上升到 30%左右。

2. RFID 应用的优势

针对传统物流配送中心存在的问题，从以下方面详细论证如何在配给中心应用 RFID 技术的优势。

（1）入库和检验

当贴有射频标签的货物运抵配给中心时，入口处的阅读器将自动识读标签，根据得到的信息，管理系统会自动更新存货清单。同时，根据订单的需要，将相应货品发往正确的地点。这一过程将传统的货物验收入库程序大大简化，省去了繁琐的检验、记录、清点等大量需要人力的工作。

（2）整理和补充货物

装有移动阅读器的运送车自动对货物进行整理，根据计算机管理中心的指示自动将货物运送到正确的位置，同时将计算机管理中心的存货清单更新，记录下最新的货品位置。存货补充系统将在存货不足指定数量时自动向管理中心发出申请，根据管理中心的命令，在适当的时间补充相应数量的货物。在整理货物和补充存货时，如果发现有货物堆放到了错误位置，阅读器将随时向管理中心报警，根据指示，运送车将把这些货物重新堆放到指定的正确位置。

（3）订单填写

通过 RFID 系统，存货和管理中心紧密联系在一起，而在管理中心的订单填写，将发货、出库、验货、更新存货目录整合成一个整体，最大限度地减少了错误的发生，同时也大大节省了人力。

（4）货物出库运输

应用 RFID 技术后，货物运输将实现高度自动化。当货品在配送中心出库，经过仓库出口处阅读器有效范围时，阅读器自动读取货品标签上的信息，不需要扫描，可以直接将出库的货物运输到零售商手中。因为上述的自动操作，整个运输过程速度大大提高，所有货物都避免了条码不可读和存放到错误位置等情况的出现，准确率大大提高。

3. RFID 在配送中心应用的建议

RFID 应用应分阶段进行，企业运用 RFID 分成 3 个阶段：第一阶段是企业在内部采用了 RFID 技术，应用的目的是为了验证 RFID 能够在企业中被应用；第二阶段是企业结合 RFID 和现有业务流程，把 RFID 作为原有业务系统的一种完善和补充；第三阶段是以 RFID 为核心重新设计业务流程。

RFID 要首先运用在能够明显提高效率的流程中，以此提高整个项目实施的成功率。因为在入库过程中需要增加粘贴电子标签这一步骤，因此入库过程并没有提高效率，但是在出库过程中效率提高很明显，如何提高入库过程的效率有待于今后进一步的研究和试验。

RFID 的实施需充分考虑技术标准问题。目前比较有代表性的 RFID 标准化组织是以欧美企业为主的 EPC global 和以日本企业为主的 UID。EPC global 最重视 UHF 频段的 RFID 产品，极力推广基于 EPC 编码标准的 RFID 产品，许多大公司如沃尔玛等都是该标准的支持者。日本 UID 一直致力于本国标准的 RFID 产品开发和推广，而且对 2.4GHz 微波频段的 RFID 更加重视。因为目前中国的 RFID 标准还没有出台，因此在实施 RFID 的过程中一定要考虑技术标准问题。

RFID 的应用必须同后台信息系统进行集成。只有同企业原有的信息系统集成，才能真正体现 RFID 的价值。

4.5.2　RFID 在交通运输中的应用

物流系统中配送中心的下一个主要环节就是道路运输，RFID 以其无线自动识别的特性在车辆跟踪和管理方面发挥着重要作用。

在道路货运车辆的挡风玻璃或车体部位贴上 RFID 标签，标签中包含车牌号、运输的起讫地点、运输线路、所属的运输企业、货物基本信息等。

RFID 在这方面的运用，主要体现在以下几个方面。

1. 运输工具管理

以 IC 卡为信息载体，对道路运输车辆、船舶的各类证照进行管理，实现资质审查、行车（船）许可、日常稽查、营运行为、客运报班管理、收费管理等功能，为运输工具的信息化、动态化及便捷化管理提供技术手段。采用 RFID 电子标签，对出租车、客运车辆、专用货运车辆、内河船舶等运输工具进行标识，在特定区域建立读写器网络，快速识别和跟踪运输工具，并能够自动采集国内及国际道路运输车辆、内河船舶的准确交通流等统计数据，为行业管理、企业运营服务提供信息资源、动态监控手段和科学决策支持，为保障运输安全提供辅助支持手段。其工作模型如图 4-5 所示。

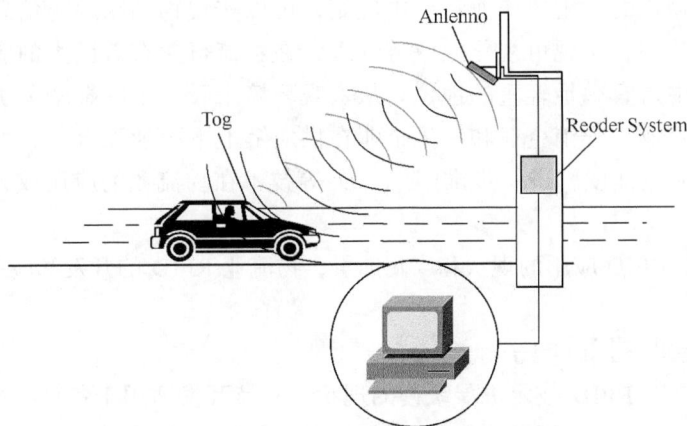

图 4-5　基于 RFID 的车辆跟踪

2. 客货运场站（港口）管理

在场站（港口）建立 RFID 应用系统，对进客货运出场站（港口）的车辆和货物进行自动识别，实现车辆进出管理、场站（港口）及枢纽操作自动化等功能，提高作业效率，减少集疏运作业的拥堵和差错现象。

3．城市公共交通

推广符合国家和交通运输行业标准的 IC 卡作为电子支付工具，整合常规公交、出租车、轨道交通等应用，并鼓励延伸到其他小额消费领域，为公众提供便利快捷的公共服务。

4．危险化学品运输管理

采用 RFID 电子标签对危险化学品及运输设备进行自动识别和跟踪，结合通信技术实现实时监控和网络化管理，加强危险化学品运输安全监管力度，保障交通运输安全，减少交通事故。

5．货物与集装箱跟踪

采用 RFID 电子标签对货物及集装箱进行标识、自动识别和全球跟踪，实现物流过程的可视化，提高集装箱流转作业和管理效率，降低物流成本。使用电子封条，实时地记录集装箱每次开关封条的时间、地点，提高集装箱运输的安全性。

6．海事管理

加强 IC 卡和 RFID 技术在船舶及船公司管理、危防管理、通航管理、航海保障等水上安全监督管理中的应用，提高监管能力，保障水上交通安全。

7．从业人员管理

以 IC 卡为信息载体，对道路水路运输从业人员、执法人员的各类证照进行管理，实现身份识别、出入控制、从业资质管理、监督检查、培训考核等功能，提高行业监管效率。

8．高速公路多路径识别

积极探索采用 RFID 应用系统，自动收集车辆在高速公路的详细行驶路径，通过有线或无线网络发送到后台应用系统，从而达到精确识别路径并准确拆分收费费用的目的。

4.5.3　RFID 在物流中的应用前景

无线射频识别技术是 21 世纪最有发展前途的信息技术之一，RFID 作为前端的自动识别与数据采集技术在物流的各主要作业环节中应用，可以实现物品跟踪与信息共享，极大地提高物流企业的运行效率，实现可视化供应链管理，在物流行业有着巨大的应用空间和发展潜力，在物流信息化中占有举足轻重的地位。从宏观环境来看，国际金融危机造成的市场竞争压力迫使国内制造企业、分销企业和物流企业在供应链上下游加强合作，加深信息技术在物流供应链管理中的应用深度，进一步推广 RFID 等技术在物流业的应用成为未来几年物流信息化的重点。

针对我国物流业 RFID 应用的现状和广阔前景，物流业 RFID 的开发和应用要瞄准下列 6 个方向。

1．积极开发专业 RFID 电子标签

针对物流行业应用 RFID 技术进展缓慢的现状，支持开发适用于各种物流环境的特种电子标签，包括各种材质的托盘、周转箱标签、集装箱标识标签、温度传感标签、堆场定位标签、车辆标签等。

2．开发整合 RFID 技术的物流装备

RFID 是一种新的技术、标准化水平不高、新的产品层出不穷，在产品开发和应用中要注重 RFID 技术与现有物流装备的兼容和整合。

3. 支持 RFID 中间件的开发

开发支持多协议读写器、同时能与现有的物流仓储、运输等管理系统无缝对接的 RFID 中间件系统。

4. 推动公共信息平台的开发应用

鼓励面向物流行业的 RFID 公共信息服务平台的开发与应用示范，实现跨地区、跨行业的 RFID 信息的识别、采集、传输与信息应用服务，满足物流企业进行 RFID 系统快速部署的需求，并与现有物流信息公共平台进行互联互通。

5. 加快物流行业 RFID 应用标准的研究和制订

RFID 技术标准的现状远远落后于市场发展的需要，要积极加快物流行业 RFID 应用标准的研究和制订，包括物流领域 RFID 数据规范、RFID 技术与物流装备的整合标准、基于 RFID 技术的物流操作规范，RFID 中间件与物流系统、数据平台的数据交换标准等。

6. 推广 RFID 技术在物流业的应用范围

要不断推广扩大 RFID 技术在物流业中的应用范围，主要包括九大重点工程中的应用示范，包括在多式联运和转运设施、大型物流园区、城市配送及冷链物流、大宗商品和农村物流、制造业和物流业联动发展、物流公共信息平台、物流标准和技术推广、物流科技攻关、应急物流中的应用示范。

本 章 小 结

RFID 技术是 20 世纪 90 年代开始兴起的一种非接触式自动识别技术，该技术的商用促进了物联网的发展。因为其不局限于视线，识别距离比光学系统远，射频识别标签具有可读写能力，可携带大量数据、难以伪造和有智能等特点，比条码等其他传统自动识别技术有着更加广阔的发展空间和应用前景。

射频识别系统通常由电子标签、阅读器和天线组成。电子标签内存有一定格式的标识物体信息的电子数据，是未来几年代替条形码走进物联网时代的关键技术之一。RFID 目前有很多频段，集中在 13.56MHz 频段和 900MHz 频段的无源射频识别标签应用最为常见。短距离应用方面通常采用 13.56MHz HF 频段；而 900MHz 频段多用于远距离识别，如车辆管理、产品防伪等领域。阅读器与电子标签可按通信协议互传信息，即阅读器向电子标签发送命令，电子标签根据命令将内存的标识性数据回传给阅读器。

RFID 技术可应用于多个领域，如仓库资产管理、产品跟踪、供应链自动管理、防伪识别、医疗等。在仓储库存管理领域可以大大提高对出入库产品信息的记录采集速度和准确性，减少库存盘点时的人为失误，提高存盘点的速度和准确性。在产品跟踪领域因为电子标签能够无接触的快速识别，在网络的支持下可以实现对附有 RFID 标签物品的跟踪，并可清楚了解到物品的移动位置。沃尔玛公司是全球 RFID 电子标签最大的倡导者，沃尔玛的两个大的供货商 HP 和 P&G 已经在它们的产品大包装上使用电子标签。

RFID 技术与互联网、通信等技术相结合，可实现全球范围内物品跟踪与信息共享。但其技术发展过程中也遇到了一些问题，主要是芯片成本，其他的如 FRID 反碰撞防冲突、RFID 天线研究、工作频率的选择及安全隐私等问题都在一定程度上制约了该技术的发展。

综合实训：RFID 标签与识读设备认知

【实训目的】

通过实验设备的操作了解 RFID 标签的参数及设置方法，了解识读设备的功能和操作方法。通过搜索典型案例了解 RFID 在物流系统中的应用。

【实训内容】

（1）认识 EPC-Gen2 超高频电子标签 UHF（915MHz）。

（2）认识 ISO 18000-6B 超高频电子标签 UHF（915MHz）。

（3）认识超高频长距离一体化读写器（UHF 915MHz Reader）。

（4）认识高频 RFID 手持设备。

（5）了解 RFID 系统的操作过程。

【实训方法】

通过物流技术实验室的设备操作，完成以下主要任务；上机操作典型的 RFID 系统或通过浏览相关网站了解典型 RFID 系统的应用情况，如门禁系统、仓库管理系统、交通自动收费系统等。

（1）安装读写器、连接 PC 机、选择通信方式。

（2）运行读写器驱动软件、设置相关参数。

（3）读写数据测试。

（4）门禁系统、仓库管理系统、交通自动收费系统（根据实验室配置选择）。

【实训要求】

根据操作情况和搜集资料撰写调研报告，要求：内容完整、操作具体、资料翔实、表达流畅，字数为 3 千字左右。

课 后 习 题

一、填空题

1. 一套完整 RFID 系统由（　　　）、（　　　）和（　　　）3 个部分组成。

2. RFID 射频识别是一种非接触式的（　　　），它通过射频信号自动识别目标对象并获取相关数据，识别工作无需人工干预，可工作于各种恶劣环境。

3. （　　　）是射频识别系统的数据载体，电子标签由标签天线和标签专用芯片组成。

4. 从概念上来讲，RFID 类似于（　　　），对于条码技术而言，它是将已编码的条形码附着于目标物并使用专用的扫描读写器利用光信号将信息由条形磁传输到扫描读写器。

5. EPC 技术是由 EPC 编码、（　　　）以及利用网络传递编码及存储和检索相关产品信息的一项现代技术。

6. 在物流领域，RFID 电子标签可以应用于自动仓储库存管理、（　　　）、供应链自动管理、产品装配和生产管理、产品防伪等多个方面。

7. RFID 技术中，主动式标签与被动式标签的主要区别在于（　　　）。

二、选择题

1. 不属于 RFID 构成部分的是（　　　）。

    A. 标签　　　　　　　B. 阅读器　　　　　　C. 天线　　　　　　　D. 中间件

2. 以下有关 RFID 射频识别的描述，错误的是（　　　）。

    A. 是一种接触式的自动识别技术

    B. 它通过射频信号自动识别目标对象并获取相关数据

    C. 识别工作无需人工干预

    D. 可工作于各种恶劣环境

3. RFID 解决方案可按照行业进行分类，以下不属于按行业分类的是（　　　）。

    A. 物流　　　　　　　B. 防伪防盗　　　　　C. 资产管理　　　　　D. 人员管理

4. 电子标签依据频率的不同可分为低频电子标签、高频电子标签、超高频电子标签和（　　　）。

    A. 有源电子标签（Active tag）　　　　　　B. 无源电子标签（Passive tag）

    C. 半无源电子标签　　　　　　　　　　　　D. 微波电子标签

5. 在一个基本的 RFID 系统中，识读过程由以下几个阶段构成，其中第一个识读过程是（　　　）。

    A. 阅读器接收到标签反射回来的微波信号后，经阅读器内部电路的解调和处理，将电子标签内部存储的识别代码等信息识别出来

    B. 这些识别信息作为物体的特点，统计管理等应用

    C. 当装有电子标签的物体接近阅读器的天线时，标签将会接收到阅读器发出的查询信号，同时阅读器发出的能量将标签激活

    D. 标签根据查询信号的要求，将标签中的信息反射回阅读器

6. RFID 的标准体系不包括一下哪个标准体系？（　　　）

    A. ISO 制订的 RFID 标准体系　　　　　B. EPC global 制订的 RFID 标准体系

    C. 日本 UID 制订的 RFID 标准体系　　　D. 日本 UFD 制订的 RFID 标准体系

7. EPC 技术是由（　　　）、RFID 空中接口协议以及利用网络传递编码及存储和检索相关产品信息的一项现代技术。

    A. EPC 编码　　　　　　　　　　　　　　B. EPC 条形码

    C. EPC 读卡器　　　　　　　　　　　　　D. EPC 电子标签

8. EPC 系统是一个非常先进的、综合性的和复杂的系统，其最终目标是（　　　）。

    A. 为每一单品建立全球的、开放的标识标准

    B. 为每一单品建立复杂的标识标准

    C. 为每一单品建立综合的标识标准

    D. 为每一单建立先进的标识标准

9. 一个完整的 EPC 工作系统由（　　　）、识读器、Savant 服务器、Internet、ONS（对象名称解析服务）服务器、PML（实体标记语言）服务器以及众多的数据库组成。

    A. 识读器   B. 天线   C. 读卡器   D. 电子标签

10. EPC/RFID 物品识别的目标是为每一个物理实体提供唯一标识，它与传统条码技术相比有许多优点，下面不属于优点之一的是（　　　）。

    A. 标识多样   B. 读取方便   C. 长寿耐用   D. 动态更改

三、名词解释

1. 射频识别系统
2. 电子标签
3. RFID 标准体系
4. EPC
5. 物联网

四、简答题

1. 射频识别系统由哪几部分组成？
2. 射频识别系统的组成原理是什么？
3. RFID 的标准体系有哪些？
4. RFID 与 EPC 的关系是什么？
5. 说明 RFID 技术在物流领域的应用。

▶▶| **案例分析** |◀◀

基于 RFID 的烟草物流管理方案

1. 系统介绍

RFID 烟草物流配送管理系统由发卡、仓储、运输配送、自动化结算和综合管理这几个相互独立而又相互关联的子系统组成，这些子系统分别实现标签发卡贴标、智能化仓库管理、物流运输、调度配送管理、自动化结算、成本绩效控制等系统功能。

RFID 技术的引进，充分发挥了快速、实时、准确采集与处理信息的良好功能特性，使得企业能够实时、精确地掌握整个供应链上的商流、物流、信息流和资金流的流向和变化，同时使得供应链上各个业务环节和流程更加协调一致，提高整个供应链上的经济效益。

把每一卷烟的条码信息扫描记录下来，当达到整托盘数量时（如 50 件），经过软件压缩后通过 RFID 发卡机写入托盘内的电子标签中，实现条码信息和 RFID 标签的关联。在经过通道读写器的时候，自动获取标签中的信息，准确了解该托盘的卷烟数量、类别和状态等。通过对托盘电子标签的管理，在卷烟的识别速度、仓储管理、物流配送和结算上都大大提高了效率。

2. 系统结构

整个系统硬件由电子标签、数据采集设备、数据库服务中心、PC 等组成（见图 4-6）。手持机或者条码扫描器把条码数据通过软件压缩，由发卡机写入托盘电子标签中，数据采集器把采集到的托盘电子标签信息上传至服务器。以托盘为单位，对卷烟进行系统管理。

图 4-6　系统结构图

3. 工作流程

（1）发卡系统

通过手持式 RFID 读写器或移动式读写设备的条码扫描功能将托盘上每一卷烟的条码信息扫描，经过软件压缩后写入托盘内的电子标签中，实现条码信息和 RFID 标签的关联，实现卷烟的整托盘关联管理，如图 4-7 所示。

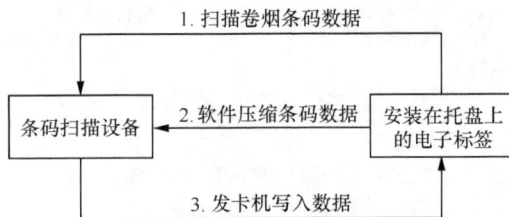

图 4-7　发卡流程图

（2）仓储管理系统

① 入库管理功能。

该部分主要由固定式 RFID 读写器、LED 大屏幕、信号灯、车载控制 PC 组成。当成品卷烟以托盘形式通过入库通道口进入仓库时，系统自动识别托盘上的电子标签，通过计算机仓储管理信息系统算出货位，并通过无线网络将存货指令发到叉车车载系统，按照要求存放到相应货位，同时在 LED 大屏幕上显示已经入库信息，如图 4-8 所示。

卷烟入库业务

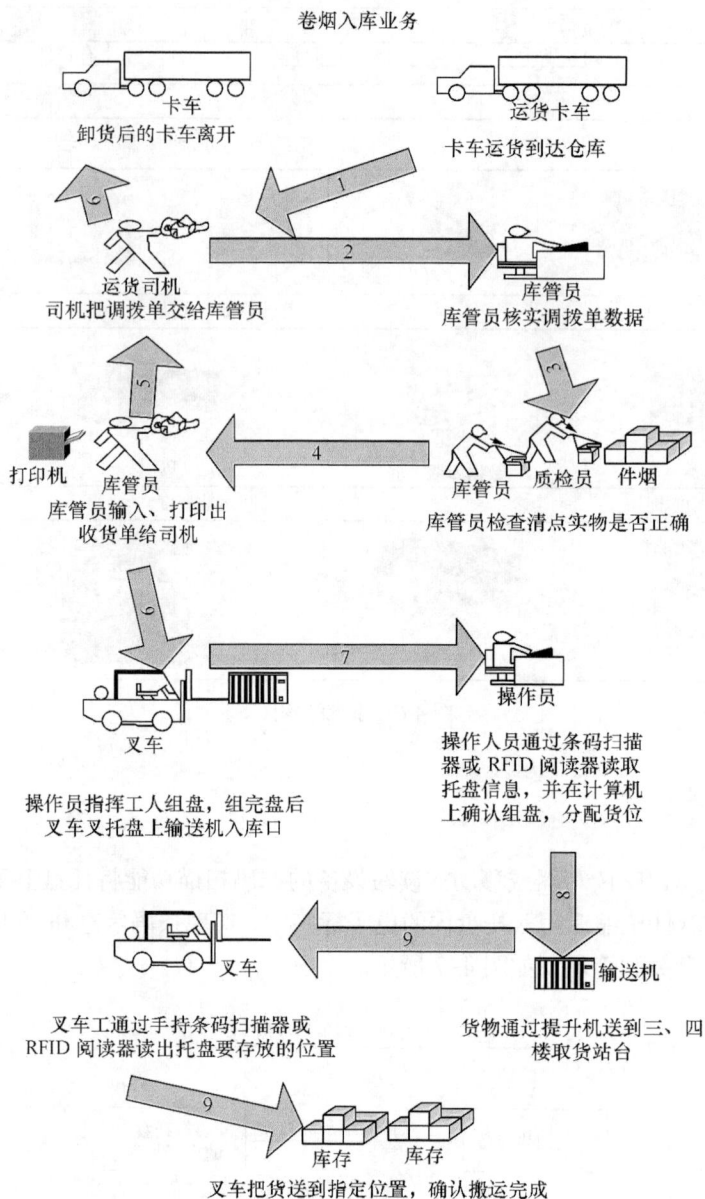

图 4-8　入库流程图

② 出库管理功能。

仓管员通过计算机仓储管理信息系统录入提货单据并指定出货货位，通过无线网络将出货指令发到叉车车载系统，叉车接到出货指令，到指定货位叉取托盘货物。叉取前叉车读写器再次确认托盘货物准确性，然后将托盘货物送至出货口传送带，出货口传送带读写器读取托盘标签信息是否准确，校验无误出货，同时在 LED 大屏幕上显示已经出库信息，如图 4-9 所示。

③ 库存盘点。

通过手持机获取托盘 RFID 标签中的信息，将该信息与仓库管理系统中的信息进行核对，管理人员只需要拿着手持机在货位间走一遍即可完成盘点，实现方便快捷易的操作。

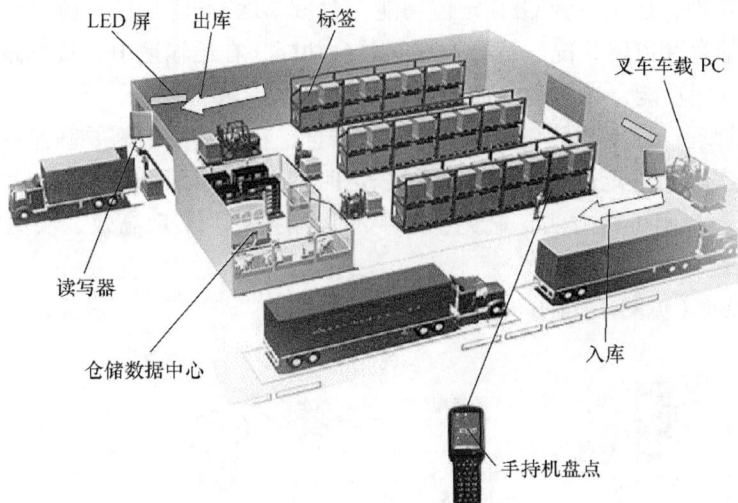

图 4-9　入库盘点流程

（3）物流运输配送

① 货车管理。

通过对往来的车辆统一管理登记、发放车载电子标签，并在关键的出入监控点安放 RFID 识读设备，可以使安装电子车牌的监管车辆在通过监控通道时，可以被识别系统准确及时的识别，以完成车辆数据采集的要求。

RFID 技术作为物流系统信息采集的有效手段，在车辆管理系统中得以应用。利用将 RFID 应用于货场车辆管理系统，可以实现货运车进出场，信息自动、准确、远距离、不停车采集，使调度系统准确掌握运输车辆进出的实时动态信息。通过实施该系统可有效提高货车的管理水平，对采集的数据利用计算机进行研究分析，可以掌握车辆运用规律，杜绝物流车辆管理中存在的漏洞。同时，针对用户需求，采用 GPS 与 RFID 技术相结合，时时在线监控、调度异地车辆，随时掌握货车上的物资、人员及车辆本身状况。

② 在途管理（见图 4-10）。

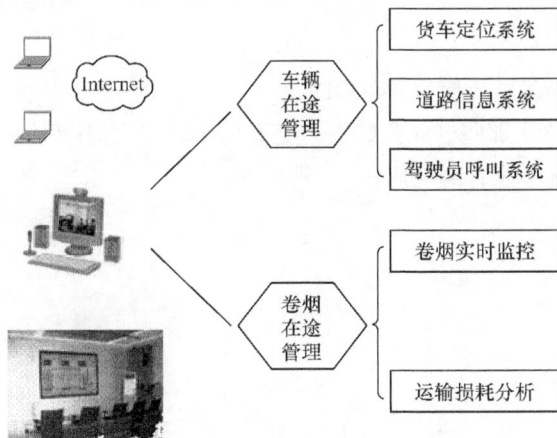

图 4-10　在途管理

车辆在途管理：运用车辆 GPS 定位功能，对货车运行过程中的轨迹和状态进行追踪，及时了解货车信息和道路状况。驾驶员呼叫总台功能，在运输途中，货车碰到紧急事件，驾驶员可启用呼叫功能，寻求后台服务操作员的协助。

卷烟在途管理：运用监控和 RFID 技术相结合，在运输途中需要确保卷烟的安全和可视化操作性，实现对卷烟的实时监控。对一定时期，一定阶段进行卷烟运输损耗分析，通过数据分析，找出可行方法，避免不必要的运输损耗，实现高效、快捷的卷烟运输管理模式。

③ 配送管理（见图 4-11）。

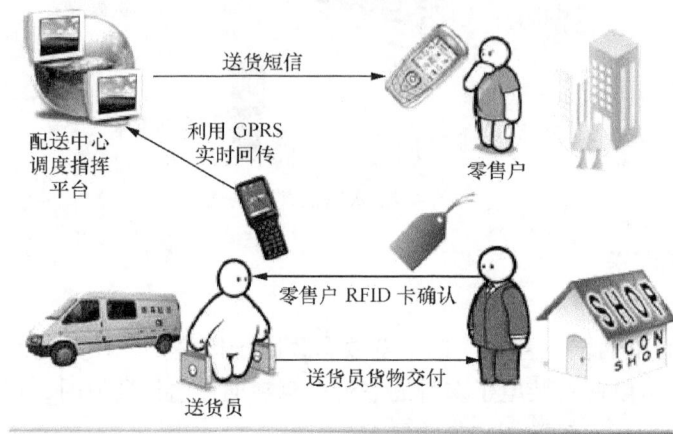

图 4-11　卷烟配送管理系统

全程信息系统引入物联网技术，实现将送货车辆作为流通仓储单元。利用基于物联网技术的车载实时监控系统和手持 PDA 终端，送货员可实时获取送货信息（客户、数量和线路），并对送货车辆运行路线进行实时跟踪，确定在途的节点状态（待送、装车、到户等状态），对卷烟配送任务完成进行实时确认。实现确保卷烟的正确送货，保证卷烟送货过程中的安全，而且进一步提高内管监控水平，防止送货员的串货行为，提高服务质量。

——来源：深圳市新力量通信技术有限公司，2012 年 11 月

根据案例回答问题。

（1）在本方案中，哪些环节使用了 RFID？

（2）RFID 的应用带来了那些好处？如果不使用 RFID，而使用其他技术（如条码）可以吗？

（3）本例对现代物流企业有哪些启示？

第5章 电子数据交换 EDI

本章主要内容

5.1　EDI 的基本概念
5.2　EDI 系统的组成与工作原理
5.3　EDI 的标准体系
5.4　EDI 在物流中的应用

本章学习方略

本章重点内容
- EDI 的组成和工作流程
- EDI 标准体系的内容
- EDI 在供应链中的作用

本章难点内容
- UN/EDIFACT 标准
- 港口 EDI 的功能与结构

案例引入

美的集团 EDI 应用

公司概况：创业于 1968 年的美的集团，是一家以家电业为主，涉足房产、物流等领域的大型综合性现代化企业集团，旗下拥有四家上市公司、四大产业集团，是中国最具规模的白色家电生产基地和出口基地之一。目前，美的集团有员工 20 万人，拥有十余个品牌，拥有中国最大最完整的小家电产品群和厨房家电产品群，同时产业拓展至房产、物流及金融领域。美的在全球设有 60 多个海外分支机构，产品销往 200 多个国家和地区，年均增长速度超过 30%。2010 年，美的集团整体实现销售收入达 1150 亿元人民币，其中出口额 50.8 亿美元，名列中国企业 100 强。

随着自身业务在全球范围内的不断扩大，美的已经形成了一个覆盖全球，从生产制造、供应商、物流、渠道到客户的庞大企业供应链群。2010 年，美的制订"十二五"发展规划，定下了五年内进入世界 500 强，成为全球白色家电前三位的具备全球竞争力的国际化企业集团的发展目标。美的意识到，当前的市场竞争已经由企业与企业之间的竞争变为供应链与供应链之间的竞争，要实现既定目标，成为一个屹立全球市场的企业，就必须要进一步联合上下游的业务伙伴，紧密合作关系，加强供应链一体化管理，共同增强整条供应链的竞争力，实现"敏捷供应链"。

之前，美的采用人工的方式实现对大量业务单据的接收、处理和发送，需要花费较长时间来完成单据的处理；同时，人工处理方式难免发生错误。为了满足美的与供应链合作伙伴之间的实时、安全、高效和准确的业务单据交互，提高供应链的运作效率，降低运营成本，美的迫切需要利用提供企业级（B2B）数据自动化交互和传输技术，即 EDI（电子数据交换）方案来解决这个问题。

解决之道：经过反复的筛选和比较，美的最终选择业界领先的供应链管理解决方案提供商 SinoServices（锐特信息）为其提供 EDI 解决方案和技术支持。SinoEDI 企业级数据整合解决方案支持各类传输协议、加密算法，同时也是一款性能非常优异的数据处理平台，支持任意数据格式之间的转换，数据流程可灵活定制，路由功能强大，且具备各类适配器与后台系统、数据源的集成。开发、部署由图形化的统一开发平台来完成，简单易用。

它具备以下优点：高度灵活、反应敏捷，可高效、快速地适应业务需求的变化；支持任何数据格式；安全、高效、统一的 B2B 传输网关；强大的数据并发及处理能力；实现与后台各种系统实现无缝集成。利用 SinoEDI 企业级数据整合解决方案，美的和各业务伙伴之间大量的数据和业务表单往来便可实现完全的自动化传输和识别，而不受各类数据源的结构和传输协议的影响。

实施过程：2009 年 11 月 4 日，美的和 SinoServices 成立了由双方专家组成的项目实施小组，宣布 EDI 项目正式启动。

在项目实施过程中，首先进行 EDI 平台以及对各种网络系统、数据备份、防火墙、入侵检测等运行环境进行部署、调试。同时 SinoServices 深入到美的业务系统应用的各部门中去，对实际工作业务流程等进行深层次的调研，并结合美的合作伙伴的业务和操作流程进行全面的分析；然后在调研的基础上，立即着手进行 EDI 平台上的设计和开发，围绕所确定的业务范畴中的流程与数据的调研分析，按照产品线和业务类型的划分，分析企业数据流需求和详细的各类业务数据需求，在此基础上提交了整体项目分析和设计文档；同时，SinoServices 对美的业务人员进行 EDI 操作流程培训，对美的 EDI 平台管理人员分阶段进行了平台管理和监控方面的培训。

2010 年 2 月 3 日，是美的 EDI 项目的重要日子，在这一天，伊莱克斯（Electrolux）作为美的第一家 EDI 对接合作伙伴，成功上线运行，实现了双方出货通知、发票的等的自动化 EDI 流程。2010 年 11 月 4 日，北滘码头成功上线运行，实现了美的与北滘码头的订舱确认、调柜指令等的自动化 EDI 流程。2011 年 5 月 4 日，美的与中国出口信用保险公司（中信保）EDI 对接成功，双方实现了费率同步、OA 限额申请、LC 限额申请、出运申报、出运反馈、收汇反馈等业务数据的交互。这一系列项目的上线，大大提高了美的和伙伴双方业务贸易的效率，减少了人工干预的工作量。

应用效益：美的 EDI 已成功运转了一年多，先后接入伊莱克斯、北滘码头、中信保等业务合作伙伴，美的已经明显感到集成、开放、灵活的 EDI 应用所带来的效益。

美的与业务伙伴之间的数据交互由过去的人工方式转变为完全的自动化，极大地提升了供应链的工作效率。

实施 EDI 之后美的的业务流程如下图所示。

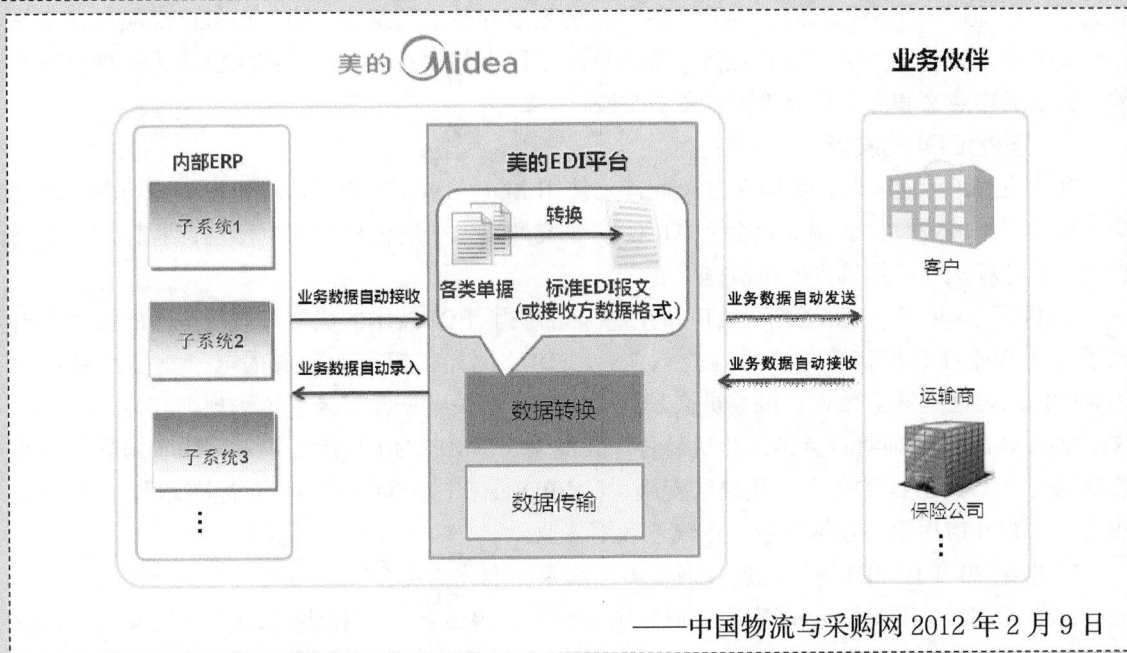

——中国物流与采购网 2012 年 2 月 9 日

在国际贸易中，因为买卖双方地处不同的国家和地区，因此在大多数情况下，不是直接地面对面地交易，而必须由银行进行担保，以各种纸面单证为凭证，才能实现商品与货币交换。因为 EDI 能够实现高速、精确、远程和巨量数据交换，因此 EDI 的兴起标志着一场全新的、全球性的商业革命的开始。有专家指出："能否开发和推动 EDI 计划，将决定对外贸易方面的兴衰和存亡。如果跟随世界贸易潮流，积极推行 EDI 就会成为巨龙而腾飞，否则就会成为恐龙而绝种"。

5.1 EDI 的基本概念

5.1.1 EDI 的起源与发展

1. EDI 的起源

20 世纪中叶，因为电子技术的迅速发展，电子计算机和通信技术日新月异，人类的信息交换手段发生了巨大的变革，各种计算机通信网络遍布世界各地，使人们之间的联系越来越紧密。在商业领域，商业交易日趋活跃，贸易额快速增长。为了有效地改善商业作业方式，人们逐渐形成了一项电子应用技术 EDI。

在第二次世界大战中德国柏林战场的供给线上，美国运输部长发现在后勤供应中有大量的纸面工作要做，为了使过程简化，他主张用电报通信，并使其中的表格和处理过程都标准化，这常常被认为是 EDI 思想的起源。实际上，今天意义上的 EDI 起源于 20 世纪 60 年代末的西欧和北美，早期 EDI 只是在两个贸易伙伴之间依靠计算机间的直接通信来传递具有特定内容的商业文件。在随后的半个世纪间，随着世界贸易的发展和技术的进步，EDI 已被广泛应用在运输业、民航业、银行、海关、零售业等方面，产生了巨大的效益。今天，EDI 已成为一种全球性的、具有战略意义和巨大商业价值的贸易手段。

2. 国外 EDI 的发展

20 世纪 60 年代末期，美国在航运业首先使用 EDI。1968 年美国运输业许多公司联合成立了一个美国运输业数据协调委员会（TDCC），研究开发电子通信标准的可行性，早期 EDI 是点对点，靠计算机与计算机直接通信完成的。

20 世纪 70 年代，随着数字通信网的出现，加快了 EDI 技术的成熟和应用范围的扩大，出现了一些行业性数据传输标准并建立行业性 EDI。例如，银行业发展的电子资金汇兑系统（SWIFT）；美国运输业数据协调委员会发展了一整套有关数据元目录、语法规则和报文格式，这就是 ANSI×12 的前身；英国简化贸易程序委员会（SIMPRO）出版了第一部用于国际贸易的数据元目录（UN/TDED）和应用语法规则（UN/EDIFACT），即 EDIFACT 标准体系。20 世纪 70 年代，EDI 应用集中在银行业、运输业和零售业。

20 世纪 80 年代 EDI 应用迅速发展，美国国家标准化委员会（American National Standards Institute，ANSI）与欧洲一些国家联合研究国际标准。1986 年欧洲和北美 20 多个国家代表开发了用于行政管理、商业及运输业的 EDI 国际标准（EDIFACT）。随着增值网的出现和行业性标准逐步发展成通用标准，加快了 EDI 的应用和跨行业 EDI 的发展。

20 世纪 90 年代出现 Internet EDI，使 EDI 从专用网扩大到 Internet，降低了成本，满足了中小企业对 EDI 的需求。20 世纪 90 年代初，全球已有 2.5 万家大型企业采用 EDI，美国 100 家大型企业中有 97 家采用 EDI。20 世纪 90 年代中期，美国有 3 万多家公司采用 EDI，西欧有 4 万家 EDI 企业用户，包括化工、电子、汽车、零售业和银行。

时至今日，EDI 历经萌芽期、发展期，已步入成熟期，英国的 EDI 专家明确指出，"以现有的信息技术水平，实现 EDI 已不是技术问题，而仅仅是一个商业问题"。

3. 我国 EDI 的发展

我国自 1990 年开始，国家计委、科委将 EDI 列入"八五"国家科技攻关项目。例如，商务部国家外贸许可证 EDI 系统、中国对外贸易运输总公司、中国外运海运/空运管理 EDI 系统、中国化工进出口公司"中化财务、石油、橡胶贸易 EDI 系统"以及山东省抽纱进出口公司"EDI 在出口贸易中的应用"等。

1991 年 9 月由国务院电子信息系统推广应用办公室牵头会同国务院其他部委、局（行、公司）发起成立"中国促进 EDI 应用协调小组"。同年 10 月成立"中国 EDIFACT 委员会"并参加亚洲 EDIFACT 理事会，目前已有 18 个国家部门成员和 10 个地方委员会。EDI 已在国内外贸易、交通、银行等部门广泛应用。

1993 年起实施"金关工程"即对外贸易信息系统工程，它是 EDI 技术在外贸领域应用的试点，其网络和服务中心的建设，已取得重要成果。"九五"期间，海关、交通、商检及商业的EDI 应用项目已被列为国家重点项目。EDI 技术至今还在不断发展和完善中，但是 EDI 的推广应用的确大幅度提高了商贸和相关行业（如报关、商检、税务、运输等）的运作效率。

我国开展 EDI 应用工作的基本方针为：以应用为先导，以标准化工作为基础，以对外贸易为突破口，以计算机通信网络为支撑环境，抓好组织协调这个关键，搞好国家、地方和行业的若干重点试验工程，通过试点示范，逐步由点到面，全面推进我国 EDI 应用事业的发展。充分发挥中央、地方和企业的积极性，将国家意志与部门、企业的需求很好地结合起来，以"自上而下"作为发展的引导和调控，以"自下而上"作为发展的内在动力和源泉。

5.1.2　EDI 的含义

1. EDI 的概念

EDI 技术是信息技术在商贸领域中的应用。EDI 就是模拟传统的商务单据流转过程，对整个贸易过程进行了简化的技术手段。因为 EDI 应用的领域不同，EDI 技术的实施所达到的目的也不同，所以 EDI 的定义也很难统一。在这里列举一些权威人士和权威机构对 EDI 的定义。

国际标准化组织（ISO）于 1994 年确认了 EDI 的技术定义：根据商定的交易或电子数据的结构标准实施商业或行政交易，从计算机到计算机的电子数据传输。

美国国家标准局 EDI 标准委员会对 EDI 的解释是：EDI 指的是在相互独立的组织机构之间所进行的标准格式、非模糊的具有商业或战略意义的信息的传输。

联合国 EDIFACT 培训指南认为，"EDI 指的是在最少的人工干预下，在贸易伙伴的计算机应用系统之间的标准格式数据的交换"。

从上述 EDI 定义不难看出，EDI 包含 3 个要点。

① 资料用统一标准。

② 利用电信号传递信息。

③ 计算机系统之间的连接。

2. 物流 EDI 的概念

EDI 最初由美国企业应用在企业间的订货业务活动中，其后 EDI 的应用范围从订货业务向其他的业务扩展，如 POS 销售信息传输业务、库存管理业务、发货送货信息和支付信息的传输业务等。近年 EDI 在物流中广泛应用，被称为物流 EDI。

所谓物流 EDI 是指货主、承运业主以及其他相关的单位之间，通过 EDI 系统进行物流数据交换，并以此为基础实施物流作业活动的方法。物流 EDI 参与单位有货主（如生产厂家、贸易商、批发商、零售商等）、承运业主（如独立的物流承运企业等）、实际运送货物的交通运输企业（如铁路企业、水运企业、航空企业、公路运输企业等）、协助单位（如政府有关部门、金融企业等）和其他的物流相关单位（如仓库业者、专业报送业者等），如图 5-1 所示。

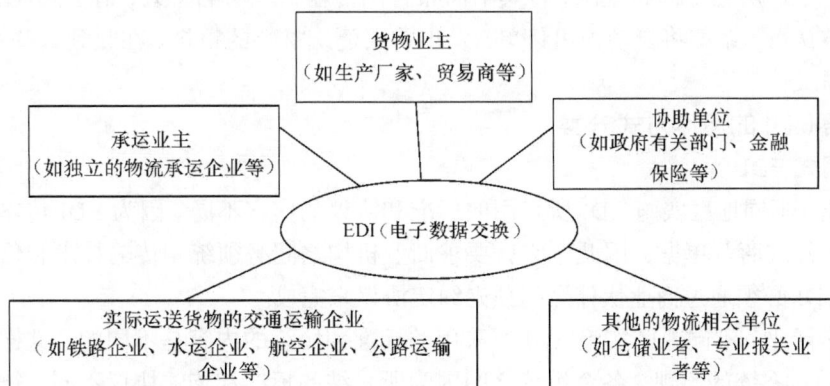

图 5-1　物流 EDI 模型图

5.1.3 EDI 的特点

作为企业自动化管理的工具之一，EDI 通过计算机将商务文件如订单、发票、货运单、报关单等按统一的标准，编制成计算机能够识别和处理的数据格式，在计算机之间进行传输。它具有以下几个方面的特点。

① 单证格式化：EDI 传输的是企业间格式化的数据，而非信件、公函等非格式化的文件。

② 报文标准化：EDI 传输的报文符合国际标准或行业标准，国际 EDI 标准是 UN/EDIFACT。

③ 处理自动化：数据交换的模式是"机对机"以及"应用对应用"，不需要人工干预。

④ 软件结构化：EDI 系统由五个模块组成：用户界面模块、内部电子数据处理接口模块、报文生成与处理模块、标准报文格式转换模块和通信模块。

⑤ 运作规范化：任何一个成熟、成功的 EDI 系统，均有相应的规范化环境做基础。

⑥ 通信保密化：EDI 系统必须考虑安全保密功能，并具有法律效力。

5.1.4 EDI 的分类

1. 根据 EDI 的功能分类

（1）贸易数据交换

贸易数据交换即订货信息系统，又称为贸易数据互换系统（Trade Data Interchange，TDI）。它是最基本、最知名的 EDI 系统，用电子数据文件来传输订单、发货票和各类通知。

（2）电子金融汇兑系统

电子金融汇兑系统（Electronic Fund Transfer，EFT）在银行和其他组织之间实行电子费用汇兑。EFT 已使用多年，但它仍在不断的改进中。最大的改进是同订货系统联系起来，形成一个自动化水平更高的系统。

（3）交互式应答系统

交互式应答系统（Interactive Qurey Response，IQR）可在旅行社或航空公司作为机票预定系统。可以询问到达某一目的地的航班，要求显示航班的时间、票价或其他信息，然后根据旅客的要求确定所要的航班，打印机票。

（4）带有图形资料自动传输的 EDI

最常见的是计算机辅助设计（Computer Aided Design，CAD）图形的自动传输。例如，设计公司完成一个厂房的平面布置图，将其平面布置图传输给厂房的主人，请主人提出修改意见。一旦该设计被认可，系统将自动输出订单，发出购买建筑材料的报告。在收到这些建筑材料后，自动开出收据。

2. 根据 EDI 的运作方式分类

（1）封闭式 EDI

不同行业、不同地区实施 EDI 所采用的标准和协议的内容不同。因为 EDI 传输的信息是格式化的商业文件或商业单据，因此，它就要求商业机构之间必须统一传输技术和信息内容的标准。现行的 EDI 必须通过商业伙伴之间预先约定协议来完成。

因为不同行业、不同地区实施 EDI 所采用的标准和协议的内容是不同的，这样就导致了大量不同结构 EDI 系统的出现。各个系统之间因为所采纳的标准和传输协议不同，彼此之间相对处于封闭状态，因此，人们将它称为封闭式 EDI。

（2）开放式 EDI

因为现行 EDI 应用缺乏整体标准体系的支持，使得现行 EDI 系统越来越复杂，并逐渐形成专用的、封闭的 EDI 孤岛式的格局。为了解决这一问题，一些国际组织提出了开放式 EDI 的概念。它使用公共的、非专用的标准，实现跨时域、跨商域、跨现行技术系统和跨数据类型的电子数据交换。

（3）交互式 EDI

因为传统的 EDI 系统是在单一方向上传输一个完整的报文，报文发送方通过网络服务方将报文发至接收者的信箱中，接收者定期从信箱中提取报文。采用这种方式，从发出报文到接收报文时存在一定的时滞，这种方式被称为批式 EDI。

在交互式 EDI 中，对于用户等待应答的时间，可以达到一秒或更短时间的应答水平。目前交互式 EDI 的研究仍处在理论和开发的初级阶段。交互式 EDI 以开放式 EDI 为基础，是将来 EDI 的发展方向。

（4）基于 Internet 的 EDI

按照以往的 EDI 实施模式，商业机构之间实现 EDI 传输要借助于专用增值网络 VAN 的服务。以国际互联网为基础的 EDI 就是要建立开放式的信息传输，那么对增值网络服务的需求就会减少。

5.2 EDI 系统的组成与工作原理

5.2.1 EDI 系统的组成

EDI 系统是在不同公司之间传递商务信息，其系统模型如图 5-2 所示。数据标准、EDI 软件及硬件和通信网络是构成 EDI 系统的三要素。

图 5-2　EDI 系统的模型图

1．数据标准

EDI 标准是由各企业、各地区代表共同讨论、制订的电子数据交换共同标准，可以使各组织之间的不同文件格式，通过共同的标准，实现彼此之间文件交换（详细内容见 5.3 节）。

2．EDI 的软硬件

实现 EDI 需要配备相应的 EDI 软件和硬件。EDI 硬件设备主要是指计算机、外设以及网络连接设备和线路等。

EDI 软件将用户数据库系统中的信息译成 EDI 的标准格式，以供传输交换。虽然 EDI 标准具有足够的灵活性，可以适应不同行业的不同需求，但因为每个公司都有自己所规定的信息格式。因此，当需要发送 EDI 电文时，必须用某些方法从公司的专有数据库中提取信息，并把它翻译成 EDI 的标准格式，然后再进行传输。这就需要有 EDI 相关软件的帮助，EDI 软件结构如图 5-3 所示。

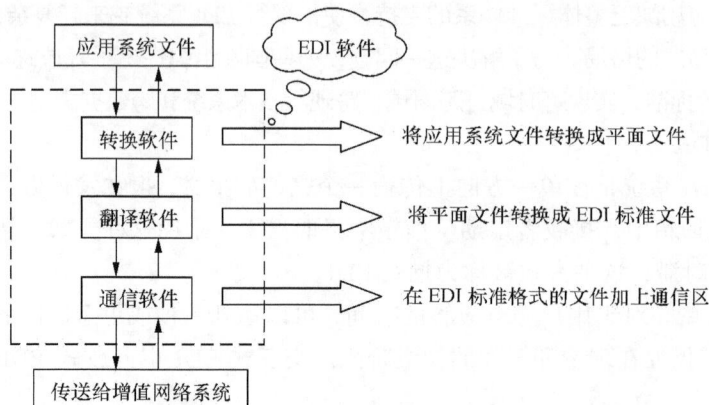

图 5-3　EDI 的软件结构

① 转换软件：可以帮助用户将原有计算机系统的文件，转换成翻译软件能够理解的平面文件，或是将从翻译软件接收来的平面文件，转换成原计算机系统中的文件。

② 翻译软件：将平面文件翻译成 EDI 标准格式，或将接收到的 EDI 标准格式翻译成平面文件。

③ 通信软件：将 EDI 标准格式的文件外层加上通信信封，再送到 EDI 系统交换中心的邮箱，或从 EDI 系统交换中心内取回接收到的文件。

④ EDI 应用软件：除了以上的 EDI 的通用软件外，每个 EDI 系统还必须开发适合自身业务的应用软件。EDI 系统应用软件功能模块主要包括用户接口模块、内部接口模块、报文生成及处理模块、格式转换模块、通信模块等，其功能结构图如图 5-4 所示。

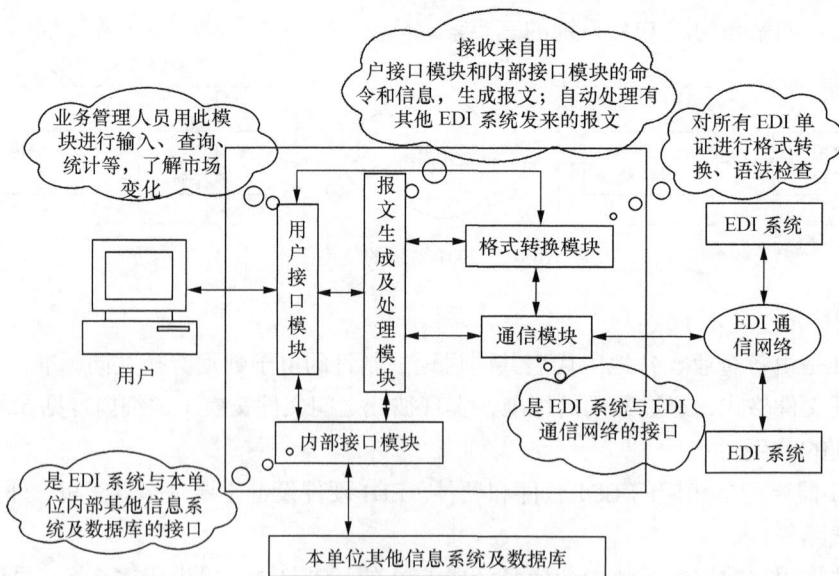

图 5-4　EDI 系统功能结构图

3. 通信网络

通信网络是实现 EDI 的手段。根据通信方式的不同，EDI 网络可以分为点对点（PTP）方式、增值网（VAN）方式以及信息处理系统（MHS）方式。

（1）点对点（PTP）方式

在这种方式中，EDI 按照约定的格式，通过通信网络进行信息的传递和终端处理，完成相互的业务交往。早期的 EDI 通信一般都采用此方式。它有许多缺点，如当 EDI 用户的贸易伙伴不再是几个而是几十个甚至几百个时，这种方式很浪费时间，需要许多次重复发送。同时这种通信方式是同步的，不适用于跨国界、跨行业之间的应用。

虽然这种点对点的方式在某些领域中仍旧在用，但近年来随着技术进步有所改进。新方法采用的是远程非集中化控制的对等结构，利用基于终端开放型网络系统的远程信息业务终端，用特定的应用程序将数据转换成 EDI 报文，实现国际的 EDI 报文互通。

（2）增值网（VAN）方式

增值数据业务（VADS）公司利用已有的计算机与通信网络设备，除完成一般的通信任务外，还增加了 EDI 的服务功能。VADS 公司提供给 EDI 用户的服务主要是租用信箱及协议转换，后者对用户是透明的。信箱的引入实现了 EDI 通信的异步性，提高了效率，降低了通信费用。另外，EDI 报文在 VADS 公司自己的系统中传递也是异步的，即存储转发的。

增值网方式尽管有许多优点，但因为各增值网的 EDI 服务功能不尽相同，增值网系统并不能互通，从而限制了跨地区、跨行业的全球性应用。同时，此方法还有一个致命的缺点，即增值网只实现了计算机网络的低层，而 EDI 通信往往发生在各种计算机的应用进程之间，这就决定了 EDI 应用进程与增值网的联系相当松散，效率很低。

（3）信息处理系统方式

信息处理系统（Message Handing System，MHS）方式是 ISO 和 ITU-T 联合提出的有关国际间电子邮件服务系统的功能模型。它建立在 OSI 开放系统的网络平台上，适应多样化的信息类型，并通过网络连接，具有快速、准确、安全、可靠等特点。它是以存储转发为基础、非实时的电子通信系统，非常适合作为 EDI 的传输系统。

MHS 为 EDI 创造一个完善的应用软件平台，减少了 EDI 设计开发上的技术难度和工作量。ITU-T X.435/F.435 规定了 EDI 信息处理系统和通信服务，把 EDI 和 MHS 作为 OSI 应用层的正式业务。EDI 与 MHS 互连，可将 EDI 报文直接放入 MHS 的电子信箱中，利用 MHS 的地址功能和文电传输服务功能，实现 EDI 报文的完善传输。

5.2.2 EDI 的工作原理

当今世界通用的 EDI 通信网络是建立在 MHS 数据通信平台上的信箱系统，其通信机制是信箱间信息的存储和转发。具体实现方法是在数据通信网上加挂大容量信息处理计算机，在计算机上建立信箱系统，通信双方需申请各自的信箱，其通信过程就是把文件传到对方的信箱中。文件交换由计算机自动完成，在发送文件时，用户只需进入自己的信箱系统。

1. 手工方式与 EDI 方式

商业领域单证传递是 EDI 的主要应用领域，将贸易单证手工传递方式与 EDI 方式进行比较，以说明 EDI 的流程和特点。

（1）手工条件下贸易单证的传递方式

如图 5-5 所示，操作人员首先使用打印机将企业数据库中存放的数据打印出来，形成贸易单证。然后通过邮件或传真的方式发给贸易伙伴。贸易伙伴收到单证后，再由录入人员手工录入数据库，以便各个部门共享。传统商业贸易在单据流通过程中，买卖双方之间重复输入的数据较多，容易产生差错，准确率低，劳动力消耗多及延时增加。在 EDI 中这些问题都将得到良好的解决。

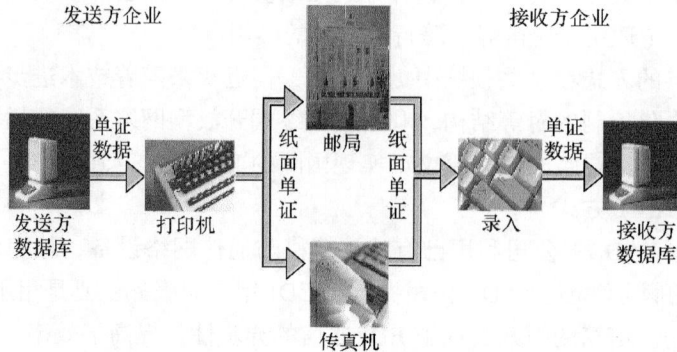

图 5-5　手工条件下贸易单证的传递方式

（2）EDI 条件下贸易单证的传递方式

如图 5-6 所示，翻译器把数据库中的数据转换成字符型的标准贸易单证，然后通过网络传递给贸易伙伴的计算机。该计算机再通过翻译器将标准贸易单证转化成本企业内部的数据格式，存入数据库，由此不难看出使用 EDI 的好处。

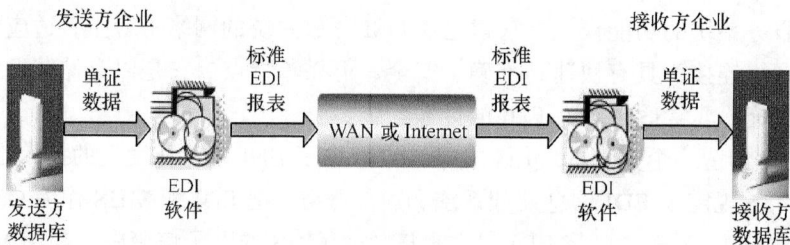

图 5-6　EDI 条件下贸易单证的传递方式

但是，因为单证是通过数字方式传递的，缺乏验证的过程。因此加强安全性、保证单证的真实可靠十分重要。

2．EDI 的工作流程

EDI 的实现过程就是用户将相关数据从自己的计算机信息系统传输到有关交易方的计算机信息系统的过程。EDI 的工作流程可以分为 3 个阶段（见图 5-7）。

① 文件的结构化和标准化处理：用户首先将原始的纸面商业和行政文件，经计算机处理，形成符合 EDI 标准的、具有标准格式的 EDI 数据文件。

② 传输和交换：用户用自己的本地计算机系统将形成的标准数据文件，经由 EDI 数据通信和交换网，传输到登录的 EDI 服务中心，继而转发到对方用户的计算机系统。

③ 文件的接收和自动处理：对方用户计算机系统收到发来的报文后，立即按照特定的程序自动进行处理。如有必要，则输出纸面文档。

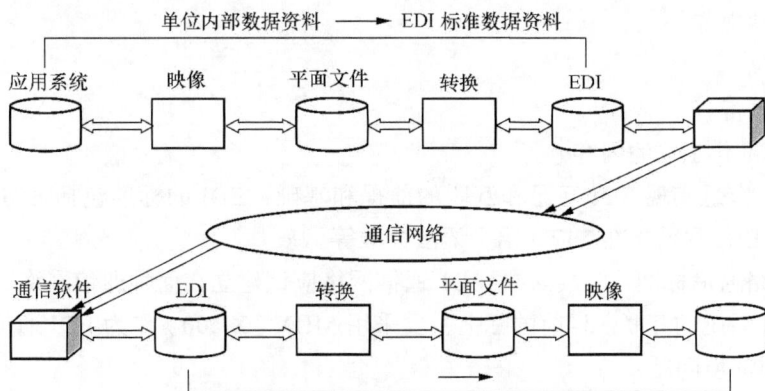

图 5-7　EDI 的工作流程图

3. 订单传输的 EDI 流程

供应链各企业进行订单发送与回复的 EDI 工作流程如下。

① 制作订单：制作订单，并以电子传输的格式存储，形成买方的数据库，同时产生一份电子订单。

② 发送订单：买方将此电子订单传输给供货商，它先存放在 EDI 交换中心上，等待来自供货商的接收指令。

③ 接收订单：供货商使用邮箱接收指令，从 EDI 交换中心自己的电子信箱中收取全部函件。

④ 签发回执：供货商在收到订单后，自动产生一份回执，经供货商确认后，发送给买方。

⑤ 接收回执：买方使用邮箱接收指令，从 EDI 交换中心自己的电子信箱中收取全部函件。

5.3

EDI 的标准体系

5.3.1　EDI 标准的基本概念

1. EDI 标准的含义

为了实现各公司计算机系统间传递贸易单证，必须保证这种贸易单证具有标准格式并能够为各公司的计算机所识别。正如语言在人类交流中的媒介作用一样，EDI 标准是实施 EDI 必不可少的，它是计算机系统之间的语言。

（1）EDI 标准的内容

EDI 以格式化的、可用计算机自动处理的方式来进行的公司间文件交换。商务上的任何数据和文件的内容，都要按照一定的格式和顺序，才能被计算机识别和处理。这些大家共同制订并遵守的格式和顺序，就是 EDI 的标准。EDI 标准主要包括以下内容。

① 语法规则。

② 数据结构定义。

③ 编辑规则与转换。

④ 公共文件规范。

⑤ 通信协议。

⑥ 计算机语言。

（2）EDI 标准化工作的内容

标准化的工作是实现 EDI 互通和互联的前提和基础，EDI 的标准包括 EDI 网络信标准、EDI 处理标准、EDI 联系标准、EDI 语义语法标准等。

① EDI 网络通信标准：是要解决 EDI 通信网络应该建立在何种通信网络协议之上，以保证各类 EDI 用户系统的互联。目前国际上主要采用 MHX（X.400）作为 EDI 通信网络协议，以解决 EDI 的支撑环境问题。

② EDI 处理标准：是要研究那些不同地域不同行业的各种 EDI 报文。相互共有的"公共元素报文"的处理标准。它与数据库、管理信息系统（如 MPRII）等接口有关。

③ EDI 联系标准：解决 EDI 用户所属的其他信息管理系统或数据库与 EDI 系统之间的接口。

④ EDI 语义语法标准：又称 EDI 报文标准，是要解决各种报文类型格式、数据元编码、字符集和语法规则以及报表生成应用程序设计语言等。

2．EDI 标准的制订原则

EDI 的标准应该遵循以下两条基本原则。

① 提供一种发送数据及接收数据的各方都可以使用的语言，这种语言所使用的语句是无二义性的。

② 这种标准不受计算机类型的影响，既适用于计算机间的数据交流，又独立于计算机之外。

3．EDI 标准三要素

① 标准报文：一份公司格式的商业单据必须转换成一份 EDI 标准报文才能进行信息交换。

② 数据元素：基本数据元素是基本信息单元，用于表示某种有特定含义的信息，相当于自然语言中的字；复合数据元素是由一组基本数据元素组成，相当于自然语言中的词。

③ 数据段：数据段是标准报文中的一个信息行，由逻辑相关的数据元素构成。

5.3.2 EDI 标准的发展

国际上 20 世纪 60 年代起就开始研究 EDI 标准。1987 年，联合国欧洲经济委员会综合了经过 10 多年实践的美国 ANSI X.12 系列标准和欧洲流行的"贸易数据交换（TDI）"标准，制订了用于行政、商业和运输的电子数据交换标准（EDIFACT）。该标准的特点，一是包含了贸易中所需的各类信息代码，适用范围较广；二是包括了报文、数据元、复合数据元、数据段、语法等，内容较完整；三是可以根据自己需要进行扩充，应用比较灵活；四是适用于各类计算机和通信网络。因此，该标准应用广泛。目前我国已等同转化为 5 项国家标准。此外，还按照 ISO 6422《联合国贸易单证样式（UNLK）》、ISO 7372《贸易数据元目录》等同制订了进出口许可证、商业发票、装箱单、装运声明、原产地证明书、单证样式和代码位置等 8 项国家标准。现在 EDIFACT 标准有 170 多项，至今在北美地区广泛应用的美国 ANSI X.12 系列标准有 110 项。因为我国 EDI 标准研究起步晚，需要制订更多的国家标准。根据我国经济发展需要，积极研究、采用 EDIFACT 标准和 ANSI X.12 系列标准。

目前的情况是，欧洲使用 EDIFACT 标准。1991 年，欧洲汽车业、化工业、电子业和石油天然气业已全部采用 EDIFACT。此外建筑、保险等行业也宣布将放弃其行业标准，转而采用 EDIFACT。ANSI X.12，X.12 已遍及北美各行业，已有 100 多个数据交易集。亚太地区主要使用 EDIFACT。

EDI 的迅猛发展，其影响已波及全球。但目前存在的 EDIFACT 和 ANSI X.12 两大标准在某种程度上制约了 EDI 全球互通的发展。例如当一个美国的公司要与它在欧洲或亚洲的子公司或贸易伙伴联系时，因双方所采用的 EDI 标准不同，就要进行复杂的技术转换。虽然绝大多数翻译软件的制造厂商都支持这两个标准，但仍会给用户或厂商造成一些不必要的麻烦。

5.3.3 EDI 标准体系的内容

EDI 标准体系是在 EDI 应用领域范围内的、具有内在联系的标准组成的科学有机整体。它由若干个分体系构成，各分体系之间又存在着相互制约、相互作用、相互依赖和相互补充的内在联系。我国根据国际标准体系和我国实际以及未来一段时期的发展情况，制订了 EDI 标准体系——《EDI 系统标准化总体规范》。该规范作为我国 EDI 标准化工作的技术指南，它把 EDI 标准体系分基础、单证、报文、代码、通信、安全、管理、应用等 8 个部分。

1. EDI 基础标准体系

基础标准体系主要由 UN/EDIFACT 的基础标准和开放式 EDI 基础标准两部分组成，是 EDI 的核心标准体系。其中，EDIFACT 有 7 项基础标准，包括 EDI 术语、EDIFACT 应用级语法规则、语法规则实施指南、报文设计指南和规则、贸易数据元目录、复合数据元目录、段目录、代码表，我国等同采用了这 7 项标准；开放式 EDI 基础标准是实现开放式 EDI 最重要、最基本的条件，包括业务、法律、通信、安全标准及信息技术方面的通用标准等。ISO/IEC JTC1 SC30 推出了《开放式 EDI 概念模型》和《开放式 EDI 参考模型》，规定了用于协调和制订现有的和未来的开放式 EDI 标准的总体框架，成为未来开放式 EDI 标准化工作的指南。随之又推出了一大批功能服务标准和业务操作标准。

2. EDI 单证标准体系

EDI 报文标准源于相关业务，而业务的过程则以单证体现。单证标准化的主要目标是统一单证中的数据元和纸面格式，内容相当广泛。其标准体系包括管理、贸易、运输、海关、银行、保险、税务、邮政等方面的单证标准。

3. EDI 报文标准体系

EDI 报文标准是每一个具体应用数据的结构化体现，所有的数据都以报文的形式传输出去或接收进来。EDI 报文标准主要体现于联合国标准报文（United Nations Standard Message，UNSM）。其 1987 年正式形成时只有十几个报文，而到 1999 年 2 月，UN/EDIFACT D.99A 版已包括 247 个报文，其中有 178 个联合国标准报文（UNSM）、50 个草案报文（Message In Development，MID）及 19 个作废报文，涉及海关、银行、保险、运输、法律、税务、统计、旅游、零售、医疗、制造业等诸多领域。

4. EDI 代码标准体系

在 EDI 传输的数据中，除了公司名称、地址、人名和一些自由文本内容外，几乎大部分数据都以代码形式发出。为使交换各方便于理解收到信息的内容，便以代码形式把传输数据固定下来。代码标准是 EDI 实现过程中不可缺少的一个组成部分。EDI 代码标准体系包括管理、贸易、运输、海关、银行、保险、检验等方面的代码标准。

5. EDI 通信标准体系

计算机网络通信是 EDI 得以实现的必备条件，EDI 通信标准则是顺利传输以 EDI 方式发送或接收的数据的基本保证。EDI 通信标准体系包括 ITU 的 X.25、X.200/ISO 7498、X.400 系列/ISO 10021、X.500 系列等，其中 X.400 系列/ISO 10021 标准是一套关于电子邮政的国际标准。虽然这套标准，ISO 称为 MOTIS，ITU 称为 MHS，但其技术内容是兼容的，它们和 EDI 有着更为密切的关系。

6. EDI 安全标准体系

因为经 EDI 传输的数据会涉及商业秘密、金额、订货数量等内容，为防止数据的篡改、遗失，必须通过一系列安全保密的规范给以保证。EDI 安全标准体系包括 EDI 安全规范、电子签名规范、电文认证规范、密钥管理规范、X.435 安全服务、X.509 鉴别框架体系等。为制订 EDIFACT 安全标准，联合国于 1991 年成立了 UN/EDIFACT 安全联合工作组，进行相关标准的制订。

7. EDI 管理标准体系

EDI 管理标准体系主要涉及 EDI 标准维护的有关评审指南和规则，包括标准技术评审导则、标准报文与目录文件编制规则、目录维护规则、报文维护规则、技术评审单格式、目录及代码编制原则、EDIFACT 标准版本号与发布号编制原则等。

8. EDI 应用标准体系

EDI 应用标准体系主要指在应用过程中用到的字符集标准及其他相关标准，包括：信息交换用 7 位编码字符集及其扩充方法；信息交换用汉字编码字符集；通用多八位编码字符集；信息交换用汉字编码字符集辅 2 集、4 集等。

EDI 标准体系的框架结构并非一成不变，它将随着 EDI 技术的发展和 EDI 国际标准的不断完善而将不断地进行更新和充实。

5.3.4　EDI 的国际标准

根据 EDI 标准制订和应用范围的不同，EDI 的标准有 4 种：企业专用标准、行业标准、国家标准和国际标准。

90 年代是各国寻求实现一个世界范围内的 EDI 标准的时代。如果能有一种全球范围内的标准，其好处是十分明显的。EDI 用户用不着支持多种标准，便能进行国际间的电子数据交换。目前，世界上通用 EDI 标准有两个：一个是由美国国家标准局（ANSI）主持制订的 X.12 数据通信标准。它主要在北美使用；另一个标准是 EDIFACT（EDIfor Administration，Commerce and Transportation），最早在西欧使用。近年来，联合国鉴于 EDI 有助于推动国际贸易程序与文件的简化，经有关标准化组织的工作，EDIFACT 已被作为事实上的 EDI 国际标准。现在，ANSI X.12 和 EDIFACT 已经被合并成为一套世界通用的 EDI 标准，可以使现行 EDI 客户的应用系统能够有效地移植过来。

1. ANSI X.12 标准

1978 年，美国信用研究基金会（American Credit Research Foundation，ACRF）与运输数据协调委员会（Transportation Data Coordinating Committee，TDCC）一起，组成 ANSI X.12，致力于 EDI 的报文和数据交换的标准研究。已经制订了 AIAG（汽车行业集团）、UCS（食品杂货类）等应用 EDI 标准。且已由几十个行业协会、政府部门参加了 X.12 组织的标准化工作。该标准已经在北美地区被广泛使用，成为通用成熟产品。

2. EDIFACT 标准

EDIFACT 是在 UN/ECEGTDI（联合国欧洲经济委员会主办的贸易数据交换规则）基础上由北美和欧洲专家开发的国际 EDI 标准。1986 年经 UN/ECE/WP.4 批准使用 EDIFACT 名字。

UN/EDIFACT 是国际 EDI 的主流标准，当今 EDI 国际标准主要就是指 UN/EDIFACT 标准和 ISO 标准。UN/EDIFACT 标准是由联合国欧洲经济委员会（UN/ECE）制订并发布的，而 ISO 标准由国际标准化组织制订并发布。而且这两个组织已形成了良好的默契，UN/EDIFACT 标准中的一部分已经纳入 ISO 标准中，UN/EDIFACT 的很多标准都涉及 ISO 标准的应用。UN/EDIFACT 标准比较偏重当前的应用，而 ISO 的一些标准和研究结果则侧重未来的发展，如图 5-8 所示。

目前国际上存在两大标准体系

UN / EDIFAC T 标准	流行于欧洲、亚洲的，由联合国欧洲经济委员会（UN/ECE）制订
ANSIX 12 标准	流行于北美的，由美国国家标准化委员会 ANSI 制订

UN/EDIFACT 与 ANSI X.12 比较

	UNEDI/FACT	ANSI X.12
默认控制符	有	无
指定控制符	UNA	ISA
数据段终止符	单引号	<LF>或<NL>
数据元素分隔符	+	*
成分数据元素分隔符	:	无
小数点	，或 &	&

图 5-8　EDI 国际标准

早在 20 世纪 60 年代初，UN/ECE/WP.4 在贸发会的领导下，成立了两个专家工作组 GE1 和 GE2，分别负责 UN/EDIFACT 标准开发和处理贸易程序及单证问题。20 世纪 70 年代初期该工作组推荐了供世界范围使用的《联合国贸易单证样式》，并相继产生了一系列标准代码，即国际贸易术语解释通则（International Commercial，INCOTERM）代码等，为数据交换提供了重要的规则，为 EDI 标准的建立奠定了基础。1981 年 UN/ECE/WP.4 将推出的贸易数据交换指南（GTD1）和 ANSI X.12 标准一致起来，对统一制订 EDI 标准进行了协调，制订了联合国贸易数据交换用于行政、商业、运输的标准，并于 1986 年正式命名为 UN/EDIFACT。EDIFACT 由一整套用于 EDI 的国际公认的标准、规则和指南组成，其公布得到了包括美国在内的世界各国的支持，美国也逐步地从 ANSI X.12 标准过渡到使用 EDIFACT。EDIFACT 的产生为电子报文取代传统的纸面单证奠定了基础，从而使得跨行业、跨国界的 EDI 应用成为可能。

EDIFACT 标准是由一系列国际认可的用于电子数据交换的标准、规则和指南组成 EDIFACT 标准主要包括下列文件。

① EDIFACT 语法规则（ISO 9735）。

② 报文设计指南（MDG）。

③ 语法应用指南。

④ 数据元目录（EDED）。

⑤ 代码表（EDCL）。

⑥ 复合数据元目录（EDCD）。

⑦ 段目录（EDSD）。

⑧ 标准报文格式（EDMD）。

⑨ 贸易数据交换格式构成总览（UNCID）。

⑩ 适当的说明解释。

5.3.5 我国的 EDI 标准

EDIFACT 概念在 1990 年首次引入我国后，立即受到国内有关部门的高度重视，并将其列为我国"八五"计划的关键性应用推广项目。中国促进 EDI 应用协调小组（中国 EDIFACT 委员会的前身）1991 年由国务院电子信息系统推广应用办公室牵头成立，并由当时的国家技术监督局外经贸部、海关、银行、保险、交通运输等单位的主管业务领导组成。同年，我国以中国 EDIFACT 委员会（CEC）的名义首次参加了亚洲 EDIFACT 理事会（ASEB），并成为 ASEB 的正式成员国。

中国 EDIFACT 委员会自成立以后，确定了我国 EDI 应用的发展目标，并成立了相应的工作组组织开展相应领域的 EDI 研究工作。目前，CEC 的成员单位已达 17 个，各部门、各地区根据需要也设立了 EDI 的组织协调机构（如 EDI 分会或领导小组）来负责本部门或当地 EDI 发展的统筹规划管理工作。

我国 EDI 标准化组织建设工作主要是针对 UN/ECE 和 ISO/IEC 两大组织的情况并结合我国国情开展的，通过开展 UN/EDIFACT 和 ISO/IEC 相关标准的引进、本地化、EDI 标准的维护机制建设，结合我国国情开发出自己的报文标准。CEC 下属的技术评估工作组（TAG）已经先后将 EDIFACT 基础标准转化为国家标准，主要标准如下。

（1）GB/T 14925《电子数据交换术语》

该标准参照采用 UN/EDIFACT 的贸易数据交换目录（UNTDID）的术语部分。

（2）GB/T 14805《用于行政、商业和运输业电子数据交换的应用级语法规则》

该标准等同采用 ISO 9735-1992《用于行政、商业和运输业电子数据交换的应用级语法规则》，该标准是 EDI 数据传输和 EDI 报文设计必须遵守的基本规则，它规定了交换所用的字符集和语法级以及把数据组成段、报文、交换的规则。

（3）GB/T 16703《用于行政、商业和运输业电子数据交换的话法实施指南》

该标准等效采用 UN/EDIFACT《用于行政、商业和运输业电子数据交换的语法实施指南》，主要为 EDI 用户实施 GB/T 14805 提供帮助，而且通过一些实例来扩展 GB/T 14805 中的某些规则。因此，它相当于是 GB/T 14805 的实施细则。

（4）GB/T 15947《用于行政、商业和运输业电子数据交换的报文设计指南与规则》

该标准等效采用 UN/EDIFACT《用于行政、商业和运输业电子数据交换的报文设计指南与规则》。该标准中的"指南"部分是为报文设计的过程和概念提供进一步的说明和补充，供报文设计者参考；该标准中的"规则"是报文设计时必须遵守的内容，也是判别报文设计是否符合标准的依据。

5.4

EDI 在物流中的应用

5.4.1　EDI 在物流中的应用优势

物流 EDI 系统的主要功能是提供报文转换，企业应用 EDI 一般有 3 种不同的目的：数据传输、改善作业、企业再造。对于不同的目的，EDI 的功能、所需的人力、时间与成本是不一致的，见表 5-1。

表 5-1　　　　　　　　　　　　　　　企业应用 EDI 的目的

目的	数据传输	改善作业	企业再造
功能	维持订单、减少人工输入、降低错误	与业务系统集成、缩短作业时间、发现错误、提高传输可靠性	提高企业竞争力
参与人员	作业人员	业务主管	决策主管
初期成本	小	较小	
引入时间	1 个月	2~4 个月	1 年
条件	计算机	管理信息系统	管理信息系统
实现方式	多引入频繁发生且各不相同的业务单据	引入相关业务单据，并与自身系统集成	借 EDI 的引入完成企业流程再造

物流 EDI 的优点在于：供应链组成各方基于标准化的信息格式和处理方法，通过 EDI 共同分享信息、提高流通效率、降低物流成本。主要表现如下。

（1）节省时间和资金，提高工作效率和竞争力

在全球范围内发送一份电子单证最快只需几秒钟，发票能在更短的时间内投递，数据能立即进行处理。采用 EDI 之后，订购、制造和货运之间的周期被大大缩短，减少了库存开销。EDI 意味着更准确的数据，实现了数据标准化及计算机自动识别和处理，消除了人工干预和错误，减少了人工和纸张费用。

（2）改善对客户的服务

EDI 也是一种改善对客户服务的手段，它巩固了 EDI 贸易伙伴之间的市场和分销关系，提高了办事效率，加快了对客户需求的反应

（3）消除纸面作业和重复劳动

经济的增长带来了各种贸易单证、文件数量的激增。此外，在各类单证中有相当大的一部分数据是重复出现的，需要反复地录入。同时，重复录入浪费人力、浪费时间、降低效率。

（4）扩展了客户群

零售商都要求他们的供应商采用 EDI，当他们评估选择一种新的产品或一个新的供应商时，其做 EDI 的能力是一个重要因素。因为 EDI 的应用领域很广，一个具有 EDI 实施能力的公司无

疑会扩大其客户群，引来更多的商机。

5.4.2 EDI 在物流中的应用模式

根据 EDI 的应用范围和集成度，主要分为 3 类：其一，行业应用模式，如"海关 EDI 通关系统"、"国际集装箱运输 EDI 示范工程"等，在这里即指物流行业应用模式；其二，EDI 中心模式，如上海市 EDI 中心，南昌港口 EDI 中心等；其三，China EDI 模式，由邮电通信网为支撑提供 EDI 增值服务。

1. EDI 行业应用模式

应用 EDI 系统后，要把贸易双方在处理过程中的所有纸面单证由 EDI 通信网来传输，并由计算机自动完成全部（或大部分）处理过程。具体为：企业收到一份 EDI 订单，则系统自动处理该订单，检查订单是否符合要求；然后通知企业内部管理系统安排生产；向零配件供销商订购零配件等；有关部门申请进出口许可证；通知银行并给订货方开出 EDI 发票；向保险公司申请保险单等。

这将使整个物流信息活动过程在最短时间内准确地完成。可以很直观地看到一个真正的 EDI 系统是将订单、发货、报关、商检和银行结算合成一体，从而大大加速了贸易的全过程。以上应用模式中 EDI 主要应用在物流行业，这种模式非常适合应用于供应链或大型第三方或第四方物流中。

2. EDI 中心模式

EDI 中心模式一般与具体应用相结合，如港口的进出口业务、通关业务、电子保单业务等，通过 EDI 中心将相关单位和部门的内部信息系统联系起来，进行相关报文的处理和传输。EDI 中心一般由以下 4 个部分组成。

① 公用 EDI 服务手段：支持 EDIFACT 报文的翻译、验证、核查跟踪等功能。

② 通信接口：中心提供多种存取方式的接口。

③ 公共业务服务：用户委托的 EDI 业务，用户可以通过 FAX、柜台服务，进行现有纸面单证的 EDI 处理。

④ EDI 最终用户系统：提供最终用户系统的 EDI 应用系统解决方案。

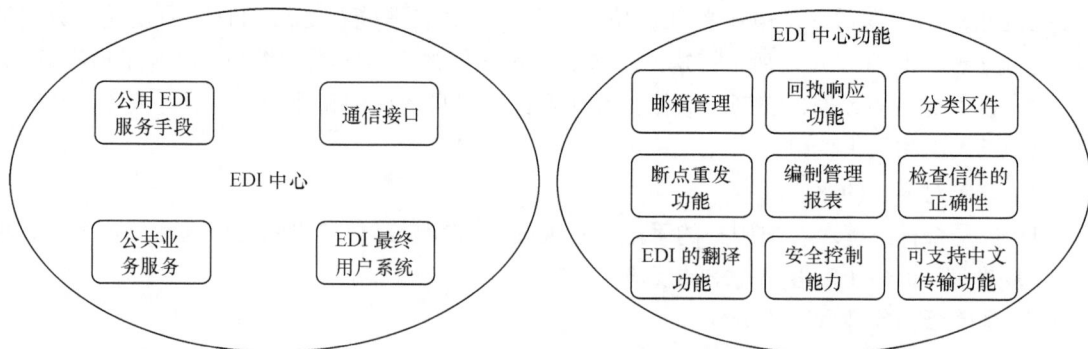

图 5-9　EDI 中心的组成与功能

EDI 中心的功能一般包括下列内容。

① 邮箱管理：信件的收发管理，信件的分送管理等。

② 回执响应功能：返回信件被收件人收取，或未在制定时间内取走等回应通知。

③ 分类区件：由使用者选择，可依照信件的种类及送件人的地址等分类方式取件。

④ 断点重发功能：用户可以重复操作能力。

⑤ 编制管理报表：如送件人清单、收件清单及回执清单等。客户的基本信息管理及客户关系管理。

⑥ 提供信息增值服务等。

3. China EDI 模式

这种模式下，EDI 运营商往往是国家的大型通信公司或网络公司，在其核心业务外提供诸如 EDI 等增值业务。物流企业也可以采用这种模式实现 EDI 技术。这种模式的特点是综合了各个行业，其 EDI 服务功能大而全，企业选择这种模式在可靠性安全性方面都比较强。但可能出现的问题是其提供的功能不一定适用于企业的自身情况，应用上很不灵活。

5.4.3　EDI 在供应链中的应用

供应链的协调运行建立在各个节点企业高质量的信息传递与共享的基础之上。因此，有效的供应链管理离不开信息技术系统提供可靠的支持。为了实现企业的目标，必须进行信息的不断传递。一方面进行纵向的上下信息传递，把不同层次的经济行为协调起来；另一方面进行横向的信息传递，把各部门、各岗位的经济行为协调起来，通过信息技术处理人、财、物和产、供、销之间的复杂关系。因此，企业面临信息的集成问题。供应链作为一种"扩展"的企业，其信息流动和获取方式不同于单个企业。在一个由网络信息系统组成的信息社会里，各种各样的企业在发展的过程中相互依赖，形成了一个"生物化企业环境"，供应链就是这样的"生态系统"中的"食物链"。企业通过网络从内外两个信息源中收集和传播信息，捕捉最能创造价值的经营方式、技术和方法，创建网络化的企业运作模式。

EDI 也是各个分散的物流信息系统连接的"接口"，将 EDI 和企业的信息系统集成起来能显著提高企业的经营管理水平。企业利用 EDI 技术向供应商订购原材料，在企业内部，信息系统（如订单处理、材料需求计划和生产计划）将搜集、处理相关信息，并确定原材料的需要量，然后由 EDI 系统转换成标准信息传输给供货商，而供货商的 EDI 系统将收到的标准信息转换成内部 IT 系统能识别的信息模式，再将其传输给财务、仓库和代销等有关部门。

1. EDI 在生产企业的应用

相对于物流公司而言，生产企业与其交易伙伴间的商业行为大致可分为接单、出货、催款及收款作业，其间往来的单据包括采购进货单、出货单、催款对账单及付款凭证等。

① 生产企业引入 EDI，在数据传输可选择低成本的方式引入采购进货单，接收客户传来的 EDI 订购单报文，将其转换成企业内部的订单形式。

② 生产企业应用 EDI 可改善作业，同客户合作，依次引入采购进货单、出货单及催款对账单，并与企业内部的信息系统集成，逐渐改善接单、出货、对账及收款作业。

2. EDI 在批发商中的应用

批发商因其交易特性，其相关业务包括向客户提供产品以及向厂商采购商品。

① 批发商如果是为了数据传输而引入 EDI，可选择低成本方式。

② 批发商若为改善作业流程而引入 EDI，可逐步引入各项单证，并与企业内部信息系统集成，改善接单、出货、催款的作业流程，或改善订购、验收、对账、付款的作业流程。

3. EDI 在系统运输业务中的应用

运输企业以其强大的运输工具和遍布各地的营业点在流通业中扮演了重要的角色。

① 运输企业若为数据传输而引入 EDI，可选择低成本方式。先引入托运单，接收托运人传来的 EDI 托运单报文，将其转换成企业内部的托运单格式。

② 运输企业若引入 EDI 是为改善作业流程，可逐步引入各项单证，且与企业内部信息系统集成。进一步改善托运、收货、送货、回报、对账、收款等作业流程。

5.4.4 EDI 在港口物流中的应用

1. 港口物流的特点

港口作为全球综合运输网络的节点，其功能范围也在不断拓宽。港口在发展现代物流中，扮演着越来越重要的角色。现代化港口既是货物海陆联运的枢纽，又是国际商品存储、集散的分拨中心、集物流服务中心、商务中心、信息服务中心和人员服务中心为一体。新时期的港口物流呈现出以下一些新特点。

① 大物流：经济一体化促使港口物流必须向国际化、规模化、系统化发展，港口物流产业内部通过联合规划与作业形成高度整合的供应链通道关系。

② 一体化：依托港口附近的物流园区开展一体化的物流服务，提供货物在港口、海运及其他运输过程中的最佳物流解决方案，包括腹地运输、报关、报验、包装、库存管理、提供金融、保险方面整合服务。

③ 虚拟链：港口物流必须是建立在港口物流信息平台的基础上的高效虚拟供应链，供应链的任何一环都能达到资源、信息共享，实现总体功能最优化的物流服务目标，依托虚拟链形成覆盖全球的虚拟港。

港口作为整个运输链中最大量货物的集结点，汇聚着内陆运输、水路运输等大量的货物，港口已经成为一个重要的信息中心，汇集了大量的货源信息、技术信息、服务信息；港口同时又是国际贸易的重要的服务基地和货流分拨配送中心。很显然，传统的港口单靠手工作业已远远不能满足港口信息化的发展，也满足不了港口在物流重要性的技术要求。主要问题大都体现在以下几个方面：数据处理越来越多，港口各部门之间的数据不能共享，供应商、港口、采购商信息传递慢，政府部门之间统计数据难度大等。

2. 基于 EDI 的港口物流

在港口中运用 EDI，各关系方都能得到各自的收益。这里将这些部门划分为运输部门、协调部门、金融部门和行政部门。

（1）运输部门应用 EDI 的收益

运输部门主要包括托运方、收货方、承运公司（铁路、内河、公路）、装卸公司、集装箱联运人、班轮公司等。这些部门实际承担货物运输，有关业务有理货、装船及卸货，集装箱船运输以及货物的内陆、内河运输或铁路运输等。

运输部门的运作依赖于和运输各有关部门之间的信息交换。EDI 作为便利信息交换的一种新技术给运输部门带来了以下利益。

① 提高通信速度：提高运输速度是运输部门的重要职责，不必要的延误应尽可能消除，因为内陆运输方要一直等到拿到单据后才能装卸车辆，而码头则必须等到海关处理好一堆文件后才能让船舶启航，因此通过应用 EDI 技术可提高有关部门文件的通信速度，使得运输各方大大

降低等待成本，从而提高了竞争地位。

② 减少文件处理费用：使用 EDI 技术后，因为减少了重复数据输入，数据输入错误也相应减少，因此有关运输的信息可以更加完整和可靠，同时也可减少文件处理费用。

③ 更好的供应链管理：对运输部门来说，应用 EDI 所带来的更重要的收益是可以事先对运输活动做出计划，及时准确的信息交换可以便运输部门尽可能对运输活动作出科学合理的安排，临时安排的减少也使费用得以减少。例如，在船舶到达以前，码头可以准确地知道装卸货物的品种和数量，从而可以对装卸操作做出安排，并保证不出现货物的溢装或缺装现象。

④ 提高存货效率：与周密合理的计划紧密相联的是可以减少库存，在大多数情况下，EDI 的引入所引起的实际运输过程的再设计能够优化库存管理。

⑤ 更好的顾客服务：跟踪服务应用 EDI 可以使运输部门即使为顾客提供有关部门货物运输的各种信息，如所在位置、运输时间等，大大方便了顾客，并进一步增强了运输部门的竞争实力。

（2）协调部门应用 EDI 的效益

协调机构包括货代，船代和船舶经纪人。安排运输及其相关的单据流转是一个复杂的过程，因此需要专业化的部门来协调。这些部门从托运人和收货人那里得到运输指示，安排集装箱订船或订舱，把信息传递给其他方面，安排保险和付款，并通知运输部门。协调部门工作的实质是协调和处理运输各相关方之间的信息的交换，EDI 给协调者带来许多效益，具体表现如下。

① 拓展业务范围：通过使用 EDI，他们将可以在信息提供方面满足运输部门的新的需求。他们将尽量利用 EDI 来提高或扩展他们的实际功能和服务，如提供咨询、预付税款和通信服务，由此市场将变得越来越大和广阔。

② 降低文件处理费用：因为协调部门工作重心是处理信息，因此使用 EDI 可以大大减少文件处理费用。

③ 提高顾客服务质量：因为使用 EDI，可以为顾客提供更多的服务、并提高服务速度，因此对协调部门来说，EDI 能帮助提高顾客服务质量是显而易见的。

④ 改进内部管理：相对其他机构而言，协调部门在运输活动的协调管理方面将花费大量的精力。通过使用 EDI 可以减少工作量，从而将更多的时间花在改进内部管理方面。

⑤ 获取竞争性利益：通过减少管理工作负荷，可开展新的业务和服务，从而提高竞争优势。

（3）金融部门应用 EDI 的效益

金融部门主要包括银行、保险公司等，金融机构负责和运输过程相应的资金流动，银行的作用是管理公司间资金利财产的转移。除此之外，银行还提供信用证和安排国际金融交易，保险公司主要负责为货物运输活动提供保险服务。EDI 为金融部门带来的效益主要体现在改进顾客服务质量，拓展新的业务进而获得竞争优势等方面。

（4）行政部门应用 EDI 的效益

行政部门包括海关、港务当局、商会、中央统计局、税务办公室政府部门、环境办公室等，这些部门为保证运输活动能符合有关部门规定，必须从其他部门获取必要信息。EDI 的应用为这些部门带来的收益主要体现在更好的顾客服务，改进内部组织管理、提高安全性等方面。

本 章 小 结

EDI 于 20 世纪 60 年代萌芽，初期的应用主要是在加速企业间商业资料的传输，如报价、采购订单、载运货单、发票及收据等。到 20 世纪 80 年代中期，EDI 技术被广泛运用到其他行业。通过 EDI，可以快速获得信息，提供更好的服务，减少纸面作业，更好地沟通和通信，提高生产率，降低成本，而且能为企业提供战略性的好处，如改善运作，改善与客户的关系，提高对客户的响应，缩短事务处理周期，减少订货周期，减少订货周期中的不确定性，增强企业的国际竞争力等。

EDI 系统由数据标准、软硬件、通信网络组成，数据标准是 EDI 的核心组成部分，标准化的工作是实现 EDI 互通和互联的前提和基础。EDI 的标准包括 EDI 网络通信标准、EDI 处理标准、EDI 联系标准和 EDI 语义语法标准等。为促进 EDI 的发展，世界各国都在不遗余力地促进 EDI 标准的国际化，以求最大限度地发挥 EDI 的作用。目前，在 EDI 标准上，国际上最有名的是联合国欧洲经济委员会 EDIFACT 标准。EDIFACT 已被国际标准化组织 ISO 接收为国际标准，编号为 ISO 9735。同时还有广泛应用于北美地区的，由美国国家标准化协会鉴定委员会于1985 年制订的 ANSI X.12 标准。

EDI 的兴起标志着一场全新的、全球性的商业革命的开始，EDI 是物流信息化的有力工具、EDI 不仅为改善改造物流流程的一种信息技术，而且是物流企业用以提升竞争力、生产力及创造内外物流环境优势的一项策略。但我国在发展 EDI 的过程中还存在不少问题，突出表现在：没有一个非营利性组织能够从国家科技发展的整体利益出发,进行行业和部门之间的有效协调，另外应用的范围也多集中在海关等领域。物流 EDI 技术的一个显著特点是涉及面广，包括运输公司、铁路、海关、经贸系统、港口、物流经纪人和银行等诸多部门，只有进行统一规划、整体协调，才能充分发挥 EDI 的整体效益。

综合实训：典型 EDI 中心的比较

【实训目的】

通过登录操作国内典型 EDI 中心网站，了解 EDI 中心的组成和功能，掌握平面文件、映象文件、报文格式等的具体形式和作用。通过网络搜索方式对我国港口 EDI 中心的应用现状和发展情况。

【实训内容】

（1）上网了解我国港口 EDI 中心的现状和发展。

（2）访问至少 3 个国内 EDI 中心进行功能和特点的比较。

【实训方法】

参考以下网站和 EDI 中心。

中国 EDI 门户网：http://www.edieai.com

EDI 知识库：http://www.b2beai.com

EDI 基本内容网站：http://www.edifacts.com.cn

宁波港口 EDI 中心：http://www.npedi.com/edi/ediweb/index.jsp

厦门空港 EDI 中心：http://www.xmairedi.com.cn

秦皇岛 EDI 中心 ：http://www.qhdportedi.com/loginAction.do?command=index

【实训要求】

（1）通过企业访问或网络查找等方式了解港口 EDI 中心的现状。

（2）访问典型的 EDI 中心，简介其功能、流程、报文格式等主要内容。

（3）对 3 个国内 EDI 中心的功能、特点进行比较。

课 后 习 题

一、填空题

1. EDI（　　）构成 EDI 系统的三要素。

2. 构成 EDI 软件系统的软件按其所实现的功能可分为：用户接口模块、内部接口模块 、报文生成及处理模块、（　　）和通信模块共 5 个模块。

3. EDI 标准的发展分为以下几个阶段：专业标准阶段、产业标准阶段、（　　）、国际标准阶段。

4. EDI 的应用始于 20 世纪 60 年代末，最先在美国的（　　）使用。

5. 根据功能，EDI 可以分为 4 大类：（　　）、电子金融汇兑系统、交互式应答系统和带有图形资料自动传输的 EDI。

6. EDI 系统中常用的软件包括：转换软件、（　　）和通信软件。

7. EDI 有两大标准体系，我国采用的是（　　）标准。

二、选择题

1. EDI 网络传输的数据是（　　）。

    A. 自由文件   B. 平面文件

    C. 用户端格式   D. EDI 标准报文

2. 组成 EDI 系统的是 EDI 客户端系统和（　　）。

    A. EDI 传输系统   B. EDI 交换平台

    C. 计算机通信网络   D. EDI 应用系统

3. EDI 是（　　）之间的数据传输。

    A. 计算机应用系统   B. 应用系统与个人

    C. 个人与应用系统   D. 个人

4. EDI 转换软件的主要功能是帮助用户将原有计算机系统的文件转换成（　　）及其逆转换。

    A. EDI 标准格式   B. EDI 报文

    C. 平面文件   D. 文本文件

5. 在下列各选项中，EDI 不能执行的功能是（　　　　）。

   A. 格式转换功能　　　　　　　　　　B. 翻译功能

   C. 通信功能　　　　　　　　　　　　D. 编辑功能

6. 下面关于 EDI 的说法，（　　　　）最准确。

   A. EDI 是一种采用计算机通过数据通信网络将标准化文件，在通信双方之间进行自动
      交换和处理的工作方式

   B. EDI 和 E-mail 都是通信双方通过网络进行的信息传递方法，两者的本质相同

   C. EDI 就是无纸贸易

   D. 以上说法都不对

7. EDI 软件包括转换软件、翻译软件、（　　　　）。

   A. 调制解调器　　　　　　　　　　　B. 通信软件

   C. 杀毒软件　　　　　　　　　　　　D. 通信网络

8. 物流 EDI 的参与对象包括（　　　　）。

   A. 有货主和承运业主　　　　　　　　B. 交通运输企业

   C. 物流协助和相关单位　　　　　　　D. 以上全包括

9. EDI 的 3 个构成要素中不包含（　　　　）。

   A. 管理流程　　　　　　　　　　　　B. 数据标准化

   C. EDI 软件及硬件　　　　　　　　　D. 通信网络

三、名词解释

1. EDI

2. 平面文件

3. 数据元

4. EDIFACT

四、简答题

1. 简述 EDI 的特点。

2. 阐述 EDI 的工作流程。

3. 说明 EDI 在物流中的应用。

4. 简述 UN/EDIFACT 标准

5. 简述 EDI 的单证处理过程

▶▶| 案例分析 |◀◀

宁波港口 EDI 中心简介

宁波港口 EDI 中心始建于 1995 年，是国家"九五"重点科技攻关项目《国际集装箱运输电子信息传输和运作系统及示范工程》的示范单位之一，EDI 中心的建成为宁波口岸的港口码头、船公司船代、集疏运场站、理货、货主及代理和监管职能部门提供了高效、便利、快捷、准确、经济的电子数据交换服务。经过多年的推广应用，EDI 应用覆盖了宁波口岸多个物流节点，网站查询、一站式服务和报文传输这三大主要服务内容也得到充分的实践。

宁波港口 EDI 中心是宁波港口物流信息化建设的重要组成部分，有效地改善了宁波口岸集装箱运作环境。

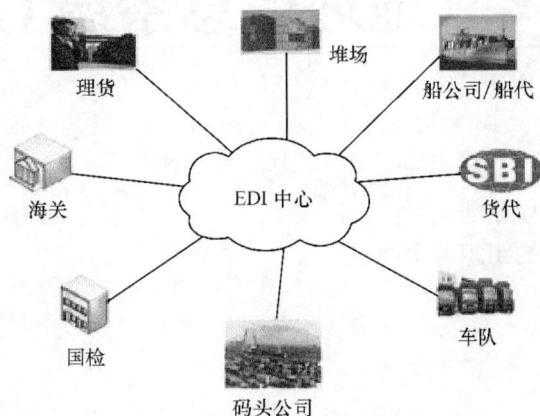

2006 年 8 月，宁波港口 EDI 中心完成了对数据交换平台和应用系统的全面升级，新系统采用全国首创的"M+1+N"报文转换模式。该模式的创建，使得 EDI 中心无论在报文处理能力上，还是在提升增值服务能力上都有了根本性的提高。另外，宁波港口 EDI 中心利用这次升级机会，还实现了统一用户认证和单点登录技术，极大地改善了用户访问网站和各业务系统的友好体验。此次升级项目，荣获了 2007 年 11 月 11~12 日在北京颁发的首届中国港口协会科学技术奖二等奖。

宁波港口 EDI 中心还开发和实施了集装箱智能闸口系统、CFS 系统以及车队管理系统等。智能闸口系统实现了码头闸口所有进出场作业的实时控制和管理，使闸口管理由人工方式转为"无人"自动化方式的革命性变化。CFS 系统以及车队管理系统分别为集装箱场站企业和集卡车队企业的信息化综合管理提供了一套整体的解决方案。系统的成功实施促进了相关企业运营效率的提高和对外服务水平的提升，从而有效增强了口岸综合竞争力。

随着港口物流的快速发展，宁波港已从传统物流转变成为现代物流。宁波港口 EDI 中心作为宁波港信息通信有限公司的事业部，不断提升和完善中心的各项服务和功能，在"智慧港口、精彩信通"企业精神的倡导下，全面推进"81890"统一服务平台，并积极参与到港口现代物流系统的建设，为加快企业转型升级、提升发展水平、打造国际物流港口做出重要的贡献。

——来源：宁波港口 EDI 中心网站

根据案例回答问题。

（1）港口 EDI 中心有哪些功能？

（2）宁波港口 EDI 中心有哪些功能和特点（与其他 EDI 中心相比）？

第6章 地理信息系统 GIS

本章主要内容

本章学习方略

本章重点内容
- GIS 的功能
- GIS 的组成原理

本章难点内容
- GIS 空间数据的组织与结构
- GIS 空间数据的管理

案例引入

海尔集团利用 GIS 大力降低服务成本

海尔的服务质量有目共睹，但是这并不意味着它们为高质量要付出很高的成本。那么，它们怎么有效控制成本呢？服务成本在哪里？

海尔集团的顾客服务实行网上派工制，电话中心收到客户信息后，利用全国联网的派工系统在 5 分钟之内将信息同步派送到离用户距离最近的专业维修服务网点。在海尔的服务管理中，用户报修的流程是这样的：首先，用户打电话报修，之后登记用户信息，关键是用户所处的位置；然后工作人员手工选择离该用户最近的维修网点，手工网上分派任务，之后维修工程师上门服务。

乍一看，流程非常完美。但仔细看却有不少漏洞。在登记用户信息时，接线员可能对该地址一点都不熟悉，她怎样才能快速、准确地定位用户的位置呢？而在手工选择离该用户最近维修网点的环节，该接线员又怎样知道哪个网点离报修地点最近？海尔为上门维修的服务商按照距离配发津贴，而怎么确定距离？凭服务商报，是不是会有很大的漏洞？

手工堵漏洞效果不好，这些漏洞用常规手段解决很困难。刚开始，海尔使用的是人海＋人脑的战术。先记住各个城市网点的分布情况，然后根据用户提供的信息，将维修任务派送到业务员认为最近的网点。之后，业务员使用纸质地图量出用户点至维修网点的大概距离进行费用结算。纸质地图本身就存在较大的测量误差，同时，当手工量出 15 千米时，会有服务商说量的路是直的，而实际路是弯的，要求多加 5 千米。维修费就这样溜出去了。

这种通过手工方法得到的信息，在准确性、正确性和详细程度上都有很大问题。而人海战术直接带来的是成本的上升。

纳入 GIS 全自动堵漏，2006 年，海尔引入了由中科院旗下的超图公司的 SuperMap GIS 地理信息系统的空间分析功能，在售后服务系统中增加了地理信息处理能力。GIS 系统包含了全国所有的县级道路网和 200 个城市的详细道路信息，还记录了全国 100 多万条地址信息。在如此海量的地理信息基础上，售后服务系统可以在很短时间内计算出距离用户最近的网点，以及网点到用户家的详细路径描述和距离，并及时将这些信息派送到最合理的服务网点。

应用 GIS 之后，海尔的售后服务流程变为这样：用户打电话报修，之后接线员登记用户信息，关键是位置信息。接线员记录后，系统自动匹配用户地址，计算出距离用户最近的网点，之后自动将维修信息派送到网点，网点维修工程师再上门服务。整个地址匹配和服务商挑选工作由系统自动完成，无需手工操作，堵住了服务漏洞。而同时，系统的快速也远不是手工能比的，以前要花几十秒甚至几分钟翻信息，现在系统自己匹配，每次处理的时间缩短到 0.1 秒以内，大大提高了客服部门的效率。在 GIS 系统的支持下，海尔客服部门现在每天可以处理 10 万次左右的服务请求，得以满足全国用户的需求。

——来源：2007 年中国地理信息系统（GIS）研究咨询报告（第二版）

在物流活动中，货物从发货方到接收方的整个运动过程都对地理空间信息有着极大的依赖性。具体表现在及时跟踪和掌握货物的状态信息、合理规划利用货物集散地、充分有效地调配运输工具、快速准确地制订配送路线等方面。GIS 能够对地理空间信息加以获取、存储、分析和处理，具有强大的空间数据管理能力。GIS 的这一特点决定了它是一种最适合与物流管理进行系统集成的技术。两者的结合将能最大限度地提升现代物流管理的水平。

本章主要介绍的内容包括 GIS 的基本概念、GIS 系统的组成与功能、GIS 工作流程、GIS 空间数据组织与管理及其 GIS 在现代物流中的应用。

6.1 GIS 的概述

6.1.1 GIS 相关概念

1. 地理

地理是研究地球表面的地理环境中各种自然现象和人文现象，以及它们之间相互联系的学科。

地理学研究地球表面同人类相关的地理环境，以及地理环境与人类的关系。地理学对人地关系的研究着重是空间关系。

地理学分为自然地理和人文地理。有许多学者把经济地理从人文地理中分离出来，这样地理学就分为三类：自然地理、人文地理、经济地理。

2．地理信息

地理信息是指与研究对象的空间地理分布有关的信息，它表示地球表层物体及环境固有的数量、质量、分布特征、相互联系和变化规律。

从地理实体到地理数据，再到地理信息的发展，反映了人类认识的巨大飞跃。地理信息属于空间信息，地理数据的种类、特征是与其地理位置联系在一起的，因此具有地域性。地理信息有具有多重结构的特征，即在同一经纬度位置上可以有多种专题和属性的信息结构。例如，在同一地域有其相应的高程值、地表状况等多种信息。此外，地理信息还有明显的时序特征，即动态变化特征，这就要求及时采集和更新地理信息，并根据多时相的数据或信息来寻求随时间的分布和变化规律，进而对未来做出预测或预报。各个专题之间的联系是通过属性码进行的，这就为地理系统各圈层之间的综合研究提供了可能，也为地理系统多层次的分析和信息的传输与筛选提供了方便。

地理信息处理具备信息的一般特性外，还具备以下独特特性。

（1）空间定位特征

地理信息属于空间信息，其位置的识别是与数据联系在一起的。这是地理信息区别于其他类型信息最显著的标志。地理信息的这种定位特征，是通过经纬网或公里网建立的地理坐标来实现空间位置的识别的。

（2）多维结构特征

地理信息在二维空间的基础上实现多专题的三维结构。例如，在一个地面点上，可取得高程、污染、交通等多种信息。

（3）时序动态特征

地理信息能够划分成不同时间段来寻找信息的分布规律，如超短期的（如台风、地震）、短期的（如江河洪水、秋季低温）、中期的（如土地利用、作物估产）、长期的（如城市化、水土流失）、超长期的（如地壳变动、气候变化）等。这些对地理事物的预测、预报为科学决策提供了重要依据。

（4）大信息量特性

地理信息数据量大，随着全球对地理信息观测的不断发展，每天都可以获得上亿兆的关于地球资源、环境特征的数据。地理信息数据库中不仅包含丰富的地理信息，还包含与地理信息有关的其他信息，如人口分布、环境污染、区域经济情况、交通情况等。

3．地理信息系统 GIS

地理信息系统（GIS）是在计算机软硬件支持下，运用系统工程和信息科学方法，对地表空间数据进行采集、存储、显示、查询、操作、分析和建模，以提供对资源、环境和区域等方面规划、管理、决策和研究的人机系统。主要提供空间信息查询和分析、可视化、制图和辅助决策等功能。

地理信息系统是地图学、计算机科学、地理学、测量学等多门学科综合的边缘交叉学科，在我国又称为资源与环境信息系统。

与一般的信息系统相比，地理信息系统具有以下特征。

（1）目的专一性

GIS 的物理外壳是计算机化的技术系统，但以地理研究和地理决策为目的，以地理模型方法为手段，具有空间分析、多要素综合分析和动态预测的能力，并能产生高层次的地理信息。

（2）处理数据的多样性

地理信息系统在分析处理问题中使用了空间数据与属性数据，并通过数据库管理系统将两者联系在一起共同管理、分析和应用，从而提供了认识地理现象的一种新的思维方法。

空间数据的最根本特点是每一个数据都按统一的地理坐标进行编码，实现对其定位、定性和定量的描述，这是 GIS 区别于其他类型信息系统的根本标志，也是其技术难点之所在。

（3）强调空间分析

地理信息系统更加强调空间分析，通过利用空间解析模型来分析空间数据，地理信息系统的成功应用依赖于空间分析模型的研究与设计。

GIS 的技术优势在于它的数据综合、模拟与分析评价能力，可以得到常规方法或普通信息系统难以得到的重要信息，实现地理空间过程演化的模拟和预测。

（4）与其他学科密切相关

GIS 与测绘学和地理学有着密切的关系。大地测量、工程测量、矿山测量、地籍测量、航空摄影测量和遥感技术为 GIS 中的空间实体提供各种不同比例尺和精度的定位数。电子速测仪、GPS 全球定位技术、解析或数字摄影测量工作站、遥感图像处理系统等现代测绘技术的使用，可直接、快速和自动地获取空间目标的数字信息产品，为 GIS 提供丰富和更为实时的信息源，并促使 GIS 向更高层次发展。

GIS 与其他信息系统的关系如图 6-1 所示。

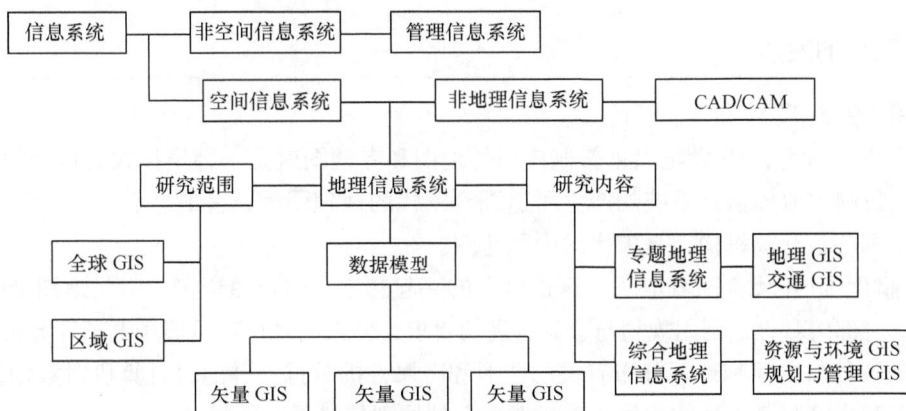

图 6-1　地理信息系统 GIS 与其他信息系统的关系

4．GIS 与其他信息系统的不同

GIS 除了与其他信息系统有着共同的特点外，其特征决定了 GIS 与其他的信息系统有着明显的区别。

① GIS 有别于 DBMS（数据库管理系统）：GIS 具有以某种选定的方式对空间数据进行解释和判断的能力，而不是简单的数据管理，这种能力使用户能得到关于数据的知识。因此，GIS 是能对空间数据进行分析的 DBMS，GIS 必须包含 DBMS。

② GIS 有别于 MIS（管理信息系统）：GIS 要对图形数据和属性数据库共同管理、分析和应用，GIS 的软硬件设备要复杂、系统功能要强；MIS 则只有属性数据库的管理，即使存储了图形，也是以文件形式管理，图形要素不能分解、查询、没有拓扑关系。管理地图和地理信息的 MIS 不一定就是 GIS，MIS 在概念上更接近 DBMS（见表 6-1）。

表 6-1   GIS 与 MIS 的不同

比较项目	GIS	MIS
数据类型	有空间分布特点，由点、线、面及相互关系组成	主要为属性数据和统计分析数据
数据源	图形图像及地理特征属性	表格、统计数据、报表
输出结果	图形图像产品、统计报表、文字报告、表格	表格、报表、报告
硬件配置	外设、数字化仪、扫描仪、绘图机、打印机、磁带机 主机：要求高档 PC 或工作站	打印机、键盘、一般 PC
软件	要求高，价格昂贵。例如：用于 PC 的软件一般为 3 万元，用于工作站的软件一般为 5 万～10 万元	要求低、便宜、标准规格统一，如 Oracal
处理内容	用于系统分析、检索、资源开发利用或区域规划，地区综合治理，环境监测，灾害预测预报	查询、检索、系统分析、办公管理
工作方式	人机对话，交互程度高	人为干预少
共同点	均以计算机为核心，数据量大而复杂	

③ GIS 有别于地图数据库：地图数据库仅仅是将数字地图有组织地存放起来，不注重分析和查询，不可能去综合图形数据和属性数据进行深层次的空间分析，提供辅助决策的信息，它只是 GIS 的一个数据源。

④ GIS 有别于 CAD 系统：二者虽然都有参考系统，都能描述图形，但 CAD 系统处理规则的几何图形，属性库功能弱，更缺乏分析和判断能力。

6.1.2 GIS 的发展

1. GIS 的起源

国外不少人认为，19 世纪以来普遍应用的地图和专题图就是一种模拟式的地理信息系统。照此定义，我国的地理信息系统的产生可追溯到宋代的地理图碑，它刻绘了山脉、长江、黄河、长城以及全国各级行政机构，是宋代的中国地图。

到 20 世纪 50 年代，随着电子计算机科学的兴起和它在航空摄影测量学与地图制图学中的应用以及政府部门对土地利用规划与资源管理的要求，使人们开始有可能用电子计算机来收集、存储和处理各种与空间和地理分布有关的图形和有属性的数据，并通过计算机对数据的分析来直接为管理和决策服务，这才导致了现代意义上的地理信息系统的问世。

1956 年，奥地利测绘部门首先利用电子计算机建立了地籍数据库，随后各国的土地测绘和管理部门都逐步发展土地信息系统（LIS）用于地籍管理。

1963 年，加拿大测量学家 R. F. Tomlinson（诺基尔·汤姆林逊）首先提出了地理信息这一术语，并于 1971 年建立了世界上第一个 GIS——加拿大地理信息系统（CGIS），用于自然资源的管理和规划。

稍后，美国哈佛大学研究出 SYMAP 系统软件。因为当时计算机水平的限制，使得 GIS 带有更多的机助制图色彩，地学分析功能极为简单。

与此同时，国外许多与 GIS 有关的组织和机构纷纷建立。例如，美国 1966 年成立了城市和区域信息系统协会（URISA），1969 年又建立起州信息系统全国协会（NASIS）；国际地理联合会（IGU）于 1968 年设立了地理数据收集和处理委员会（CGDSP）。这些组织和机构的建立为传播 GIS 知识、发展 GIS 技术起了重要的推动作用。

2. GIS 的发展过程

GIS 从产生以来发展到今天，大致可以分为以下 4 个阶段。

（1）20 世纪 60 年代起源于北美

加拿大国家土地调查局为了处理大量的土地调查资料，于 20 世纪 60 年代开始建立地理信息系统（CGIS）。

该阶段关注的主要是空间数据的地学处理，计算机硬件系统的功能还很弱，计算机存储能力很小且磁带存取速度也很慢，这一切都极大地制约着地理信息系统的发展，使得图形功能和地学分析功能都非常有限，地理信息系统软件的研制主要是针对具体的 GIS 应用进行的，到 20 世纪 60 年代末期，针对 GIS 一些具体功能的软件技术有了较大发展。

（2）20 世纪 70 年代是巩固发展阶段

在 20 世纪 70 年代，计算机发展到第三代，随着计算机技术迅速发展，数据处理速度加快，内存容量增大，而且输入、输出设备比较齐全，为地理数据的录入、存储、检索、输出提供了强有力的手段，特别是人机对话和随机操作的应用，可以通过屏幕直接监视数字化的操作，而且制图分析的结果能很快看到，并可以进行实时的编辑。

美国、加拿大、英国、前西德、瑞典和日本等国对地理信息系统的研究均投入了大量的人力、物力、财力，研究不同专题、不同规模、不同类型的各具特色的地理信息系统。这个阶段的 GIS 充分利用了新的计算机技术，但系统的数据分析能力仍然很弱；在地理信息系统技术方面未有新的突破；系统的应用与开发多限于某个机构；专家个人的影响削弱，而政府影响增强；人机图形交互技术的发展成为这一时期软件的最重要进展。

（3）20 世纪 80 年代高速发展阶段

因为大规模和超大规模集成电路的问世，推出了第四代计算机，特别是微型计算机产生和网络的建立，使地理信息的传输时效得到极大的提高。在系统软件方面，完全面向数据管理的数据库管理系统（DBMS）通过操作系统（OS）管理数据，系统软件工具和应用软件工具得到研制，数据处理开始和数学模型、模拟等决策工具结合。

地理信息系统的应用领域迅速扩大，从资源管理、环境规划到应急反应，从商业服务区域划分到政治选举分区等，涉及许多的学科与领域，许多国家制订了本国的地理信息系统发展规划。

这个阶段的 GIS 具有了栅格——矢量转换技术、自动拓扑编码、图符自动拼接、空间数据库管理等新的技术突破，为日后 GIS 的普及应用打下良好的基础。

（4）20 世纪 90 年代后应用普及阶段

因为计算机的软硬件均得到飞速的发展，网络已进入千家万户，地理信息系统已成为许多机构必备的工作系统，尤其是政府决策部门在一定程度上因为受地理信息系统影响而改变了现有机构的运行方式、设置与工作计划等。

随着空间理论和网络技术的飞速发展，GIS 从技术上将向更具有互操作性和更加开放化、网络化、分布化、移动化、可视化的方向发展，从应用上将向着更高层次的数字地球、地球信息科学及大众化的方向发展。数字地球、网格 GIS、虚拟现实 GIS、移动 GIS 等新技术的产生和应用成为这个发展阶段的标志技术。

3. GIS 在国内的发展

（1）准备阶段（1980 年到 1985 年）

我国地理信息系统方面的工作自 20 世纪 80 年代初开始。这个阶段进行舆论准备，正式提出倡议，开始组建队伍、组织个别实验研究，进行了相关的理论探索和区域性实验研究，并在此基础上制订国家地理信息系统规范。

以 1980 年中国科学院遥感应用研究所成立的全国第一个地理信息系统研究室为标志，在几年的起步发展阶段中，我国地理信息系统在理论探索、硬件配制、软件研制、规范制订、区域试验研究、局部系统建立、初步应用试验和技术队伍培养等方面都取得了进步，积累了经验，为在全国范围内展开地理信息系统的研究和应用奠定了基础。

（2）起步阶段（1986 年到 1990 年）

地理信息系统进入发展阶段的标志是从七五计划开始。地理信息系统研究作为政府行为，正式列入国家科技攻关计划，开始了有计划、有组织、有目标的科学研究、应用实验和工程建设工作。

这个时期许多部门同时开展了地理信息系统研究与开发工作。如全国性地理信息系统（或数据库）实体建设、区域地理信息系统研究和建设、城市地理信息系统、地理信息系统基础软件或专题应用软件的研制和地理信息系统教育培训。通过近 5 年的努力，在地理信息系统技术上的应用开创了新的局面，并在全国性应用、区域管理、规划和决策中取得了实际的效益。

（3）快速发展阶段（20 世纪 90 年代末到现在）

自 20 世纪 90 年代起，地理信息系统步入快速发展阶段。执行地理信息系统和遥感联合科技攻关计划，强调地理信息系统的实用化、集成化和工程化，力图使地理信息系统从初步发展时期的研究实验、局部应用走向实用化和生产化，为国民经济重大问题提供分析和决策依据。

努力实现基础环境数据库的建设，推进国产软件系统的实用化、遥感和地理信息系统技术一体化。重点发展的领域有：重大自然灾害监测与评估系统的建设和应用；重点产粮区主要农作物估产；城市地理信息系统的建设与应用；建立数字化测绘技术体系；国家基础地理信息系统建设与应用；专业信息系统与数据库的建设和应用；基础通用软件系统的研制与建立；地理信息系统规范化与标准化；基于地理信息系统的数据产品研制与生产。同时经营地理信息系统业务的公司逐渐增多。

我国地理信息系统事业经过几十年的发展，取得了重大的进展，理论日趋成熟、应用日益广泛、三维 GIS 和 WEBGIS 走向应用、GIS 市场开始形成、具备了走向产业化的条件。

6.1.3　GIS 的功能与分类

1．GIS 的功能

从技术和应用的角度，GIS 是解决空间问题的工具、方法和技术；从学科的角度，GIS 是在地理学、地图学、测量学和计算机科学等学科基础上发展起来的一门学科，具有独立的学科体系；从功能上，GIS 具有空间数据的获取、存储、显示、编辑、处理、分析、输出和应用等功能。

可以将地理信息系统的基本功能概括如下。

（1）数据采集和编辑

对数据进行采集和编辑是 GIS 最基本的功能，比如对地图进行矢量化、将采集的物体点信息展现到地图上、修改以往的数据等。通过相应的数据处理、数据变换、数据重构、数据抽取等将地理信息输入 GIS 数据库。

（2）空间信息查询和分析

用户可以通过 GIS 查询和检索特定的信息，如房地产开发商找到适合开发的土地、农业人员利用 GIS 寻找粮食、土壤和天气之间的关系等。空间分析功能是 GIS 区别其他绘图软件（如 CAD）的一个特有的功能，主要包括空间量测、几何分析（如叠加分析、缓冲区分析）、地形分析（如坡度坡向）、网络分析（如优化路径）、空间统计分析（如空间插值）等。

（3）制图功能

制图功能是 GIS 最重要的一项功能，对多数用户来说，也是用得最多最广的一项功能。GIS 不仅可以为用户输出全要素图，而且可以根据用户需求分层输出各种专题地图，以显示不同要素和活动的位置或有关属性内容。GIS 把数据显示集成在三维动画、图像或多媒体形式中输出，使用户能在短时间内对资料数据有一个直观的、全面的了解。

（4）辅助决策功能

辅助决策是所有信息系统的终极目标，GIS 技术已经被用于辅助决策，可以用来帮助人们在低风险、低犯罪率的地区、离人口聚集地近的地区进行新房选址等。所有的这些数据都可以用地图的形式简洁而清晰地显示出来，或者出现在相关的报告中，使决策的制订者不必将精力浪费在分析和理解数据上，GIS 快速的结果获取，使多种方案和设想可以得到高效的评估。

2. GIS 的分类

地理信息系统按照其内容、功能和作用可以分为工具型和应用型两大类。

（1）工具型 GIS

工具型 GIS 也称为 GIS 工具、GIS 开发平台、GIS 外壳、GIS 基础软件等，作为地理信息系统开发平台或外壳，具有地理信息系统的基本功能，但没有具体的应用目标，只是供其他系统调用或用户进行二次开发的操作平台。

实际应用的地理信息系统应用领域各不相同、需要解决问题也千差万别，有大量软件开发任务，有很多是重复性的工作，开发成本大大增加。通过工具型 GIS，给应用 GIS 提供开发平台，只要在其中加入地理空间数据，加上专题模型和界面，就可开发成为一个应用型的 GIS，减少重复工作、提高效率。

工具型 GIS 具有图形图像数字化、数据管理、查询检索、分析运算和制图输出等 GIS 的基本功能，通常能适应不同的硬件条件，如国外的 ARC/Info、MapInfo 软件，国内的 MAPGIS、Geostar 软件等（见图 6-2）。

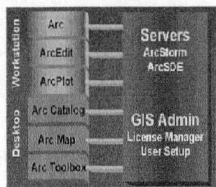

（a）MAPGIS　　　　　　（b）ARC/Info　　　　　　（c）MapInfo

图 6-2　工具型 GIS

（2）应用型 GIS

应用型 GIS 是根据用户需求和应用目的而设计的解决实际问题的 GIS，具有具体的应用目标、特定的数据、特定的规模和特定的服务对象，如图 6-3 所示。通常，应用型 GIS 是在工具型 GIS 基础上开发建立起来的，可节省大量的软件开发费用、缩短系统的建立周期、提高系统的技术水平、使开发人员能把精力集中于应用模型的开发，且有利于标准化的实行。

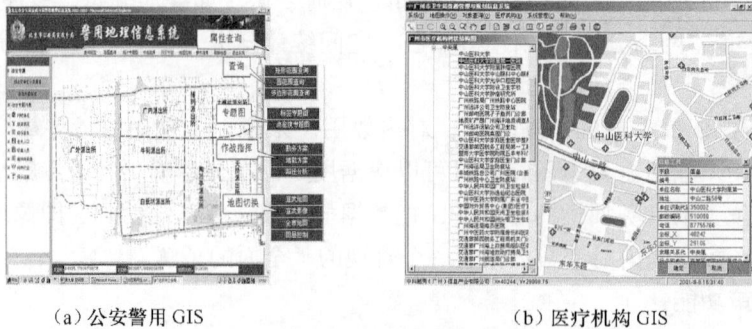

(a) 公安警用 GIS   (b) 医疗机构 GIS

图 6-3   几种典型的应用型 GIS

根据应用目标的不同可进一步划分如下。

① 专题 GIS：是以某个专业领域为其研究和分析对象的系统，如土地利用信息系统、环境保护和检测系统、城市管网系统、通信网络管理系统、配电网管理系统、城市规划系统、供水管网系统等都属于应用型专题地理信息系统。

② 区域 GIS：是以某个地区为其研究和分析对象的系统。其以不同的规模，如国家级、地区或省级、市级和县级等分为不同级别行政区服务的区域信息系统，或以自然区域或流域为单位的区域信息系统。如加拿大国家地理信息系统、日本国土信息系统，黄河流域地理信息系统、黄土高原重点产沙区信息系统等区域级的系统，北京水土流失信息系统、铜山县土地管理信息系统等地方一级的系统。

6.2 | GIS 的结构与工作原理

6.2.1   GIS 的结构

GIS 首先是一个信息系统，是一个人机交互系统，主要由计算机硬件系统、计算机软件系统、地理空间数据、系统用户 4 个部分。以计算机系统为平台，空间数据库为管理核心，用户则决定系统的工作方式和信息表示方式（见图 6-4）。

1. 计算机硬件系统

GIS 首先具有一般信息系统计算机硬件设备，构成计算机硬件系统的基本组件包括输入/输出设备、中央处理单元、存储器（包括主存储器、辅助存储器）等。因为其任务的复杂性和特殊性，必须具有 GIS 专用设备支持，比如数字化仪、扫描仪、绘图仪等。另外随着信息技术的不断发展，GIS 也越来越离不开计算机网络，如图 6-5 所示。

2. 计算机软件系统

GIS 软件方面除了具有一般信息系统的系统软件（如操作系统）、工具软件（如数据库管理系统 DBMS）和通用应用软件（如 Office 等）外，还必须拥有 GIS 的专用软件（如计算机图形软件包、CAD、图像处理软件）等。

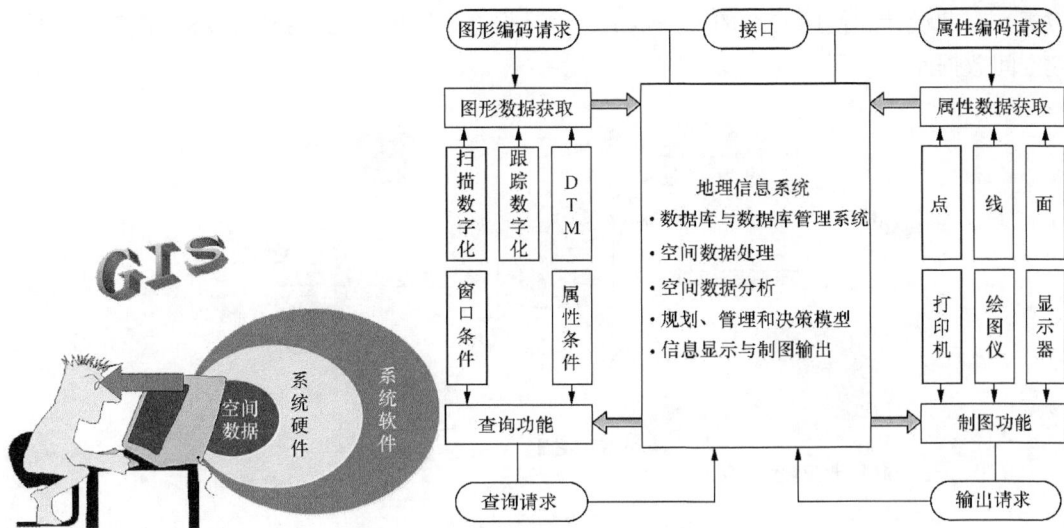

图 6-4　GIS 的结构

图 6-5　GIS 的计算机硬件系统结构

GIS 的软件系统可以分为 3 个部分（见图 6-6）。

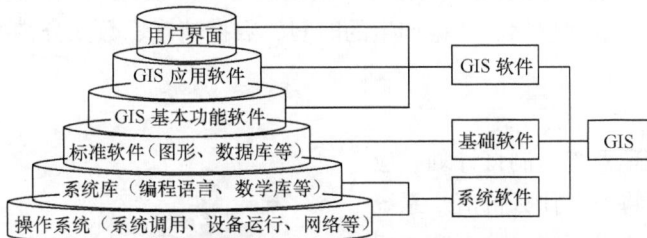

图 6-6　GIS 的软件组成

① 系统软件：用户和计算机的接口、为用户使用计算机提供方便的系统程序，通常包括操作系统、汇编程序、编译程序、诊断程序、库程序以及各种维护使用手册、程序说明等，是 GIS 日常工作所必需的。

② 基础软件：包括通用的 GIS 软件包，也可以包括数据库管理系统、计算机图形软件包、计算机图像处理系统、CAD 等，用于支持对空间数据输入、存储、转换、输出和与用户接口。

③ GIS 应用软件：系统开发人员或用户根据地理专题或区域分析模型编制的用于某种特定应用任务的程序，是系统功能的扩充与延伸。

3. 地理空间数据库

地理空间数据是 GIS 的核心，也有人称它是 GIS 的"血液"，因为 GIS 的操作对象是地理空间数据，因此设计和使用 GIS 的第一步工作就是根据系统的功能，获取所需要的空间数据，并创建空间数据库。

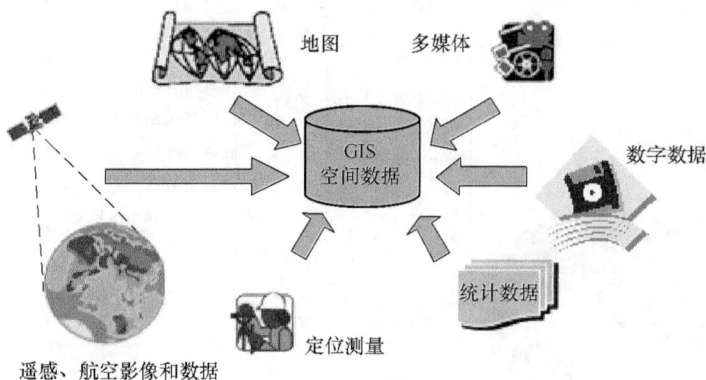

图 6-7　GIS 的空间数据

GIS 中的数据根据其来源可以包括以下类型。

① 地图数据：来源于各种类型的普通地图和专题地图，这些地图的内容丰富，图上实体间的空间关系直观，实体的类别或属性清晰，实测地形图还具有很高的精度，是地理信息的主要载体，同时也是地理信息系统最重要的信息源。

② 影像数据：主要来源于卫星遥感和航空遥感，包括多平台、多层面、多种传感器、多时相、多光谱、多角度和多种分辨率的遥感影像数据，构成多源海量数据，也是 GIS 的最有效的数据源之一。

③ 地形数据：来源于地形等高线图的数字化，已建立的数字高程模型和其他实测的地形数据等。

④ 属性数据：来源于各类调查报告、实测数据、文献资料、解译信息等。

⑤ 元数据：来源于由各类最基础的数据，通过调查、推理、分析和总结得到的有关数据的数据，例如数据来源、数据权属、数据产生的时间、数据精度、数据分辨率、数据比例尺、数据转换方法等。

4. 系统用户

如果没有人来管理系统、制订计划、应用于实际问题，GIS 将没有什么价值。系统用户主要是指 GIS 的系统开发、管理和使用人员（见图 6-8）。

人是 GIS 中的最重要因素，GIS 仅有系统软硬件和数据还不能构成完整的地理信息系统，需要人进行系统组织、管理、维护，进行数据更新、扩充和完善，进行应用程序开发、对 GIS 的操作并灵活采用地理分析模型提取多种信息，为研究和决策服务。

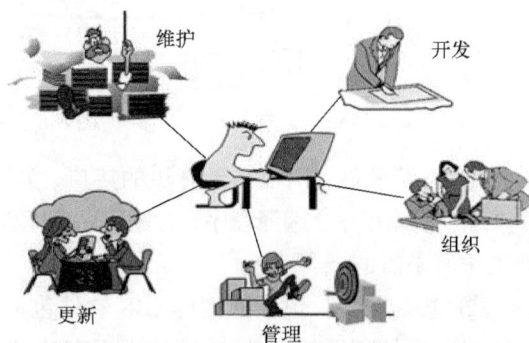

图 6-8　GIS 的系统用户

6.2.2　GIS 的工作原理

GIS 是利用计算机信息处理的特殊信息系统。它通过对多要素数据的操作和综合分析，方便快速地把所需要的信息以图形、图像、数字等多种形式输出，满足各应用领域或研究工作的需要，其工作流程如图 6-9 所示。

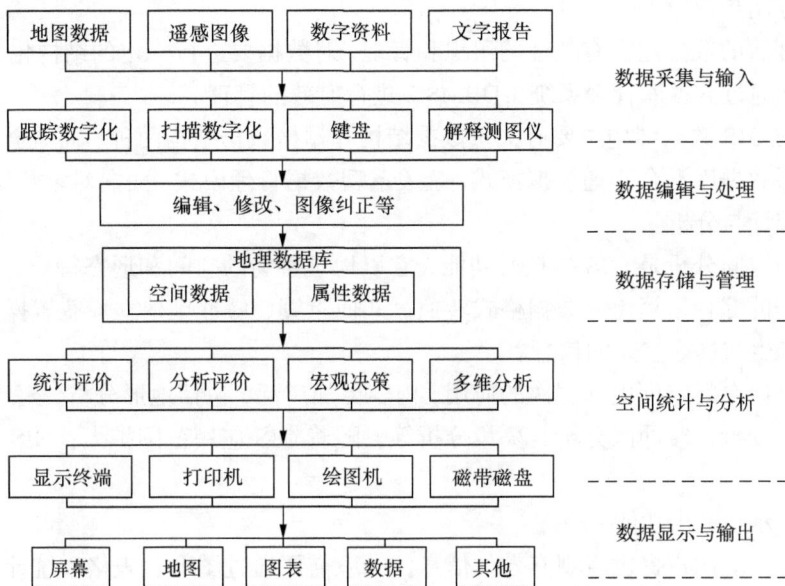

图 6-9　GIS 的工作原理

根据 GIS 的工作原理，其工作流程可以分为 5 个阶段。

（1）数据采集与输入

通过图形扫描、数字化仪、键盘输入等方式将系统外部的原始数据（图形、图像、文字等）传输给系统内部，并将这些数据从外部格式转换为便于系统处理的内部格式的过程。例如将各种已经存在的地图、遥感图像数字化或者通过通信或读磁盘、磁带的方式录入遥感数据和其他已存在的数据（见图 6-10）。

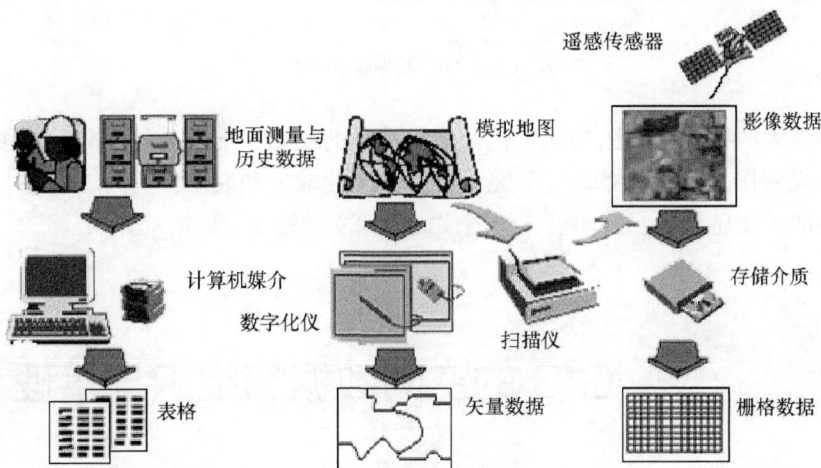

图 6-10　GIS 的数据采集

（2）数据编辑与处理

为保证采集到的原始数据在内容、逻辑、数值上的一致性和完整性，需要对数据进行编辑、格式转换、拼接等一系列的处理工作。GIS 系统应该提供强大的、交互式的编辑功能，包括图形编辑、数据类型变换、数据重组、数据压缩、建立属性关联等内容。

（3）数据存储与管理

为了对整理后的数据进行有效性的组织和管理，对数据要进行一定的结构化、归类和分析，产生数据库，并通过数据库管理系统（DBMS）进行有效的管理。

目前常用的 GIS 数据结构主要有矢量数据结构和栅格数据结构两种，而数据的组织和管理则有文件—关系数据库混合管理模拟模式、全关系型数据管理模式、面向对象数据管理模式等。

（4）空间统计与分析

空间统计与空间分析是 GIS 的核心功能，它以地理事物的空间和形态特征为基础，以空间数据与属性数据的综合运算（如数据格式转换、几何量算、缓冲区建立、叠置操作、地形分析等）为特征，产生与提取空间的信息。

空间分析是比空间查询更深层次的应用，内容更加广泛，包括地形分析、土地适应性分析、网络分析、叠置分析、缓冲区分析、决策分析等。随着 GIS 应用范围扩大，GIS 软件的空间分析功能将不断增加。

（5）数据显示与输出功能

GIS 为了给系统用户提供直观有效的信息，一般需要通过图形、表格和统计图表显示空间数据及分析结果。作为可视化工具，不论是强调空间数据的位置还是分布模式乃至分析结果的表达，图形是传递空间数据信息最有效的工具（见图 6-11）。

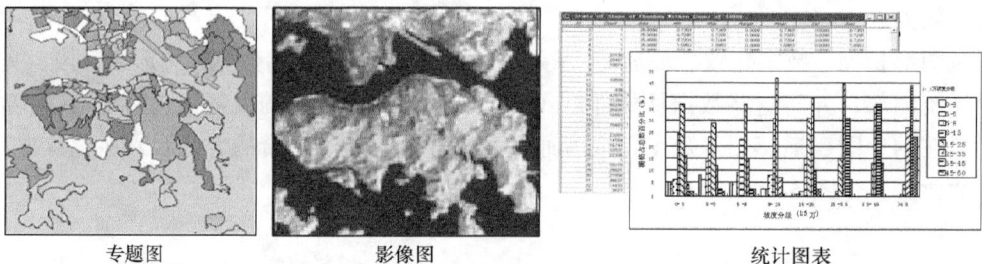

专题图   影像图   统计图表

图 6-11 GIS 数据输出示例

GIS 利用强大的计算机制图功能（包括地图符号的设计、配置与符号化、地图注记、图幅修饰、统计图表制作、图例与布局等）完成有效信息的输出和展示。另外，对一些属性数据可以通过报表的形式在显示器、打印机、绘图仪或数据文件输出。

6.3 GIS 的空间数据的组织与管理

6.3.1　GIS 的空间数据模型与结构

1. 数据模型

数据模型是把现实世界的信息转换存储的计算机世界的中间过程，对地理信息的数据表达可以采用矢量数据模型和栅格数据模型（见图 6-12）。一旦数据模型确定，必须选择和该模型对应的数据结构来组织实体的数据，最后是选择适用于记录该数据结构的文件模式。

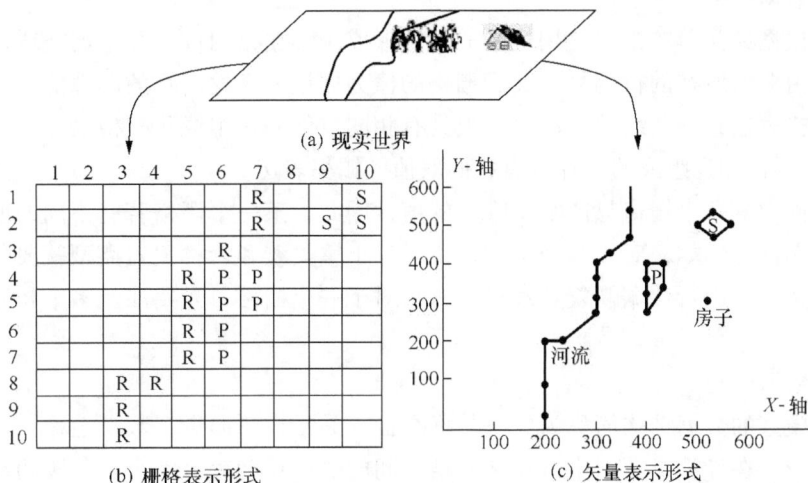

图 6-12　地理信息的栅格模型和矢量模型

在矢量模型中，现实世界的物体或状态用点、线、面表达，与它们在地图上表示相似，每一个实体的位置是用空间位置坐标定义。一条线可能表达一条道路，一个多边形可能表达一块林地等。矢量模型中的空间实体与要表达的现实世界中的空间实体具有一定的对应关系。

在栅格模型中，空间被规则地划分为栅格，地理实体的位置和状态是用它们占据的栅格行、列号来定义的。每个栅格的大小代表了定义的空间分解力。因为位置是由栅格行列号定义的，所以地理特征的位置由距它最近的栅格记录决定。

用栅格方法，空间要被划分成大量规则格网，而且每个栅格的取值可能不一样。如地表的一个区域，栅格的值表达了这个位置的状态。与矢量模型不一样，栅格模型的最小单元与它表达的真实世界空间实体没有直接的对应关系（见表 6-2）。栅格数据模型中的空间实体单元不是通常概念上理解的物体，它们只是彼此分离的栅格。

表 6-2　　　　　　　　　　　　　矢量模型与栅格模型的区别

	优　点	缺　点
矢量模型	● 表示地理数据的精度较高 ● 数据结构严谨，数据量小 ● 能够完整描述拓扑关系 ● 图形输出美观 ● 实现图形数据的恢复、更新和综合	● 数据结构复杂 ● 叠加分析与栅格图组合难 ● 数学模拟比较困难 ● 空间分析技术上比较复杂
栅格模型	● 数据结构简单 ● 空间数据的叠置和组合方便 ● 便于实现各种空间分析 ● 数学模拟方便 ● 技术开发费用低	● 数据量大 ● 降低分辨率，信息损失 ● 地图输出不够精美 ● 难以建立网络连接关系 ● 投影转换比较费时

2. 数据结构

数据结构一般分为基于矢量模型的数据结构和基于栅格模型的数据结构。

（1）栅格数据结构

栅格数据模型最简单的格式是用规则的正方形或矩形栅格组成。每个栅格或像素（对图像元素）的位置由栅格所在的行列号定义，栅格的值为栅格所表达内容的属性值。一个点（如房屋）由单个栅格表达，一条线（如河流）由具有相同取值的一组线状栅格表达，一个面状地块（如林地）由若干行和列组成的一片具有相同取值的栅格表达。

在栅格文件中，每个栅格只能赋予唯一的值，因此，某一个栅格若有不同的值，则要分别存储于不同的文件。例如，对于某个区域来说，其土壤类型和森林覆盖类型就要分别存储为土壤和森林数据文件。进行数据恢复处理操作时，对于一个栅格单元要涉及多个相应的栅格文件操作。

（2）矢量数据结构

基于矢量模型的数据结构简称为矢量数据结构。矢量也叫向量，数学上称"具有大小和方向的量"为向量。在计算机图形中，相邻两结点间的弧段长度表示大小，弧段两端点的顺序表示方向，因此弧段也是一个直观的矢量。

矢量数据结构是通过记录坐标的方式来表示点、线、面等地理实体空间分布的一种数据组织方式。这种数据组织方式定位明显、属性隐含，能最好地逼近地理实体的空间分布特征，数据精度高、数据存储的冗余度低，便于进行地理实体的网络分析，但对于多层空间数据的叠合分析比较困难。矢量数据结构的获取方法主要有：手工数字化法、手扶跟踪数字化法、数据结构转换法。

3. 数据结构的转换

空间数据的栅格结构和矢量结构是模拟地理信息两种不同的方法，栅格和矢量数据结构均为有效的方法。栅格数据结构十分有利于空间分析，但输出的专题地图不美观也不精确；相反矢量数据结构的存储量小而且能输出精美的地图，但空间分析相当困难。在 GIS 中输入的数据一般为栅格结构，在进行数据处理时需要转换为矢量结构，当进行信息输出时，根据需要可转换为矢量结构。

目前，地理信息系统的开发者和使用者都积极研究这两类数据结构的相互转换技术和程序。矢量到栅格的转换是简单的，有很多著名的程序。栅格到矢量的转换具体算法要复杂得多。

（1）从矢量到栅格的转换（栅格化）

从点、线、面实体转化为规则单元，这个过程叫栅格化。首先要选择好单元的大小和外形，然后检测实体是否落在这些单元上，记录存在或空缺。一般根据行或列方向上的扫描来完成，生成一个二维阵列。

（2）从栅格到矢量的转换（矢量化）

从栅格单元转换到几何图形的过程，通常称为矢量化。矢量化过程要保证拓扑结构转换（即保持栅格表示出的连通性与邻接性）和转换物体正确的外形。

矢量化过程中，遇到某个单元的值与周围均不同，则该单元代表一个点；如果具有某一属性值的单元是连续的，可以将它们搜索出来，并细化处理，取中间的单元连成的位置作为一条线。对面状图形的处理则有些复杂，先要将所有单元编码，然后将具有同一属性值的单元归为一类，这时检测两类不同属性值的边界作为多边形的一条边，沿左方向或右方向，用八邻域方向预测算子顺序搜索出一条完整边界，然后标注内点。通过以上处理，即可完成点、线、面的矢量化。

6.3.2 GIS 的空间数据的组织

1. 图幅数据组织

GIS 中将某一问题域或某一项 GIS 任务称为一个 GIS 工程。因为 GIS 工程涉及范围广（如全市、全省、全国甚至全世界），在管理空间数据时必须进行分幅管理（同传统地图分幅）。

图幅一般对应一块区域，常见的分幅方式有标准分幅和区域分幅。例如研究县域的土地利用现状图就会有乡镇分幅和 1∶10000 分幅两种形式。根据需要往往将一幅或相邻几幅图当作一个工作单元，称为工作区（workspace）。其组成关系如图 6-13 所示。

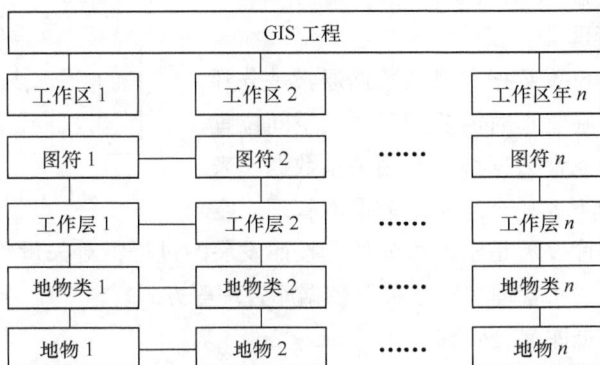

图 6-13 图幅数据的组织结构

工作层被定义为空间数据处理的一个工作单元，工作区由若干工作层组成。道路、水系、居民地等可看作工作层，在此基础上构建了工作区。工作区中，除了包含相应图幅的各层空间数据之外，还包含对数据库的连接与操作。用户可以随时将当前工作环境以某一工作区版本的方式存储下来，下次打开该工作区时，GIS 系统根据该工作区的组成，调出属于它的工作层，就可以直接恢复进入原有工作状态。

2. 属性数据的组织

属性数据由关系数据库管理系统管理，但它的文件组织方式也要服从上述工作层、工作区和图库的要求，以便于图形文件协调工作，共同组成工作区、工作层，并进行跨图幅操作。

在不同的商业化软件中，属性文件组织方式各不相同。主要的 3 种方式如下。

① 与工作层对应的组织方式：一个工作区对应一个属性文件，属性文件建立在工作区目录下。

② 与地物类对应的组织方式：一个地物类文件对应一个属性表，在这种方式中，可以把这些属性文件放在工程（项目）目录下集中管理，以方便属性查询。

③ 混合方式：因为上述两种方式都存在一定缺陷，有时需要将两者结合起来。如 GeoStar 的属性数据文件组织与管理方式吸收了前两者的优点。在 GeoStar 中，既可以对每一个地物类设计属性表，也可以对属性项相同或相近的多个地物类设计一个公用的属性表。

6.3.3 GIS 的空间数据的管理

1. 空间数据库

对于 GIS 空间数据的管理采用数据库的管理方法。通用数据库作为文件管理的高级阶段，是建立在结构化数据基础上的。而空间数据具有其自身的特殊性，这就使得通用数据库管理系统在管理空间数据时表现出较多不相适应的地方，从而空间数据库应运而生。

地理信息系统的数据库（简称空间数据库或地理数据库）是某一区域内关于一定地理要素特征的数据集合，是地理信息系统在计算机物理存储介质存储的与应用相关的地理空间数据的总和，一般是以一系列特定结构的文件的形式组织在存储介质之上的。

空间数据库在整个地理信息系统中占有极其重要的地位，是地理信息系统发挥功能和作用的关键。空间数据库的布局和存储能力对地理信息系统功能的实现和工作的效率影响极大。

空间数据库的组成，从类型上分有栅格数据库和矢量数据库两类，其中栅格数据包括航空遥感影像数据和高程数据；矢量数据则包括各种空间实体数据（图形和属性数据）（见图 6-14）。

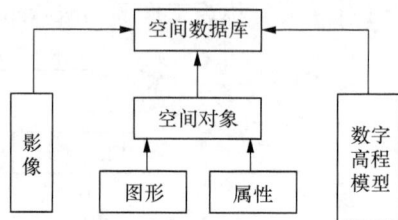

图 6-14　空间数据库结构

2. 矢量数据的管理

对于矢量数据，其位置数据和属性数据通常是分开组织的。这一特点使得在管理时需要同时顾及空间位置数据和属性数据，其中属性数据很适合用关系数据库来管理，空间位置数据则不太适合用关系数据库管理。空间数据管理方式与数据库发展是密不可分的，按照发展的过程，对矢量数据的管理有文件—关系数据库混合管理、全关系管理、对象关系数据库管理等方式。

（1）文件—关系数据库混合管理

因为空间数据的非结构化特征，早期关系型数据库难以满足空间数据管理的要求。因此，传统 GIS 软件采用文件与关系数据库混合方式管理空间数据，比较典型的是 ArcInfo。

（2）全关系型数据库管理

全关系数据库管理方式下，图形数据与属性数据都采用现有的关系型数据库存储，使用关系数据库标准连接机制来进行空间数据与属性数据的连接。

（3）对象—关系数据库管理

因为直接采用通用的关系数据库管理系统的效率不高，而非结构化的空间数据又十分重要，所以许多数据库管理系统的软件商在关系数据库管理系统中进行扩展，使之能直接存储和管理非结构化的空间数据。如 Informix 和 Oracle 等都推出了空间数据管理的专用模块，定义了操纵点、线、面、圆、长方形等空间对象的 API 函数。

3. 栅格数据的管理

随着 GIS 应用的深入，影像数据和数字高程模型（Digital Elevation Model，DEM）数据在整个 GIS 领域的应用越来越广泛。影像数据具有信息丰富、覆盖面广和经济、方便、快速获取等优点。DEM 数据表现了整个覆盖区域的地形起伏，可以广泛用于地理分析。目前，多数商业化的 GIS 软件都可以将影像数据、DEM 数据作为背景影像与矢量数据进行叠加显示输出。

栅格影像不仅包含了属性信息，还包含了隐藏的空间位置信息（即格网的行、列信息），即隐含着属性数据与空间位置数据之间的关联关系。其管理分为基于文件的影像数据库管理、文件结合数据库影像管理和基于关系数据库管理 3 种方式。

（1）文件管理方式

目前大部分 GIS 软件和遥感图像处理软件都是采用文件方式来管理遥感影像数据。因为遥感影像数据库并不是仅仅包含图像数据本身，而且还包含大量的图像元数据信息（如图像类型、摄影日期、摄影比例尺等），遥感图像数据本身还具有多数据源、多时相等特点，另外，数据的安全性、并发控制和数据共享等都将使文件管理无法应付。

（2）文件—数据库管理方式

为了改进文件方式管理影像数据的效率，采用文件+数据库管理方式。实施这种方式管理影像数据时，影像数据仍按照文件方式组织管理；在关系数据库中，每个文件都有唯一的标识号（ID）对应影像信息，如文件名称、存储路径等。

这种方式管理影像数据，不是真正的数据库管理方式，影像数据并没有放入数据库中，数据库管理的只是其索引。因为影像数据索引的存在，使影像数据的检索效率得到提高。

（3）关系数据库管理

因为关系数据库发展成熟，具有良好的安全措施和数据恢复机制；目前关系数据库系统提供了存储复杂数据类型的能力，使利用关系数据库来管理影像数据成为可能。

基于扩展关系数据库的影像数据库管理是将影像数据存储在二进制变长字段中，然后应用程序通过数据访问接口来访问数据库中的影像数据。同时影像数据的元数据信息也存放在关系数据库的表中，二者可以进行无缝管理。

6.4 GIS 在物流中的应用

伴随着 GIS 技术的逐渐成熟，GIS 在物流领域中的应用水平也随之提升。将 GIS 与物流管理进行有效集成，已经成为现代物流发展的必然趋势。GPS 在物流领域的应用可以辅助物流分析、建立配送中心、运输车辆管理、提供公共信息平台等。

6.4.1 GIS 在物流分析中的应用

GIS 应用于物流分析，主要是指利用 GIS 强大的地理数据功能来完善物流分析技术。GPS 在物流领域的应用可以实时监控车辆等移动目标的位置，根据道路交通状况向移动目标发出实时调度指令。而 GIS、GPS 和无线通信技术的有效结合，再辅以车辆路线模型、最短路径模型、网络物流模型、分配集合模型和设施定位模型等，能够建立功能强大的物流信息系统，使物流变得实时而且成本最优。

（1）车辆路线模型

用于解决一个起始点、多个终点的货物运输中如何降低物流作业费用并保证服务质量的问题。包括决定使用多少运输工具，每部运输工具的行驶的路线等。

（2）最短路径模型

图数据结构可以简单理解为一种表示数据点，以及点与点之间联通性的数据。在一张网络图上面（比如公路网），自己定义出发点和目标点，最短路径算法会计算出从出发点到目标点的最短路径怎么走。最短路径算法上的模型是基于图数据结构的搜索，生成路径。

（3）网络物流模型

用于解决寻求最有效的分配货物路径问题，也就是物流网点布局问题。例如将货物从 N 个仓库送到 M 个商店，每个商店都有固定的需求量，因此需要确定有哪个仓库提货送给哪个商店，所耗费的运输费用最小。

（4）分配集合模型

可以根据各个要素的相似点把同一层上的所有或部分要素分为几个组，用以解决确定服务范围的销售市场范围等问题。如某一公司要设立 X 个分销点，要求这些分销点要覆盖某一地区，而且要使每个分销点的顾客数目大致相等。

（5）设施定位模型

用于确定一个或多个设施位置。在物流系统中，仓库运输线共同组成了物流网络，仓库处于网络的节点上，节点决定线路，运用此模型能很容易地根据供求的实际需要并结合经济效益等原则，确定在既定区域内设立多少个仓库、每个仓库的位置、规模以及仓库之间的物流关系等问题。

6.4.2　GIS 在配送中心中的应用

物流配送是供应链中极为重要的一环。因为现代配送具有多频次、小批量、多品种、高效率的特点，设计科学有效的物流配送系统，加快物流信息的反应速度并尽量减小配送成本就成为非常实际的问题。

物流配送中有 80%的商业数据都涉及地理因素。可见，将 GIS 应用于物流配送系统中，可大大加强对物流过程的全面控制和管理，实现高效、高质的物流配送服务。

地理或空间的数字化数据一般有两种方式：矢量和栅格。矢量数据是由点、线和多边形组成的，物流企业可以把顾客的地点以点的形式存储在数据库中；公路网可以描绘成一组线，而仓库服务的区域边界可以看成一个多边形；扫描的数据也可以用栅格的形式表示，每一个栅格里存储特定的数据。卫星和空间照相以扫描的形式或者把纸质地图扫描到面计算机里。一般来说，使用者将购买或获得使用权来得到标准化地理边界和特征数据，而且把它们与本公司的数据引入 GIS。有的数据提供商提供的地图是一组典型的矢量数据，包括不同层次的公路和铁路网络、村镇和城市的不同人口分布、港口、飞机场、火车站等。边界数据可以从很多的数据源中得到，它们可以以不同的层次出现，如行政区、邮政区、街区等。

系统运用 GIS 网络分析功能，对配送客户及潜在客户进行分析，对配送中心设置地点、规模等进行模拟，建立由若干适当的物流配送中心组成的配送中心网络。每个配送中心负责一定服务范围内的配送业务。配送中心根据配送订单，确认配送货品与配送地点，集中物流；由自动配送系统根据区域交通、配送点的行业类型、配送商品特点决定配送实施方案；仓库管理系统及时根据配送调度计划分拣、包装货品等待装运；运输管理系统接受并处理 GPS、GSM 返回的车辆定位信息，调度人员利用 GIS 平台对接收的数据进行分析和查询，实时完成对目标信息的搜集和调度指挥。

GIS 在物流配送中心的作用可以分为以下几点。

（1）配送区域划分

随着经济的发展，物流配送呈现跨地区、跨国家的趋势，但大多数情况下都是经过配送中心及配送点转移到消费者手中。不合理的配送中心和配送点的分布会造成配送成本的增加和服务效率的降低。因此，可以利用 GIS 的强大的空间网络分析功能，使其分布趋于合理。

企业可以参照地理区域，根据各个要素的相似点把同一层上的所有或部分要素分为几个组，用以解决确定服务和销售市场范围等问题。如某一公司要设立 X 个分销点，要求这些分销点覆盖某一地区，而且要使每个分销点的顾客数目大致相等。

（2）客户定位

使用 GIS 对某个城市或地区按管理的要求建立电子地图，准确地反映出街道、道路等情况，因为地理地图已具有了地理坐标，通过对地理坐标的描述，可以在地图上对新客户进行地理位置的定位或者修改老客户的地理位置，从而使企业能精确地确定配送点和客户的位置。

（3）物流中心选址

在物流系统中，仓库和运输路线共同组成了物流网络，仓库处于网络的节点上，节点决定着线路，如何根据供求的实际需要并结合经济效益等原则，在既定区域内设立多少个仓库，每个仓库的位置，每个仓库的规模，以及仓库之间的物流关系等，运用此模型均能很容易地得到解决。

（4）物流配送的动态监测

可以将纸面上的表格和图形通过 GIS 转化为空间网络图，使物流信息更加形象化和直观化。借助于物流配送的动态空间网络图，可以实时监测物流配送的动态、发现影响物流配送的症结，从而使整个配送过程货畅其流、物尽其用。

（5）信息查询

对配送范围内的主要建筑、运输车辆、客户等进行查询，查询资料可以以文字、语言及图像的形式显示，并在电子地图上显示其位置。

6.4.3　GIS 在运输管理中的应用

GIS 能在运输路线的优化和车辆调度方面解决大量信息的查询、分析与处理问题，并在运输管理决策层面提供分析问题、建立模型、模拟决策过程的环境。因此，加大 GIS 在物流运输管理信息系统中的应用，对物流企业实现智能管理、降低服务成本、提高作业效率至关重要。

（1）实时监控

经过 GSM 网络的数字通道，将信号输送到车辆监控中心，监控中心通过差分技术换算位置信息，然后通过 GIS 将位置信号用地图语言显示出来，货主、物流企业可以随时了解车辆的运行状况、任务执行和安排情况，使得不同地方的流动运输设备变得透明而且可控。另外还可能通过远程操作（如断电锁车、超速报警）对车辆行驶进行实时限速监管、偏移路线预警、疲劳驾驶预警、危险路段提示、紧急情况报警、求助信息发送等安全管理，保障驾驶员、货物、车辆及客户财产安全。

（2）定位跟踪

结合 GPS 技术实现实时快速的定位，这对于现代物流的高效率管理来说是非常核心的关键。在主控中心的电子地图上选定跟踪车辆，将其运行位置在地图画面上保存，精确定位车辆的具体位置、行驶方向、瞬间时速，形成直观的运行轨迹。并任意放大、缩小、还原、换图，可以随目标移动，使目标始终保持在屏幕上，利用该功能可对车辆和货物进行实时定位、跟踪，满足掌握车辆基本信息、对车辆进行远程管理的需要。另外轨迹回放功能也是 GIS 和 GPS 相结合的产物，也可以作为车辆跟踪功能的一个重要补充。

（3）指挥调度

客户经常会因突发性的变故而在车队出发后要求改变原定计划，有时公司在集中回程期间临时得到了新的货源信息，有时几个不同的物流项目要交叉调车。在上述情况下，监控中心借助于 GIS 就可以根据车辆信息、位置、道路交通状况向车辆发出实时调度指令，实施车载配货等，用系统的观念运作企业业务，达到充分调度货物及车辆的目的，降低空载率，提高车辆运作效率。如为某条供应链服务，则能够发挥第三方物流的作用，把整个供应链上的业务操作变得透明，为企业供应链管理打下基础。

（4）规划车辆路径

目前主流的 GIS 应用开发平台大都集成了路径分析模块，运输企业可以根据送货车辆的装载量、客户分布、配送订单、送货线路交通状况等因素设定计算条件，利用该模块的功能，结合真实环境中所采集到的空间数据，分析客、货流量的变化情况，对公司的运输线路进行优化处理，可以便利地实现以费用最小或路径最短等目标为出发点的运输路径规划。

（5）信息的查询

货物发出以后，受控车辆所有的移动信息均被存储在控制中心计算机中——有序存档、方便查询，客户可以通过网络实时查询车辆运输途中的运行情况和所处的位置，了解货物在途中是否安全、是否能快速有效地到达。接货方只需要通过发货方提供的相关资料和权限，就可通过网络实时查看车辆和货物的相关信息，掌握货物在途中的情况以及大概的到达时间。以此来提前安排货物的接收、存放以及销售等环节，使货物的销售链可提前完成，提高了准确度，起到了很好的协调作用。

6.4.4 GIS 在物流公共信息平台中的应用

物流集成化发展的横向集成最终落实在物流公共信息平台上。通过对各个区域内物流相关信息的采集、车辆运输的全程监控、货物的配送过程跟踪等为生产、销售及物流企业等信息系统提供基础物流信息，满足企业信息系统对物流公用信息的需求、支撑企业信息系统各种功能的实现。同时，通过共享物流信息，来支撑政府部门行业管理与市场规范化管理方面协同工作机制的建立。

常见的物流公共信息平台功能主要有物流政策新闻快讯、物流企业最新成果展示、信息管理中心（企业或个人信息的集中管理）、相关企业业务介绍、车辆跟踪定位模块、配送解决方案中心、电子商务中心及相关的其他服务等。这些功能为企业提供了大量信息，加强企业间的合作，为企业和用户提供了很好的信息共享和双向选择的平台，更有利于物流资源的利用，优化了供应链。

在物流公共信息平台中采用 GPS/GIS 技术，就是利用 GPS 的定位功能、GIS 的可视化环境对物流配送进行管理，使错综复杂的车辆线路、物流配送、网络管理调度和需求点的布局等与空间位置有关的问题在显示器上直观地显示出来，同时借助 GIS 的强大空间查询与分析功能进行空间信息的再加工，为空间辅助决策打好基础。

根据物流公共信息平台体系结构（见图 6-15）可以将 GIS 在物流公共信息平台中的作用概括为如下 3 个方面。

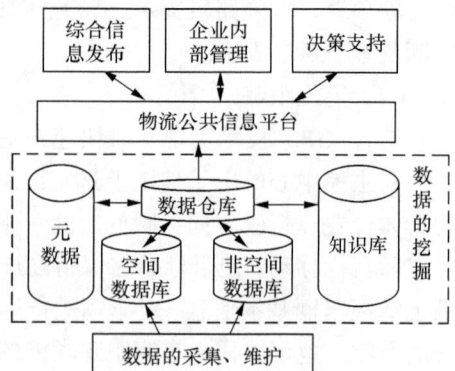

图 6-15 物流公共信息平台的体系结构

（1）数据的采集与存储

对于传统的非空间数据，可以用关系数据库进行数据的存储与管理，而 GIS 空间数据组织模型分为点、线、面以及文本等，属性信息经常采用外挂的数据库实现，一般以物理文件存储。因此，采用 GIS 最大的优势是集成异构数据库，实现数据的重组。

（2）数据的加工与挖掘

利用 GPS/GIS 技术不仅可以实现简单的货物全程实时定位监控，还可以利用数据挖掘技术高度自动化地分析原有的数据、做出归纳性的推理、从中挖掘出潜在的未知模式。运用挖掘后的数据让企业选择最优的资源配置、最佳路径和最佳方案，满足物流的供给与需求。

企业通过信息平台提供的信息可及时根据物流市场来调用物流资源，如对仓库、车辆资源以及社会车辆资源进行调配，有效实现对物流资源的整合和利用。物流企业可以在数字化地图上监测运货车辆的位置和工作状态，将市场信息反馈给管理者，以便实现异地配载，同时政府可以实时对特种车辆进行安全监控，为安全运输提供保障。

（3）辅助管理与决策

通过信息平台中 GPS /GIS 的辅助决策功能，可以有效规划物流配送，对配送时间、数量和路径进行调整。同时，实现仓库的可视化管理，及时查阅库存情况，并可实现按用户查阅货物库存状态。结合射频等先进技术，实现库存的动态管理，尽量减少库存，降低运营成本。

基于 GIS 的物流公共信息平台可以实现：合理配置物流企业的资源；物流配送车辆、货物实时跟踪；物流配送车辆路线优化；实现物流信息共享；加强物流企业间的联系；实现网上物流网上交易等功能，是第三方物流的信息基础，是第四方物流的核心内容。

6.4.5　GIS 在其他领域中的应用

GIS 在最近的 30 多年内取得了惊人的发展，广泛应用于资源调查、环境评估、灾害预测、国土管理、城市规划、邮电通信、交通运输、军事公安、水利电力、公共设施管理、农林牧业、统计、商业金融等几乎所有领域。

① 农林资源配置与管理：在农业和林业领域，解决农业和林业领域各种资源（如土地、森林、草场）分布、分级、统计、制图等问题。土地和地籍管理涉及土地使用性质变化、地块轮廓变化、地籍权属关系变化等许多内容，借助 GIS 技术可以高效、高质量地完成这些工作。

② 城市发展规划与管理：空间规划是 GIS 的一个重要应用领域，城市规划和管理是其中的主要内容。例如，在大规模城市基础设施建设中如何保证绿地的比例和合理分布、如何保证学校、公共设施、运动场所、服务设施等能够有最大的服务面（城市资源配置问题）等。

③ 生态环境管理与模拟：区域生态规划、环境现状评价、环境影响评价、污染物削减分配的决策支持、环境与区域可持续发展的决策支持、环保设施的管理、环境规划等。

④ 自然灾害应急响应：解决在发生洪水、战争、核事故等重大自然或人为灾害时，如何安排最佳的人员撤离路线，并配备相应的运输和保障设施的问题。

⑤ 地学研究与应用：地形分析、流域分析、土地利用研究、经济地理研究、空间决策支持、空间统计分析、制图等都可以借助地理信息系统工具完成。

⑥ 商业与市场分析：商业设施的建立充分考虑其市场潜力，如其他商场的分布、待建区周

围居民区的分布和人数、待建区的人口结构、消费水平等结合起来考虑。地理信息系统的空间分析和数据库功能可以解决这些问题。房地产开发和销售过程中也可以利用 GIS 功能进行决策和分析。

⑦ 网络分析：建立交通网络，地下管线网络等的计算机模型，研究交通流量，进行交通规则，处理地下管线突发事件（爆管、断路）等应急处理。警务和医疗救护的路径优选、车辆导航等也是 GIS 网络分析应用的实例。

⑧ 可视化应用：以数字地形模型为基础，建立城市、区域或大型建筑工程、著名风景名胜区的三维可视化模型，实现多角度浏览，可广泛应用于宣传、城市和区域规划、大型工程管理和仿真、旅游等领域。

GIS 已在许多部门和领域得到应用，并引起了政府部门的高度重视。从应用方面看，地理信息系统已在资源开发、环境保护、城市规划建设、土地管理、农作物调查与结产、交通、能源、通信、地图测绘、林业、房地产开发、自然灾害的监测与评估、金融、保险、石油与天然气、军事、犯罪分析、运输与导航、110 报警系统、公共汽车调度等方面得到了具体应用。

本 章 小 结

地理信息系统（GIS）、遥感（RS）和全球定位系统（GPS）3S 集成技术的发展在世界各国引起了普遍重视。RS 主要侧重于信息获取和动态监测；GIS 主要是空间信息的管理、分析；GPS 是空间定位、导航。GIS 的综合性发展趋势还体现在与 OA、Internet、多媒体、虚拟现实等技术的集成。

GIS 是管理和分析空间数据的应用工程技术，又是跨越地球科学、信息科学和空间科学的应用基础学科。主要由 4 个部分构成，即计算机硬件系统、计算机软件系统、地理空间数据和系统管理操作人员，其核心部分是计算机软硬件系统。其功能包括空间信息查询和分析功能、可视化功能、制图功能和辅助决策功能等。

GIS 数据结构是描述地理实体的数据本身的组织方法，是和一定的输出设备相联系的。矢量结构是跟踪式数字化仪的直接产物，也是和增量式绘图仪相适应的；网格结构则是经扫描式数字化仪得到数据格式，适用于屏幕显示和行式打印输出。GIS 空间数据管理主要包括数据库的管理、数据模型等方面的内容。

GIS 系统软件主要分为 GIS 工具软件和 GIS 应用软件两大类。工具软件主要提供专用的开发平台，提供电子地图制作和应用的工具；GIS 应用软件面向行业或企业应用，针对性、实用性强。

近年来地理信息系统技术发展迅速。首先，主要原动力来自日益广泛的应用领域对地理信息系统要求不断提高的结果。其次，计算机科学的飞速发展为地理信息系统提供了先进的工具和手段，许多计算机领域的新技术，如面向对象技术、三维技术、图像处理和人工智能技术都可直接应用到地理信息系统中。整体而言，地理信息系统的发展方向是网络化、标准化、企业化、全球化和大众化。其中，网络化（Web GIS）发展是 GIS 发展的一个重要领域。

综合实训：电子地图及 GIS 软件的使用

【实训目的】

了解 GIS 的功能和构成、了解电子地图的使用；通过电子地图的使用，加深对课堂学习的 GIS 基本概念和基本功能的理解。

【实训内容】

（1）电子地图的浏览、放大、缩小、漫游等。

（2）电子地图的搜索、公交站点、公交线路、公交换乘等功能的使用。

（3）某路线优化查询、距离测算等功能的使用。

【实训方法】

（1）利用网上电子地图资源，如百度地图、Google 地图等。

（2）安装常用的 GIS 工具软件，如 ArcGIS、MapInfo、SuperMap、灵图软件等。

【实训要求】

掌握 GIS 及电子地图的功能特点，对 3 种常用 GIS 软件进行比较。对所在地、家庭等常用地点进行搜索，记录其地理信息，并设置通行方法和规划线路。

【实训参考】

参考网站

（1）地理信息系统论坛：http://www.gisall.com/html/index.html

（2）中国地理信息系统产业协会：http://www.cagis.org.cn

课 后 习 题

一、填空题

1. 计算机描述空间实体的两种最基本的方式是栅格数据结构和（　　　）。

2. GIS 整个研制工作的核心是（　　　）。

3. 要保证 GIS 中数据的现时性，必须实时进行（　　　）。

4. 世界上第一个地理信息系统产生于（　　　），加拿大地理信息系统（CGIS），用于自然资源的管理和规划。

5. GIS 指在计算机硬、软件系统的支持下，对现实世界（　　　）各类空间数据及描述这些空间数据特性的属性进行采集、存储、管理、运算、分析、显示和描述的技术系统。

6. GIS 是一具综合的系统，它主要由硬件、软件、（　　　）、人员及方法 5 个部分组成。

7. 矢量数据结构、栅格数据结构可以互相转换，矢量结构到栅格结构的转换被称为栅格化、栅格结构到矢量结构的转换被称为矢量化。其中（　　　）比较简单，而（　　　）相对复杂。

8. GIS 在物流分析中，一般通过建立车辆路线模型、（　　　）、网络物流模型、分配集合模型和设施定位模型等，能够建立功能强大的物流信息系统，使物流变得实时而且成本最优。

二、选择题

1. GIS 数据库中不仅包含丰富的（　　　），还包含与此有关的其他信息，如人口分布、环境污染、区域经济情况、交通情况等。

    A. 时间信息　　　　　B. 物流信息　　　　　C. 地理信息　　　　　D. 经济信息

2. GIS 是一门综合性的技术，也是一种对（　　　）进行采集、存储、更新、分析、输出等处理的工具。

    A. 时间数据　　　　　B. 物流数据　　　　　C. 图像数据　　　　　D. 空间数据

3. 电子地图的生成一般要经过的 3 个步骤是（　　　）。

    A. 数据采集、数据处理和符号化

    B. 数据采集、空间分析和符号化

    C. 数据采集、数据处理和空间分析

    D. 地图数字化、地图编辑和地图分析

4. 下列能用于输出地图的设备是（　　　）。

    A. 喷墨绘图机　　　　　　　　　　B. 激光打印机

    C. 彩色显示器　　　　　　　　　　D. 以上三者

5. 地理信息除了具有一般信息的特性外，还具有以下特性：空间分布性、数据量大、（　　　）。

    A. 抽象性　　　　　B. 模糊性　　　　　C. 多样性　　　　　D. 信息载体的多样性

6. 常有的描述地理信息载体的是（　　　）。

    A. 地图　　　　　B. 空间数据　　　　　C. 时间数据　　　　　D. 空间位置

7. （　　　）不是 GIS 的基本功能。

    A. 可视化功能　　　　　　　　　　B. 制图功能

    C. 信息通信功能　　　　　　　　　D. 空间信息查询

8. 地理信息系统的核心组成部分是（　　　）。

    A. 计算机软硬件　　　　　　　　　B. 地理空间数据

    C. 人员　　　　　　　　　　　　　D. 方法

9. （　　　）地理信息系统也称地理信息系统开发平台和外壳

    A. 工具型　　　　　B. 应用型　　　　　C. 可视型　　　　　D. 综合型

10. GIS 有别于其他信息系统的本质特征是（　　　）。

    A. 数据库的建立　　　　　　　　　B. 栅格数据模型

    C. 数据模型的应用　　　　　　　　D. 空间查询与分析

11. GIS 能够解决在发生洪水、战争、核事故等重大自然或人为灾害时，如何安排最佳的人员撤离路线，并配备相应的运输核保障设施的问题，这是 GIS 在（　　　）领域的应用。

    A. 资源管理　　　　B. 应急响应　　　　C. 城市规划　　　　D. 生态环境管理

12. 基于 Internet/Intranet 的 GIS 技术称为（　　　）。

    A. 工具型 GIS　　　　　　　　　　B. 应用型 GIS

    C. 综合型 GIS　　　　　　　　　　D. Web GIS

13. 以下属于国外著名 GIS 软件的是（　　　）。

    A. 中地软件　　　　　　　　　　　B. MapInfo 软件

    C. 灵图软件　　　　　　　　　　　D. Geostar 软件

14. 在数据模型的采用中，基本思想是用两个子系统分别存储和检索空间数据与属性数据，这样的数据模型称为（　　　）。

  A. 关系模型   B. 矢量模型

  C. 栅格模型   D. 混合结构模型

15. GIS 中数据的（　　　）是一种非常耗时、耗精力的交互处理工作。

  A. 编辑   B. 输入

  C. 计算   D. 输出

三、名词解释

1. 地理信息

2. 栅格数据模型

3. 工具型地理信息系统

4. 应用型地理信息系统

四、简答题

1. 地理信息系统与其他信息系统有哪些不同？

2. 矢量数据模型与栅格数据模型有什么区别？

3. 地理信息系统的基本功能有哪些？

4. 简述 GIS 的功能及其工作流程。

5. 典型的国内外 GIS 软件有哪些？

6. GIS 作为一种先进的技术，给现代物流业的发展带来了哪些影响？

▶▶▶ **案例分析** ◀◀◀

白沙烟草物流的 GIS 配送优化系统

  目前国内的烟草物流对于 GIS 的应用存在认识上的偏差。大部分的烟草物流应用只单纯地利用 GPS 技术实现了查询烟草物流配送车辆的位置、轨迹，对于干线运输来说，基本可以满足要求，但是对于烟草访销配送最基础的基层地市烟草公司，特别是适应城网和农网烟草大集中的多点配送应用来说，只知道车的位置是远远不够的。合理的配送线路优化和按动态烟草订单配载，将直接提高配、运效率，大大降低烟草物流成本。

  物流烟草配送 GIS 及线路优化系统是基于集成了国际上发展成熟的网络数据库、WEB/GIS 中间件、GPS、GPRS 通信技术，采用金启元科技发展（北京）有限公司的地图引擎中间件（GS-GMS-MapEngine for Java）产品为核心开发技术平台，结合白沙物流的实际，开发设计的集烟草配送线路优化、烟草配送和烟草稽查车辆安全监控、烟草业务（访销、CRM 等）可视化分析、烟草电子地图查询为一体的物流 WEB/GIS 综合管理信息系统。该系统利用 WEB/GIS 强大的地理数据功能来完善物流分析，及时获取直观可视化的第一手综合管理信息，即可直接合理调配人力、运力资源，求得最佳的送货路线，又能有效地为综合管理决策提供依据。系统中使用的 GPS 技术可以实时监控车辆的位置，根据道路交通状况向车辆发出实时调度指令，实现对车辆进行远程管理。

  白沙烟草物流开发使用 GIS 线路优化系统后，将实现以下六大应用功能。

（1）烟草配送线路优化系统：选择订单日期和配送区域后自动完成订单数据的抽取，根据送货车辆的装载量、客户分布、配送订单、送货线路交通状况、司机对送货区域的熟悉程度等因素设定计算条件，系统进行送货线路的自动优化处理，形成最佳送货路线，保证送货成本及送货效率最佳。线路优化后，允许业务人员根据业务具体情况进行临时线路的合并和调整，以适应送货管理的实际需要。

（2）烟草综合地图查询：能够基于电子地图实现客户分布的模糊查询、行政区域查询和任意区域查询，查询结果实时在电子地图上标注出来。通过使用图形操作工具如放大、缩小、漫游、测距等，来具体查看每一客户的详细情况。

（3）烟草业务地图数据远程维护：提供基于地图方式的烟草业务地图数据维护功能，还可以根据采集的新变化的道路等地理数据及时更新地图。对烟户点的增、删、改；对路段和客户数据的综合初始化；对地图图层的维护操作；地图服务器系统的运行故障修复和负载均衡等功能。

（4）烟草业务分析：实现选定区域，选定时间段的烟草订单访销区域的分布，进行复合条件查询；在选定时间段内的各种品牌香烟的销量统计和地理及烟草访销区域分布；配送车组送货区域的地图分布。通过在各种查询统计、分析现有客户分布规律的基础上，通过空间数据密度计算，挖掘潜在客户；通过对配送业务的互动分析，扩展配送业务（如第三方物流）。

（5）烟草物流 GPS 车辆监控管理：通过对烟草送货车辆的导航跟踪，提高车辆运作效率，降低车辆管理费用，抵抗风险。其中车辆跟踪功能是对任一车辆进行实时的动态跟踪监控，提供准确的车辆位置及运行状态、车组编号及当天的行车线路查询。报警功能是当司机在送货途中遇到被抢被盗或其他紧急情况时，按下车上的 GPS 报警装置向公司的信息中心报警。轨迹回放功能是根据所保存的数据，将车辆在某一历史时间段的实际行车过程重现于电子地图上，随时查看行车速度、行驶时间、位置信息等，为事后处理客户投诉、路上事故、被抢被盗提供有力证据。

（6）烟草配送车辆信息维护：根据车组和烟草配送人员的变动及时在这一模块中进行车辆、司机、送货员信息的维护操作。包括添加车辆和对现有车辆信息的编辑。

白沙物流烟草配送 GIS 及线路优化系统的上线运行，标志着白沙物流的信息化建设迈上了一个新的台阶，必定会在规范日常运作，提升公司形象，打造数字化的跨区物流企业的进程中起到巨大推动作用。

经过 GIS 计算自动生成的优化配送线路图，可指导烟草送货员大大提高送货效率，节约配送成本。

——来源：中国物流与采购网

根据案例回答问题。

（1）国内大多数烟草物流应用 GIS 有哪些不足？

（2）白沙烟草物流的 GIS 配送优化系统有哪些功能与特点？

第7章 全球卫星定位系统 GPS

本章学习方略

本章重点内容

- GPS 的功能、特点
- GPS 的组成
- GPS 在物流系统中的作用

本章难点内容

- GPS 的定位原理
- 北斗星系统与 GPS 系统的区别

案例引入

GPS 的物流行业应用是运输企业壮大的保证

　　物流运输企业所面临的问题中，什么最让人头疼？得到的答案十有八九是司机难管。当司机开着车离开公司的车场，他的行踪基本上就由他说了算，他开车到哪里？走什么路线？走高速路还是普通国道？他有没有干私活？这些情况，如果没有有效的监督手段，运输公司根本就无法知晓。当运输公司无法有效了解司机的运输过程，或者说司机的运输过程对除他以外的任何人都是不透明的时候，运输公司的管理就变得非常困难。

　　运输过程不透明，使司机的行为无法受到有效的制约，司机虚报过路过桥费、虚报油费、维修费等揩油行为层出不穷，花样之多，让管理者防不胜防。

　　我们经常可以看到这种现象，当一个小运输公司的老板，辛辛苦苦积累一些资金，将自己的车队规模扩大，打算大干一场的时候，等待他的结果并不好。为什么车少的时候还可以赚钱？车多了，有规模效益，更应该赚钱才是，却赚不到钱，甚至亏损。这其中的奥妙在哪里？其实很简单，就是因为，大部分人只看到增加车辆数，没有看到车辆数增加后，如果你无法有效控制车辆的运行，最终，你投资买来的车辆，成为别人揩油的工具，司机的跑冒滴漏会把企业拖垮。

　　针对这一行业的特点，在充分了解了运输公司的实际需求后，广州中帆信息科技有限公司推出了物流企业车辆管理解决方案。该方案应用了 GPS、GPRS/SMS、GIS 等先进技术，能够对车队的"成本管理、绩效管理、安全管理、事故分析"等多项数据进行挖掘与分析，实现对司机的出勤统计与管理，对车辆与货物的位置管理，彻底把车辆运输过程透明化，基本杜绝司机的揩油行为，给运输企业扩大车队规模提供了有效的车辆管理调度手段。除此该方案还能优化线路与货物配载，控制与降低物流运输成本，提高车辆的运营经济效益，保障车辆和货物财产安全。

这样既能杜绝了司机的揩油行为，又控制了运输成本，还保障了车辆和货物的安全。运输公司在 GPS 技术的帮助下，发展壮大不再是一个很难实现的梦。

——中帆车辆管理专家 2008 年 4 月 29 日

7.1 GPS 的概述

随着信息技术与现代物流的飞速发展，物流基础设施与装备条件已有了较大的改善，但营运水平不高的物流企业仍然存在着产品脱销、订单流失、货损、漏货等现象。而 GPS 的应用，一方面会提升物流企业的运作水平和车辆监控的能力，从而提高其自身的竞争力；另一方面，也会给客户产品的运送提供保障，降低事故的出现概率。

随着全球导航技术的发展，在现有技术条件下实时跟踪和远程控制移动目标已经得到了实际的运用。尤其是全球化通信手段（GSM）以及地理信息定位系统（GIS）的完善，保障了人们能在全球范围内对移动目标实施全天候、全过程的监控。如何发挥 GPS 技术的优势，应用到物流运输指挥管理工作中，逐步成为了提升现代物流企业管理水平和运营效益的重要研究方向。

7.1.1 GPS 的概念与发展

1. GPS 的概念

GPS（Global Positioning System）是利用人造地球卫星，在全球范围内实时进行定位、导航的系统，称为全球卫星定位系统。

GPS 卫星定位系统的前身是美军研制的"子午仪"导航卫星系统，1973 年批准研制 GPS 系统；1974～1993 年先后经历了方案论证、系统论证、生产试验三个阶段。论证阶段发射了 11 颗卫星，试验阶段发射了第三代 GPS 卫星。经过 20 余年的研究实验，耗资 300 亿美元，到 1994 年 3 月，全球覆盖率高达 98%的 24 颗 GPS 卫星星座已布设完成。

GPS 卫星星座 24 颗卫星，卫星轨道面个数 6 个，卫星高度 20200km，轨道倾角 55°，运行周期 11 小时 58 分钟，载波频率为 1575MHz 和 1227MHz，GPS 卫星在轨重量为 843.68kg，设计寿命七年半。

GPS 系统必须具备 GPS 终端、传输网络和监控平台 3 个要素；这 3 个要素缺一不可；通过这 3 个要素，可以提供车辆定位、防盗、反劫、行驶路线监控及呼叫指挥等功能。

因为 GPS 技术所具有的全天候、高精度和自动测量的特点，作为先进的测量手段和新的生产力，已经融入了国民经济建设、国防建设和社会发展的各个应用领域。

2. GPS 的发展过程

（1）开山之作"子午仪"卫星

GPS 的上一代产品是美国海军 1964 年研制的"子午仪"导航卫星，属于低轨道卫星。GPS 最先起源于 1958 年美国海军卫星导航系统（NNSS），因为其系统中所有的导航卫星都经过地球极点，因此该系统又被称为"子午仪卫星导航系统"。

GPS 的主要用途是为核潜艇和水面舰艇的导航之用，兼有大地测量功能。它最重要的功能是为北极星核导弹提供精确的定位，以便迅速发动核打击。从 1960 年 4 月到 20 世纪 80 年代初共发射 30 多颗。第一颗是子午仪 1B 号，用来对导航卫星方案及其关键技术进行试验鉴定，并验证双频多普勒测速定位导航原理，结果证明卫星导航可行（见图 7-1）。

图 7-1　"子午仪"卫星与"北极星"导弹

"子午仪"的诞生在当时具有重大的科学意义，它是人类首次建立的卫星导航系统，它为后来的 GPS 以及"伽利略"系统奠定了基础。另外，"子午仪"也让军方充分认识到导航系统的重要性，接下来的时间内，世界主要强国均在卫星导航系统上投下巨资。

（2）方案论证和初步设计

1973 年，为了彻底解决原导航系统中的一些缺陷，美国国防部成立了一个专门机构，开始对 GPS 全球定位方案进行论证。对 GPS 方案的论证历经了 1973 年、1978 年以及 1990 年的 3 次修改、论证，并在修改和论证期间，进行了大量的实际工作，如发射实验卫星，开发 GPS 信号应用和发射工作卫星。

从 1973 年到 1979 年，共发射了 4 颗试验卫星。研制了地面接收机及建立地面跟踪网。

（3）全面研制和试验阶段

从 1979 年到 1984 年，又陆续发射了 7 颗试验卫星，使得卫星总数为 11 颗，已完成了它们的历史使命，研制了各种用途的接收机。实验表明，GPS 定位精度远远超过设计标准。并于 1993 年 12 月 31 日全部停止工作。

（4）实用组网阶段

1989 年 2 月 4 日第一颗 GPS 工作卫星发射成功，表明 GPS 系统进入工程建设阶段。1993 年底实用的 GPS 网即（21+3）GPS 星座已经建成，到 1994 年 3 月 28 日发射了覆盖率达到 98% 的 GPS 工作卫星，它由 9 颗 Block II 卫星和 15 颗 Block II A 卫星组成。建成了现行比较完善的 GPS 全球定位导航系统。今后将根据计划更换失效的卫星。

7.1.2 GPS 的功能与特点

1. GPS 的功能

（1）快速定位

GPS 定位的基本原理是根据高速运动的卫星瞬间位置作为已知起算数据，采用空间距离后方交会的方法，确定待测点的位置。

目前 GPS 系统提供的定位精度为 10m，而为得到更高的定位精度，通常采用差分 GPS 技术，将一台 GPS 接收机安置在基准站上进行观测。

（2）准确测量

主要用于测量时间、速度及大地测绘，如水下地形测量，地壳形变测量，大坝和大型建筑物变形监测及浮动车数据，利用 GPS 定期记录车辆的位置和速度信息，从而计算道路的拥堵情况。

GPS 在精确定位的基础上，可以测量定位点的距离，而且可以在三维空间中进行准确测量，从而为运输、航海、航空等领域提供服务。距离测定方法：利用测距码测距（伪距测量），利用载波测距（载波相位测量）。

（3）同步授时

GPS 时是全球卫星定位系统建立的专用时间系统，它由 GPS 主控站里的一组高精度原子钟所控制。GPS 时也属于原子时系统，其秒长与 UTC（协调世界时）相同。但 GPS 时是一种连续计时系统，不包含闰秒修正，它与 UTC 的时刻规定于 1980 年 1 月 5 日 0 时相同。其后，随着时间的积累，两者之间的差异表现为秒的整数倍。

协调世界时（Coordinated Universal Time，UTC）是一种以原子钟秒长为基础，在时刻上尽量接近世界时的一种折中的时间系统。它的秒长严格等于原子秒长，采用闰秒修正下的方法使其与世界时相接近。它是目前世界各国时号播发的基础。

可以说，GPS 时和 UTC 是两种既相关又不同的时间尺度。因为 GPS 时与 UTC 是一种相关的时间系统，其偏差已包括在导航电文中，因此，用户接收机给出的时间一般都是同步到 UTC 后的结果。

商用 GPS 接收机可以向用户提供导航信息和时间信息，GPS 授时的方法很简单，在授时精度要求不高的情况下，用户可以利用 GPS 接收机输出的秒脉冲信号作为本地时钟的时间同步源，直接对本地时钟进行同步。

全球定位系统的主要用途如下。

① 陆地应用：主要包括车辆导航、应急反应、大气物理观测、地球物理资源勘探、工程测量、变形监测、地壳运动监测、市政规划控制等。

② 海洋应用：包括远洋船最佳航程航线测定、船只实时调度与导航、海洋救援、海洋探宝、水文地质测量以及海洋平台定位、海平面升降监测等。

③ 航空航天应用：包括飞机导航、航空遥感姿态控制、低轨卫星定轨、导弹制导、航空救援和载人航天器防护探测等。

2. GPS 的特点

（1）定位精度高

GPS 相对定位精度：50km 以内可达 6～10m，100～500km 可达 7～10m，1000km 可达 9～10m。在 300～1500m 工程精密定位中，1 小时以上观测的解其平面其平面位置误差小于 1mm，与

ME-5000 电磁波测距仪测定得边长比较，其边长较差最大为 0.5mm，校差误差为 0.3mm。

（2）观测时间短

随着 GPS 系统的不断完善、软件的不断更新，目前，20km 以内相对静态定位，仅需 15～20 分钟；快速静态相对定位测量时，当每个流动站与基准站相距在 15km 以内时，流动站观测时间只需 1～2 分钟，然后可随时定位，每站观测只需几秒钟。

（3）测站间无需通视

GPS 测量只要求测站上空开阔，不要求测站之间互相通视，因而不再需要建造觇标。这一优点既可大大减少测量工作的经费和时间（一般建造觇标费用约占总经费的 30%～50%），同时也使选点工作变得非常灵活，也可省去经典测量中的传算点、过渡点的测量工作。

（4）提供三维坐标

GPS 测量在精确测定观测站平面位置的同时，可以精确测定观测站的大地高程。GPS 测量的这一特点，不仅为研究大地水准面的形状和确定地面点的高程开辟了新途径，同时也为其在航空物探、航空摄影测量及精度导航中的应用提供了重要的高程数据。

（5）操作简便

GPS 测量的自动化程度很高，在观测中测量员的主要任务只需安置仪器、连接电缆线、量取天线高程、监视仪器的工作状态，而其他观测工作，如卫星的捕获，跟踪观测和记录等均由仪器自动完成。另外，GPS 用户接收机一般重量较轻、体积较小，因此携带和搬运都很方便。

（6）全球全天候作业

GPS 观测工作可以在任何地点、任何时间连续地进行，一般也不受天气状况的影响，功能多、应用广。

7.1.3　其他卫星定位系统

自从 GPS 取得成功后，美国获得了巨大的商业和军事利益，提高了国际竞争力。这种情况让其他国家感到十分不满，首先是自身的经济利益受到了损失，其次是军方过分依赖 GPS 会导致作战效能的降低，因为战争时期美国很可能对 GPS 信号进行加密，只对自己的军队予以开放。而且 GPS 信号抗干扰性能也不强，伊拉克战争期间 GPS 就受到过廉价干扰设备的进攻，导致部分设备失灵。

针对这种情况，主要军事和经济强国除了研究攻击 GPS 卫星的方法外，还积极建立自己的导航系统，以和美国对抗。其中比较成熟而且投入使用的有欧洲联合的伽利略系统、俄罗斯的 GLONASS，以及中国目前正在完善的北斗星系统。

1. 欧洲的“伽利略”

欧洲 1999 年初正式推出“伽利略”导航卫星系统计划，由欧洲共同体联合研制开发，原理和 GPS 基本相同。该方案由 21 颗以上中高度圆轨道核心星座组成，另加 3 颗覆盖欧洲的地球静止轨道卫星，辅以 GPS 和本地差分增强系统，首先满足欧洲需求，位置精度达几米。计划在 2001 年 4 月 5 日欧盟交通部长会议上获得批准，确定 30 颗卫星总投资为 35 亿欧元。

从设计目标来看，“伽利略”的定位精度优于 GPS，军民信号都可以达到 1m 的精度。“伽利略”为地面用户提供 3 种信号：免费使用的信号、加密且需交费使用的信号、加密且需满足更高要求的信号。“伽利略”系统能够与美国的 GPS、俄罗斯的 GLONASS 实现多系统内的相互兼容。“伽利略”接收机可以采集各个系统的数据或者通过各个系统数据的组合来实现定位导航的要求。

目前,"伽利略"系统没有完全投入市场,因此很少看到相应的接收装置,但该系统已经发射了部分导航卫星,达到了基本能用的程度。

2. 俄罗斯的"格洛纳斯"

俄罗斯 GLONASS(Global Navigation Satellite System,全球导航卫星系统)由前苏联从 20 世纪 80 年代初开始建设,与美国 GPS 相类似,由 24 颗卫星组成,均匀分布在 3 个近圆形的轨道平面上,每个轨道面 8 颗卫星,轨道高度 19100km,运行周期 11 小时 15 分钟,轨道倾角 64.8°。

与美国的 GPS 系统不同的是,GLONASS 系统采用频分多址(FDMA)方式,而 GPS 是码分多址(CDMA),根据调制码来区分卫星。俄罗斯对 GLONASS 系统采用了军民合用、不加密的开放政策。GLONASS 系统单点定位精度水平方向为 16m,垂直方向为 25m。

GLONASS 卫星由质子号运载火箭一箭三星发射入轨,卫星采用三轴稳定体制,整体质量 1400kg,设计轨道寿命 5 年。所有 GLONASS 卫星均使用精密铯钟作为其频率基准。GLONASS 系统的主要用途是导航定位,当然与 GPS 系统一样,也可以广泛应用于各种等级和种类的测量应用、GIS 应用和时频应用等。

总体来说,GLONASS 受限制于俄罗斯拮据的财政,目前只能说达到了"半可用"的状态,远不如美国的 GPS 和欧洲的"伽利略"。

3. 中国的"北斗星"

我国也看好卫星导航的军事和经济两方面的应用前景,为了不受制于人也发展了北斗星导航系统。和 GPS、"伽利略"不同,北斗星是区域性的导航系统,目前只能覆盖中国全境和亚洲的大部分地区,如日本和韩国、印度的部分地区均可涵盖(详细内容见 7.3 节)。

7.2 | GPS 的组成与工作原理

7.2.1 GPS 的组成

GPS 包括三大组成部分:空间部分——GPS 卫星星座;地面控制部分——地面监控系统;用户设备部分——GPS 信号接收机(见图 7-2)。

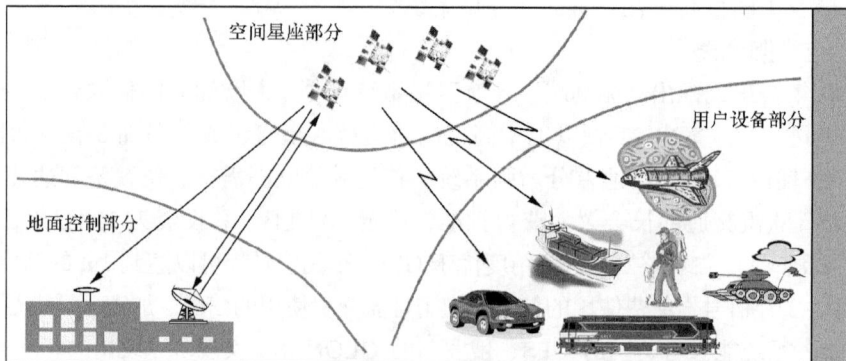

图 7-2 GPS 的组成

1. 空间部分

GPS 的空间部分（见图 7-3）主要是卫星系统，由 21 颗工作卫星和 3 颗在轨备用卫星组成（计作 21+3）。24 颗卫星均匀分布在 6 个轨道平面内，轨道平面的倾角为 55°，卫星的平均高度为 20200km，运行周期为 11 小时 58 分钟。

卫星用 L 波段的两个无线电载波向广大用户连续不断地发送导航定位信号，导航定位信号中含有卫星的位置信息，使卫星成为一个动态的已知点。在地球的任何地点、任何时刻，在高度角 15° 以上，平均可同时观测到 6 颗卫星，最多可达到 9 颗。GPS 卫星产生两组电码，一组称为 C/A 码（Coarse/Acquisition Code 11023MHz），一组称为 P 码（Procise Code 10123MHz）。

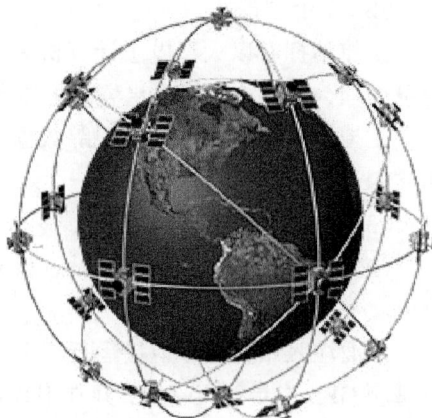

图 7-3　GPS 空间部分

在用 GPS 信号导航定位时为了结算测站的三维坐标，必须观测 4 颗 GPS 卫星（称为定位星座）。这 4 颗卫星在观测过程中的几何位置分布对定位精度有一定的影响。对于某地某时甚至不能测得精确的点位坐标这种时间段叫做"间隙段"。但这种时间间隙段是很短暂的并不影响全球绝大多数地方的全天候、高精度、连续实时的导航定位测量。

2. 地面部分

对于导航定位来说 GPS 卫星是一个动态已知点。星的位置是依据卫星发射的星历（描述卫星运动及其轨道的参数）计算得到的。每颗 GPS 卫星所播发的星历是由地面监控系统（见图 7-4）提供的。卫星上的各种设备是否正常工作以及卫星是否一直沿着预定轨道运行都要由地面设备进行监测和控制。地面监控系统另一重要作用是保持各颗卫星处于同一时间标准（GPS 时间系统）。这就需要地面站监测各颗卫星的时间求出钟差，然后由地面注入站发给卫星，卫星再由导航电文发给用户设备。

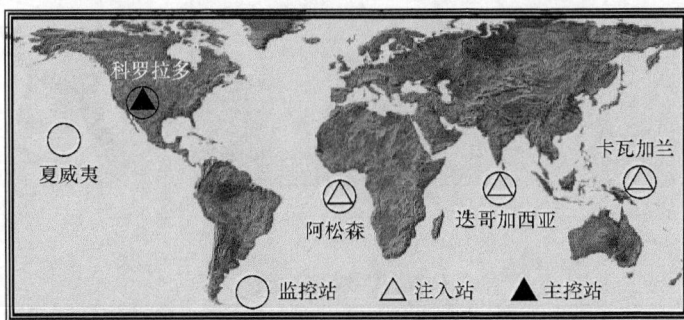

图 7-4　GPS 的地面部分

GPS 的地面监控系统包括 1 个主控站、3 个注入站和 5 个监测站。

（1）5 个检测站

监控站是无人值守的数据采集中心，其位置经精密测定，主要设备包括 1 台双频接收机、1 台高精度原子钟、1 台电子计算机和若干台环境数据传感器等。

监测站连续接收 GPS 卫星信号，不断积累测距数据，并将这些测距数据以及气象数据、卫星状态数据等发送到主控站。

（2）1 个主控站

主控站拥有以大型电子计算机为主体的数据收集、计算和传播设备，它是完成数据收集、信息处理、时钟协调、卫星姿态控制等工作的 GPS 的核心。

主控站从各监测站收集跟踪数据，计算出卫星的轨道和时钟参数，然后将结果送到 3 个地面注入站。

（3）3 个注入站

注入站是无人值守的工作站，设有 3.66m 的抛物面天线，1 台 C 波段发射机和一台电子计算机。

地面注入站在每颗卫星运行至上空时，把这些导航数据及主控站指令注入卫星。这种注入对每颗 GPS 卫星每天一次，并在卫星离开注入站作用范围之前进行最后的注入。如果某地面站发生故障，那么在卫星中预存的导航信息还可用一段时间，但导航精度会逐渐降低。

3．用户设备

GPS 用户设备由 GPS 接收机、数据处理软件、终端设备（如计算机）等组成。GPS 接收机可捕获到按一定卫星高度截止角所选择的待测卫星的信号，跟踪卫星的运行，并对信号进行交换、放大和处理，再通过计算机和相应软件，经基线解算、网平差，求出 GPS 接收机中心（测站点）的三维坐标。GPS 接收机的结构分为天线单元和接收单元两部分，如图 7-5 所示。目前各种类型的接受机体积越来越小、重量越来越轻，便于野外观测使用（见表 7-1）。

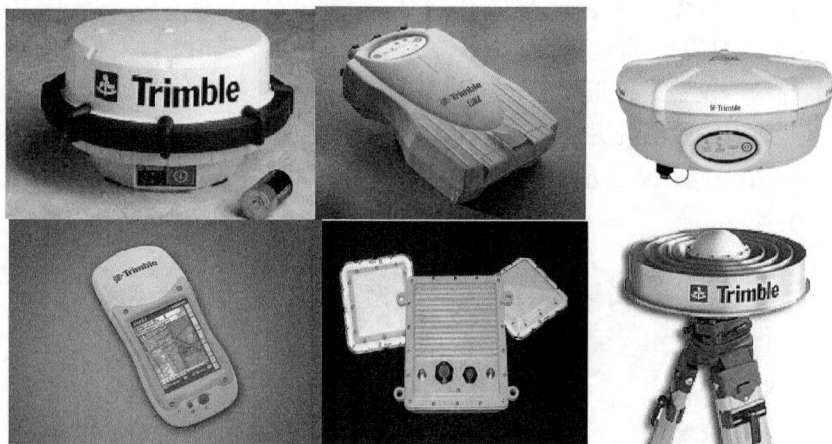

图 7-5　常见的 GPS 接收机

表 7-1　　　　　　　　　　　　　　　GPS 接收机分类表

分 类 标 准	分　类
接收机的用途	● 导航型接收机：主要用于运动载体的导航，它可以实时给出载体的位置和速度。可细分为车载型（用于车辆导航定位）、航海型（船舶导航定位）、航空型（飞机导航定位）和星载型（卫星的导航定位） ● 测地型接收机：主要用于精密大地测量和精密工程测量 ● 授时型接收机：主要利用 GPS 卫星提供的高精度时间标准进行授时，常用于天文台及无线电通信中时间同步

续表

分 类 标 准	分 类
接收机的载波频率	● 单频接收机：只能接收 L1 载波信号 ● 双频接收机：可以同时接收 L1、L2 载波信号
接收机通道数	GPS 接收机能同时接收多颗 GPS 卫星的信号，为了分离接收到的不同卫星信号，以实现对卫星信号的跟踪、处理和测量，具有这样功能的器件称为天线信号通道。根据接收机所具有的通道种类可分为：多能道接收机、序贯通道接收机、多路多用通道接收机
接收机工作原理	● 码相关型接收机：利用码相关技术得到伪距观测值 ● 平方型接收机：利用载波信号的平方技术去掉调制信号，恢复完整的载波信号，通过相位计测定接收机内产生的载波信号与接收到的载波信号之间的相位差，测定伪距观测值 ● 混合型接收机：综合上述两种接收机的优点，既可以得到码相位伪距，也可以得到载波相位观测值 ● 干涉型接收机：采用干涉测量方法，测定两个测站间距离

7.2.2　GPS 的工作原理

1．接收机同时至少观测到 4 颗卫星

在用 GPS 信号导航定位时，为了结算测站的三维坐标，必须观测 4 颗 GPS 卫星，称为定位星座。

在两万公里高空的 GPS 卫星，当地球对恒星来说自转一周时，它们绕地球运行两周，即绕地球一周的时间为 12 恒星时。这样，对于地面观测者来说，每天将提前 4 分钟见到同一颗 GPS 卫星。位于地平线以上的卫星颗数随着时间和地点的不同而不同，最少可见到 4 颗，最多可见到 11 颗。

这 4 颗卫星在观测过程中的几何位置分布对定位精度有一定的影响。对于某地某时，甚至不能测得精确的点位坐标，这种时间段叫做"间隙段"。但这种时间间隙段是很短暂的，并不影响全球绝大多数地方的全天候、高精度、连续实时的导航定位测量。

2．确定卫星的准确位置

首先，要通过深思熟虑、优化设计卫星运行轨道；而且，要由监测站通过各种手段，连续不断监测卫星的运行状态，适时发送控制指令，使卫星保持在正确的运行轨道。将正确的运行轨迹编成星历，注入卫星，且经由卫星发送给 GPS 接收机。正确接收每个卫星的星历，就可确知卫星的准确位置。

3．确定接收机到卫星的距离

电波传播的速度是每秒 30 万公里，所以只要知道卫星信号传到接收机的时间，就能求得距离。所以，问题就归结为测定信号传播的时间。

要准确测定信号传播时间，要解决两方面的问题：一个是时间基准问题，另一个就是要解决测量的方法问题。

（1）时间基准问题

GPS 系统在每颗卫星上装置有十分精密的原子钟，并由监测站经常进行校准。卫星发送导航信息，同时也发送精确时间信息。GPS 接收机接收此信息，使与自身的时钟同步，就可获得

准确的时间。所以，GPS 接收机除了能准确定位之外，还可产生精确的时间信息。

（2）测定卫星信号传输时间的方法

GPS 接收机中的时钟，不可能像在卫星上那样，设置昂贵的原子钟，所以就利用测定第 4 颗卫星，来校准 GPS 接收机的时钟。前面提到，每测量 3 颗卫星可以定位一个点。利用第 4 颗卫星和前面 3 颗卫星的组合，可以测得另一些点。理想情况下，所有测得的点，都应该重合。但实际上，并不完全重合。利用这一点，反过来可以校准 GPS 接收机的时钟。测定距离时选用卫星的相互几何位置，对测定的误差也不同。为了精确的定位，可以多测一些卫星，选取几何位置相距较远的卫星组合，测得误差要小。

4．准确定位

卫星的位置可以确定，又能准确测定接收机所在地点 A 至卫星之间的距离，那么 A 点一定是位于以卫星为中心所测得距离为半径的圆球上。通过 2 颗卫星的测定，则 A 点一定处在前后两个圆球相交的圆环上。通过第 3 颗卫星的距离，就可以确定 A 点只能是在 3 个圆球相交的 2 个点上。根据一些地理知识，可以很容易排除其中一个不合理的位置。当然也可以再测量 A 点至另一颗卫星的距离，也能精确进行定位。

假设 t 时刻在地面待测点上的 GPS 接收机，可以测定 GPS 信号到达接收机的时间 $\triangle t$，再加上接收机所接收到的卫星星历等其他数据可以建立图 7-6 所示 4 个方程式。

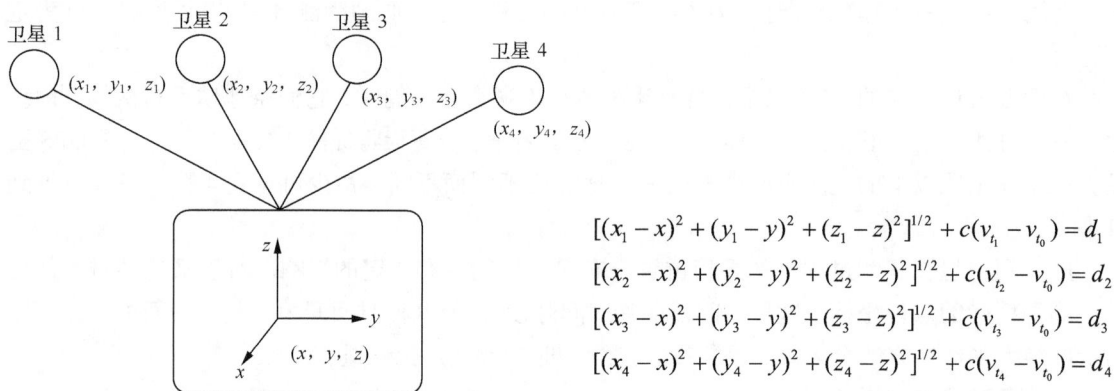

$$[(x_1-x)^2+(y_1-y)^2+(z_1-z)^2]^{1/2}+c(v_{t_1}-v_{t_0})=d_1$$
$$[(x_2-x)^2+(y_2-y)^2+(z_2-z)^2]^{1/2}+c(v_{t_2}-v_{t_0})=d_2$$
$$[(x_3-x)^2+(y_3-y)^2+(z_3-z)^2]^{1/2}+c(v_{t_3}-v_{t_0})=d_3$$
$$[(x_4-x)^2+(y_4-y)^2+(z_4-z)^2]^{1/2}+c(v_{t_4}-v_{t_0})=d_4$$

图 7-6　GPS 工作原理

上述 4 个方程式中待测点坐标 x、y、z 和 v_{t_0} 为未知参数，其中 $d_i=c\Delta t_i$（$i=1$、2、3、4）。d_i（$i=1$、2、3、4）分别为卫星 1、卫星 2、卫星 3、卫星 4 到接收机之间的距离。

Δt_i（$i=1$、2、3、4）分别为卫星 1、卫星 2、卫星 3、卫星 4 的信号到达接收机所经历的时间。

c 为 GPS 信号的传播速度（即光速）。

4 个方程式中各个参数意义如下：

x、y、z 为待测点坐标的空间直角坐标。

x_i、y_i、z_i（$i=1$、2、3、4）分别为卫星 1、卫星 2、卫星 3、卫星 4 在 t 时刻的空间直角坐标，可由卫星导航电文求得。

v_{t_i}（$i=1$、2、3、4）分别为卫星 1、卫星 2、卫星 3、卫星 4 的卫星钟的钟差，由卫星星历提供。

v_{t_0} 为接收机的钟差。

由以上 4 个方程即可解算出待测点的坐标 x、y、z 和接收机的钟差 v_{t_0}。

事实上，接收机往往可以锁住 4 颗以上的卫星，接收机可按卫星的星座分布分成若干组，每组 4 颗，然后通过算法挑选出误差最小的一组用作定位，从而提高精度。

5. 同步授时

GPS 卫星的空间坐标可通过 GPS 卫星导航电文中的广播星历获知，接收机的坐标则可通过大地测量获得，从而通过 GPS 卫星坐标与接收机的坐标计算出星机的"真实距离"。

假定接收机与 GPS 卫星时间同步，利用 GPS "测距码"信号测算出信号的传输时延，再根据传输时延和信号传播速度（取真空光速值）计算出星机的"伪距离"。

伪距离的失真主要由以下 2 个因素造成。

① 接收机与 GPS 卫星的不同步造成了传输时延的测算误差。

② GPS 信号在穿越电离层和大气对流层时，传播速度会发生变化，不再等于真空光速，从而造成传播速度的误差。

信号传输速度引起的测量误差可按统计模型，利用导航电文中的卫星星历数据推算出卫星发射电文时所处位置，通过测量值与推算值与可计算出接收机时钟与 GPS 时钟的钟差，高级的双频 GPS 接收机还可通过双频段测量的方式更为精确地修正电离层误差。因此，通过调整钟差实现与 GPS 卫星钟的同步。

7.3 "北斗星"卫星定位系统

7.3.1 我国卫星导航系统的发展

20 世纪 80 年代初，中国开始积极探索适合国情的卫星导航系统。2000 年，初步建成"北斗"卫星导航试验系统，标志着中国成为继美、俄之后世界上第 3 个拥有自主卫星导航系统的国家。目前，中国正在稳步推进"北斗"卫星导航系统的建设，截至 2012 年 10 月 25 日已成功发射了 16 颗"北斗"导航卫星。

"北斗"卫星导航系统的建设与发展将满足国家安全、经济建设、科技发展和社会进步等方面的需求，维护国家权益、增强综合国力。"北斗"卫星导航系统将致力于为全球用户提供稳定、可靠、优质的卫星导航服务，并与世界其他卫星导航系统携手，共同推动全球卫星导航事业的发展，促进人类文明和社会发展，服务全球、造福人类。

按照"质量、安全、应用、效益"的总要求，坚持"自主、开放、兼容、渐进"的发展原则，遵循"先区域、后全球"的总体思路，"北斗"卫星导航系统正在按照"三步走"的发展战略稳步推进。发展步骤如下。

1. "北斗一代"卫星导航试验系统

1994 年，中国启动"北斗"卫星导航试验系统建设；2000 年相继发射 2 颗"北斗"导航试验卫星，初步建成"北斗"卫星导航试验系统，成为世界上第三个拥有自主卫星导航系统的国家；2003 年发射第 3 颗"北斗"导航试验卫星，进一步增强了"北斗"卫星导航试验系统性能。

北斗导航一代系统可为我国及周边地区的中、低动态用户提供定位、短报文通信和授时服务，多年来已经应用于水利、渔业、交通、救援及特种领域等，因为北斗一代是试验系统，应用能力和范围受到很大局限。

2．"北斗二代"卫星导航区域系统

2004 年中国启动"北斗二代"卫星导航系统工程建设，2007 年发射第 1 颗中圆地球轨道卫星（COMPASS-M1），2012 年系统实现由 16 颗左右的卫星构成，具备覆盖亚太地区的服务能力，具有定位、导航、授时以及短报文通信功能。

3．"北斗三代"全球导航系统

根据系统建设总体规划，2020 年左右，建成覆盖全球的北斗卫星导航系统。

北斗卫星导航系统将是一个由 30 余颗卫星、地面段和各类用户终端构成的大型航天系统，技术复杂、规模庞大，其建设应用将实现我国航天从单星研制向组批生产、从保单星成功向组网成功、从以卫星为核心向以系统为核心、从面向行业用户向大众用户的历史性转型，开启我国航天事业的新征程，并将对维护我国国家安全、推动经济社会科技文化全面发展提供重要保障。

7.3.2 "北斗星"导航系统简介

1．"北斗星"的组成

"北斗"卫星导航系统是中国自主建设、独立运行，并与世界其他卫星导航系统兼容共用的全球卫星导航系统（见图 7-7）。

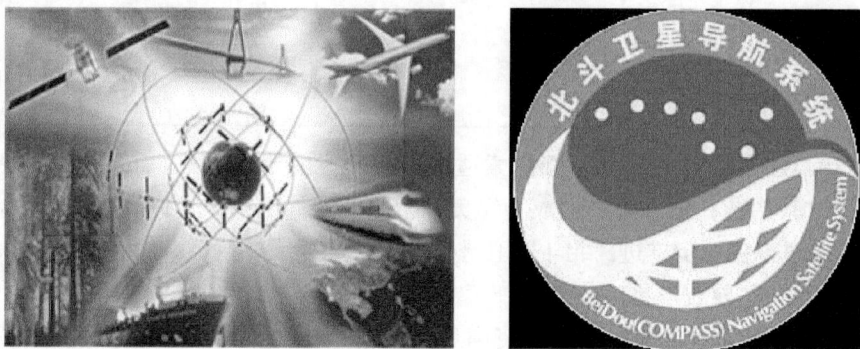

图 7-7　中国的北斗、世界的北斗

"北斗"卫星导航系统由空间星座、地面控制和用户终端三大部分组成。

（1）空间星座部分

按照系统发展规划，空间星座部分将由 5 颗地球静止轨道卫星和 30 颗非地球静止轨道卫星组成。

地球静止轨道卫星分别定点于东经 58.75°、80°、110.5°、140°和 160°。非地球静止轨道卫星由 27 颗中圆地球轨道卫星和 3 颗倾斜地球同步轨道卫星组成。其中，中圆地球轨道卫星轨道高度 21500km，轨道倾角 55°，均匀分布在 3 个轨道面上；倾斜地球同步轨道卫星轨道高度 36000km，均匀分布在 3 个倾斜同步轨道面上，轨道倾角 55°，3 颗倾斜地球同步轨道卫星星下点轨迹重合，交叉点经度为东经 118°，相位差 120°。

（2）地面控制部分

地面控制部分由若干主控站、注入站和监测站组成。

主控站主要任务是收集各个监测站的观测数据、进行数据处理、生成卫星导航电文、广域差分信息和完好性信息、完成任务规划与调度、实现系统运行控制与管理等。

注入站主要任务是在主控站的统一调度下，完成卫星导航电文、广域差分信息和完好性信息注入、有效载荷的控制管理。

监测站对导航卫星进行连续跟踪监测、接收导航信号、发送给主控站、为卫星轨道确定和时间同步提供观测数据。

（3）用户终端部分

用户终端部分由各类"北斗"用户终端，以及与其他卫星导航系统兼容的终端组成，能够满足不同领域和行业的应用需求。

2．工作原理

北斗导航系统是主动式双向测距二维导航。地面中心控制系统解算，供用户三维定位数据。GPS 是被动式伪码单向测距三维导航。由用户设备独立解算自己的三维定位数据。

北斗卫星导航系统的工作过程如下。

① 首先由中心控制系统向卫星 I 和卫星 II 同时发送询问信号，经卫星转发器向服务区内的用户广播。

② 用户响应其中一颗卫星的询问信号，并同时向两颗卫星发送响应信号，经卫星转发回中心控制系统。

③ 中心控制系统接收并解调用户发来的信号，然后根据用户的申请服务内容进行相应的数据处理。

④ 对定位申请，中心控制系统测出两个时间延迟：即从中心控制系统发出询问信号，经某一颗卫星转发到达用户，用户发出定位响应信号，经同一颗卫星转发回中心控制系统的延迟和从中心控制发出询问信号，经上述同一卫星到达用户，用户发出响应信号，经另一颗卫星转发回中心控制系统的延迟。

⑤ 因为中心控制系统和两颗卫星的位置均是已知的，因此由上面两个延迟量可以算出用户到第一颗卫星的距离，以及用户到两颗卫星距离之和，从而知道用户处于一个以第一颗卫星为球心的一个球面和以两颗卫星为焦点的椭球面之间的交线上。

⑥ 另外中心控制系统从存储在计算机内的数字化地形图查寻到用户高程值，又可知道用户处于某一与地球基准椭球面平行的椭球面上。从而中心控制系统可最终计算出用户所在点的三维坐标，这个坐标经加密由出站信号发送给用户。

3．功能与特性

"北斗"卫星导航系统时间基准采用北斗时（BDT），是一个连续的时间系统，秒长取为国际单位制 SI 秒，起始历元为 2006 年 1 月 1 日 00:00 协调世界时（UTC）。北斗时与协调世界时的偏差保持在 100ns 以内。"北斗"卫星导航系统的坐标框架采用中国 2000 大地坐标系统（CGCS2000）。

"北斗"卫星导航系统建成后将为全球用户提供卫星定位、导航和授时服务，并为我国及周边地区用户提供定位精度 1m 的广域差分服务和 120 个汉字/次的短报文通信服务。

① 主要功能：定位、测速、单双向授时、短报文通信。

② 主要技术参数如下。

服务区域：全球。

定位精度：优于 10m。

测速精度：优于 0.2m/s。

授时精度：20ns。

短报文通信：一次可传输多达 120 个汉字的信息。

精密授时：精度达 10 纳秒。

系统容量：每小时 540000 户。

7.3.3 "北斗星"与 GPS 的对比

1. 覆盖范围

目前北斗导航系统是覆盖我国本土及亚太地区的区域导航系统。覆盖范围东经约 70°～140°，北纬 5°～55°。GPS 是覆盖全球的全天候导航系统。能够确保地球上任何地点、任何时间能同时观测到 6～9 颗卫星（实际上最多能观测到 11 颗）。

2. 卫星数量和轨道特性

北斗导航系统是在地球赤道平面上设置 2 颗地球同步卫星颗卫星的赤道角距约 60°。GPS 是在 6 个轨道平面上设置 24 颗卫星，轨道赤道倾角 55°，轨道面赤道角距 60°。导航卫星为准同步轨道，绕地球一周 11 小时 58 分钟。

3. 定位原理

北斗导航系统是主动式双向测距二维导航。地面中心控制系统解算，供用户三维定位数据。GPS 是被动式伪码单向测距三维导航。由用户设备独立解算自位解算在那里而不是由用户设备完成的。"北斗一号"的这种工作原理带来两个方面的问题，一是用户定位的同时失去了无线电隐蔽性，这在军事上相当不利，另一方面因为设备必须包含发射机，因此在体积、重量上、价格和功耗方面处于不利的地位。

4. 定位精度

北斗导航系统三维定位精度约几十米，授时精度约 100ns。GPS 三维定位精度 P 码目前已由 16m 提高到 6m，C/A 码目前已由 25～100m 提高到 12m，授时精度目前约 20ns。

5. 用户容量

北斗导航系统因为是主动双向测距的询问—应答系统，用户设备与地球同步卫星之间不仅要接收地面中心控制系统的询问信号，还要求用户设备向同步卫星发射应答信号。这样，系统的用户容量取决于用户允许的信道阻塞率、询问信号速率和用户的响应频率。因此，北斗导航系统的用户设备容量是有限的。GPS 是单向测距系统，用户设备只要接收导航卫星发出的导航电文即可进行测距定位，因此 GPS 的用户设备容量是无限的。

6. 生存能力

和所有导航定位卫星系统一样，"北斗一号"基于中心控制系统和卫星的工作，但是"北斗一号"对中心控制系统的依赖性明显要大很多，因为定位解算在那里而不是由用户设备完成的。为了弥补这种系统易损性，GPS 正在发展星际横向数据链技术，使万一主控站被毁后 GPS 卫星可以独立运行。而"北斗一号"系统从原理上排除了这种可能性，一旦中心控制系统受损，系统就不能继续工作了。

7. 实时性

"北斗"用户的定位申请要送回中心控制系统，中心控制系统解算出用户的三维位置数据之后再发回用户，其间要经过地球静止卫星走一个来回，再加上卫星转发，中心控制系统的处理时间延迟就更长了，因此对于高速运动体，就加大了定位的误差。此外，"北斗"卫星导航系统也有一些自身的特点，其具备的短信通信功能就是 GPS 所不具备的。

综上所述，北斗导航系统具有卫星数量少、投资小、用户设备简单价廉、能实现一定区域的导航定位、通信等多用途，可满足当前我国陆、海、空运输导航定位的需求。"北斗"卫星导航试验系统自 2003 年正式提供服务以来，在个人定位、气象服务、道路交通等诸多领域得到广泛应用，产生显著的社会效益和经济效益。特别是在南方冰冻灾害、四川汶川和青海玉树抗震救灾、北京奥运会以及上海世博会中发挥了重要作用。

7.4 GPS 在物流中的应用

7.4.1 GPS 在交通运输中的应用

1. 航空运输

GPS 在航空运输中的应用可谓无孔不入，在不同的航路段及不同的应用场合，对航空导航系统的精度、完善性、可用性、服务连续性的要求不尽相同，但都要保证飞机飞行安全和有效利用空域。

按照机载导航系统的功能划分，GPS 在航空导航中的应用以下几个方面。

（1）航路导航

GPS 的全球、全天候、无误差积累的特点，更是中、远程航线上目前最好的导航系统。按照国际民航组织的部署，GPS 将逐渐替代现有的其他无线电导航系统。GPS 不依赖于地面设备、可与机载计算机等其他设备一起进行航路规划和航路突防，为军用民用飞机的导航增加了许多灵活性。

（2）进场着陆

因为 GPS 着陆系统设备简单、无需复杂的地面支持系统，它将适用于任何机场，包括私人机场和山区机场。理论上，GPS 着陆系统可以引导飞机沿着任意一条飞行剖面和进场路径着陆，这就增强了各种机场着陆的灵活性和盲降能力。

（3）场面监视和管理

场面监视和管理的目的就是要减少起飞和进场滞留时间，监视和调度机场的飞机、车辆和人员，最大效率地利用终端空间和机场，以保证飞行安全。GPS、数字地图和数字通信链为开发先进的场面导航、通信和监视系统提供了全新的技术，可以确信基于 GPS/GIS 的场面监视和管理将为机场带来很大效益。

（4）航路监视

随着 GPS 和航空移动卫星系统的出现，以机载 GPS 导航系统通过通信自动报告自己的位置这种"自动相关监视系统 ADS"已经提出，目前的演示和实验已经证明 ADS 为飞行各阶段的监视都会带来益处，特别是为洋区和内陆边远地区空域实现自动监视业务提供了可能。

2. 陆路运输

出租车、租车服务、物流配送等行业利用 GPS 技术对车辆进行跟踪、调度管理，合理分布车辆，以最快的速度响应用户的乘车送货请求，降低能源消耗、节省运行成本。GPS 在车辆导航方面发挥了重要的角色，在城市中建立数字化交通电台，实时播报城市交通信息，车载设备通过 GPS 进行精确定位，结合电子地图以及实时的交通状况，自动匹配最优路径，并实行车辆的自主导航。

（1）车辆自主定位

车载 GPS 自主定位，结合无线通信系统对车辆进行调度管理和跟踪。已经研制成功的如车辆全球定位报警系统、警用 GPS 指挥系统等，分别用于城市公共汽车调度管理，风景旅游区车船报警与调度，海关、公安、海防等部门对车船的调度与监控。类似车载 GPS 终端的还有定位手机、个人定位器等。

（2）车辆的防盗报警

在防盗报警类应用中，有两类报警：主动遇劫报警，车辆遇劫时，司机通过触动车辆上安装在隐蔽位置的报警开关向监控中心报警，属于人为主动报警；车辆防盗报警，车载终端检测到车辆遭遇侵犯时向车主或监控中心发出的报警。监控中心在收到车辆的报警信号后给出声光报警提示，同时对报警车辆进行屏幕自动跟踪，显示出附近警力配置情况及救援方案。

（3）车辆导航

车辆 GPS 导航是目前最常见的 GPS 应用。GPS 车载终端中的 GPS 接收器通过接收并处理 GPS 星座信号定位车辆而得到车辆信息，包括车辆的动态坐标位置（经度、纬度和高度）、时间、状态等，以 VCD/DVD 光盘或 CF 卡为介质提供的电子地图，在显示屏上显示出车辆的行驶轨迹。当接近路口、立交桥、隧道等特殊路段时还可进行语音提示，协助司机在不熟悉的地域迅速到达目的地。GPS 车辆导航系统还可以提供最佳行驶路线选择及路线偏离报警等功能。

（4）道路工程规划

在道路工程中，GPS 目前主要用于建立各种道路工程控制网及测定航测外控点等。采用GPS 技术建立线路首级高精度控制网，如沪宁、沪杭高速公路的上海段就是利用 GPS 建立了首级控制网，然后用常规方法布设导线加密。

3. 船舶远洋

（1）船舶数据采集

接收船舶动态报告等船舶数据，写入数据库。利用电子地图实时显示船舶的位置、时刻、航向、航速等信息。

（2）船舶动态监控

监管人员可通过 GPS 获取船舶实时动态信息，对船舶进行指挥或提供信息服务，实现全水域船舶的动态监视、实时标绘、科学推算、信息查询、指挥调度、安全施救。

（3）动态信息发布

实时发布航道变迁、水情、天气预报、通航情况等信息，船舶自动接受。船舶可根据需要随时查询。

（4）航运管理

根据 GPS 采集的航运信息和航道地理信息，结合区域性航运的规划、部署和任务，航运管理各职能部门履行跟踪监控、信息服务、航行协助、组织计划、参与联合行动等多重职能。

7.4.2 基于 3G 的物流配送系统

为缩短物流完成周期、提高配送速度，并胜任小批量、多品种的配送任务以适应当前经济发展的要求，迫切需要实现对车辆等物流配送工具的即时监控、监测和调度。要实现该目标，需要随时获得配送车辆的位置信息，并让信息以直观的形式予以表达。为此，可以采用 GPS 作为信息采集手段、GIS 作为信息表达手段、GSM 作为通信手段建立综合性、可视化的物流配送信息系统，来提高物流配送的质量和效率。

1. 基于 GPS/GIS/GSM 的物流配送系统模型

物流配送直接与消费者相连，是货物从物流节点送达收货人的过程，是物流中一个重要的环节。过程不透明、成本高、效率低是我国物流业滞后于发达国家的主要问题。GPS/GIS/GSM（可称为物流中的 3G 技术）在物流配送中的应用，能够在提高配送过程可视化、减少空驶距离、提高运输效率，降低配送成本、保障货物安全等方面发挥积极的作用。

物流配送中心根据配送订单，确认配送货品与配送地点，集中物流；由自动配送系统根据区域交通、配送点的行业类型、配送商品特点决定配送实施方案；仓库管理系统即是根据配送调度计划分拣、包装货品等待装运；运输管理系统接受并处理 GPS、GPRS 返回的车辆定位信息，调度人员利用 GIS 平台对接收的数据进行分析和查询，实时完成对目标信息的搜集和调度指挥。

配送车辆导航系统由配送监控中心、车载移动终端（车载台）的数字移动蜂窝通信系统和无线通信网络三部分组成，其系统结构如图 7-8 所示。

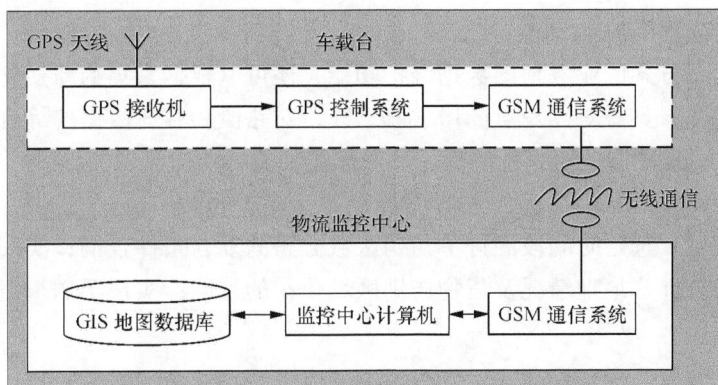

图 7-8　物流配送车辆监控系统结构

（1）物流监控中心

物流监控中心是整个系统的核心，负责接收各车载移动终端发出的信息，同时将配送监控中心的信息发送给相应的车载移动终端，并将收到的各车载移动终端发来的信息送往地理信息系统（GIS），实现数据存储和数据库更新。监控中心电子地图上可以准确地显示所有车辆的实时位置，电子地图本身可以任意放大、缩小、还原、切换，并可开多个窗口以分别跟踪不同的车辆。配送监控中心根据系统的规模可设置下一级分中心，实现车辆的监控与智能调度，达到移动资源的优化配置、调度和管理，提高调度效率的目的。

（2）车载台

车载台也称为车载移动终端，主要负责完成对车辆的定位，根据配送监控中心的反馈信息实现车辆路径规划和路径引导。并可利用车上的安保系统实现紧急报警和救助等功能。车载移动终端回传的数据内容包括车辆编号、经纬度、速度、航向、时间、配送车辆状态（报警、求救、空车与否）、请求服务等。车载移动终端是由 GPS 接收机、DR 传感器、导航处理系统、GPS/DR 控制系统、无线通信模块等组成。

（3）无线通信网络

无线通信网络是车载移动终端与配送监控中心之间信息通信的通道，通信方式可以采用GSM、GPRS、CDMA 以及集群通信等。目前车辆导航系统的通信方式大都采用 GSM。 但同时兼容其他通信方式，车载移动终端的定位信息通过通信网络传到配送监控中心，配送监控中心对车载移动终端的控制指令或调度消息通过通信网络发送到车载移动终端。

2. 物流配送车辆监控系统功能

（1）配送线路优化

选择订单日期和配送区域后自动完成订单数据的抽取，根据送货车辆的装载量、客户分布、配送订单明细、送货线路交通状况、司机对送货区域的熟悉程度等因素设定计算条件，系统进行送货线路的自动优化处理，形成最佳送货路线，保证送货成本及送货效率最佳。线路优化后，允许业务人员根据业务具体情况进行临时线路的合并和调整，以适应送货管理的实际需要。

（2）综合地图查询

能够基于电子地图实现客户分布的模糊查询、行政区域查询和任意区域查询，查询结果实时在地图上标注出来。可通过使用图形操作工具如放大、缩小、漫游、测距等，来查看每一客户的详细情况。

（3）地图数据远程维护

可提供基于地图方式的业务地图数据维护功能，还可以根据采集的新变化的道路信息等地理数据及时更新地图。具有对客户点的增、删、改，对路段和客户数据的综合初始化，对地图图层的维护操作，对地图服务器系统的运行故障修复和负载均衡等功能。

（4）业务分析

实现对选定区域、选定时间段的订单访销区域分布的复合条件查询；实现在选定时间段内的各种货物的销量统计、地理情况及货物访销区域分布的查询；实现配送车组送货区域地图分布的查询。

（5）车辆跟踪监控

通过对送货车辆的导航跟踪，提高车辆运作效率、降低车辆管理费用、抵抗风险。车辆跟踪功能是对任一车辆进行实时的动态跟踪监控，提供准确的车辆位置及运行状态、车组编号及当天的行车线路查询；报警功能是当司机在送货途中遇到被抢、被盗或其他紧急情况时，按下车上的 GPS 报警装置向公司的信息中心报警；轨迹回放功能是根据所保存的数据，将车辆在某一历史时间段的实际行车过程重现于电子地图上。

（6）车辆信息维护

根据车组和配送人员的变动，可及时在这一模块中进行车辆、司机、送货员信息的维护操作，包括添加车辆和对现有车辆信息进行编辑。

3. GPS 对物流配送各方的作用

基于 GPS 的物流配送系统应用后，通过互联网实现信息共享，实现三方应用。车辆使用方、运输公司、接货方对物流中的车货位置及运行情况等都能了如指掌、透明准确，利用三方协调好商务关系，从而获得最佳的物流配送方案，取得最大的经济效益。

（1）发货方

运输公司将自己的车辆信息提供给合作客户（货运代、生产厂家等用车单位等发货方），让发货方自己能实时查看车辆与货物的相关信息，能比较直观地在网上看到车辆分布和运行情况，找到适合自己使用的车辆，缩短运输配货的时间和相应的工作量。在货物发出之后，发货方可随时通过 GPS 网来查询车辆在运输中的运行实时情况和位置，确保货物运输时效。

（2）运输方

运输公司通过互联网实现对车辆的动态监控式管理和货物的及时合理配载，以便加强对车辆的管理、减少资源浪费、提高配送效率。同时，将有关车辆的信息开放给客户，提高了公司的知名度与可信度、拓展了公司业务面、提高了公司的经济效益与社会效益。

（3）收货方

收货方只需要通过发货方所提供的相关资料，就可在 GPS 网实时查看到货物信息，掌握货物在途的情况和大概的运输时间，以此来提前安排货物的接收、停放以及销售等环节，使货物的销售链可提前完成。

7.4.3 北斗系统在物流中的应用

在目前的中国社会，物流产业高速发展，前景广阔，但是各项服务还不完善。借助北斗导航的优势，将带动物流业信息化、高效化、集成化的全球化发展。就目前的北斗导航在物流方面的应用来看，除了具有 GPS 的定位、导航、车辆监控等功能外，在实时地图查询、全程物流安全保障、突发事故处理这 3 个方面取得优势。

1. 实时地图查询

结合北斗的定位模块和 GIS 的显示模块，用户可以通过发货方提供的资料通过互联网对物品进行实时查询，即可通过网上的电子地图直观地查询出货物的运输情况，包括配送车辆的信息，货物在途的情况和大概的运输时间。以此用户可提前安排货物的接收、停放等环节，使货物的销售链可提前完成；并可对当前的地图进行放大、缩小、漫游等操作，来达到关注自己所关心的信息。这样用户便可以很及时地得到自己想要知道的最新消息。

因为北斗导航系统有着 GPS 及其他导航系统所不具备的短报文通信功能，可进行 120 个汉字的短信息交换功能，使得其在物流方面的应用优势尤为突出。物流公司把车上所有货物的信息通过传感器发到信息中心，就可以用北斗链路完成信息收集以后进行发射。只要到了信息中心，可以自动算出发射时间和位置。客户与物流公司之间可实现双向简短数字报文通信，就如同使用手机发短信一样方便快捷。客户可以随时询问自己货物的安全和时间等方面的信息。

2. 全程物流安全保障

在货车运送货物的过程中，安全是最值得关心的问题。车载北斗终端将包括以下几个模块。

① 所在位置询问：通过按下按钮，便可以向北斗导航系统发出"我在哪"的询问，基于北斗导航系统的报文功能，货车在发出查询后数秒，便会收到来自卫星的信息。信息包括如

下内容：车辆所在的具体位置；车辆所在方圆 500km 内未来 3 小时的天气情况；车辆前往方向的路况。

② 专用于危险品运输车辆：基于北斗导航系统，可以实时采集与传输全时区运输车辆信息。当周围车辆与危险品运送车相对靠近时，运输罐车将会自动产生报警鸣音。与此同时，用户终端机将此信息传给监控中心，监控中心的计算机进行迅速结算，给出车辆移动的最佳方案，再回传给用户终端机，以此解除危险品运输车与其他车辆造成的安全隐患。

③ 用于物流公司监控：把车上所有货物的信息通过传感器发到信息中心，就可以用北斗链路完成信息收集以后进行发射。只要到了信息中心，可以自动算出发射时间和位置，进而得到在整个运输过程中的货物信息，信息量比 GPS 大得多。

3. 突发事故处理

在物流运输过程中，因为驾驶员疲劳驾驶或车辆故障等原因，车祸和危险品泄漏等突发事故时有发生。

GPS 系统仅解决了"我在哪里"的定位问题，而北斗卫星导航系统不仅解决了"我在哪里"的定位问题，它还可以把信息传递出去，让别人知道"你在哪里，情况如何"。而且北斗导航定位系统覆盖中国及周边国家和地区，可实现 24 小时的全天候服务，且无通信盲区。这对偏远地区的物流运输至关重要。若物流运输中发生危险品泄漏或交通事故，监控中心可利用区域广播、差分广播的功能对事故进行及时的报警和处理。这样使得周边群众的人身和财产损失降到最低。

危险品运输车需要高保障的安全运输要求，以及对报警信息要快速反应。北斗导航系统应急处理功能是指：用户终端在紧急情况下，可通过弹出紧急窗口优先向监控中心报告位置和遇险情况等有关信息；实时导航功能是指对用户提供前进距离和方位，实时指示移动用户的行动；并具有紧急情况报警的功能。监控系统接到报警后，可向附近的消防队和医院发送救援请求，这样就及时进行应急救援处理以实现对遇险用户的紧急营救。

随着我国"北斗"导航定位系统的完善，"北斗"在物流运输上的应用将越来越趋向于便利、安全、智能的方向发展，人们也越来越享受到科技带来的人性化服务。

7.4.4　GPS 在其他领域的应用

1. GPS 在测量中的应用

（1）全球性大地控制网

GPS 定位技术以其精度高、速度快、费用省、操作简便等优良特性被广泛应用于大地控制测量中。时至今日，可以说 GPS 定位技术已完全取代了常规测角、测距手段建立大地控制网。主要分为全球和区域 GPS 网和区域性的 GPS 网。

（2）工程测量控制网

在工程测量方面，应用 GPS 静态相对定位技术，布设精密工程控制网，用于城市和矿区油田地面沉降监测、大坝变形监测、高层建筑变形监测、隧道贯通测量等精密工程。

（3）航空摄影测量

在航空摄影测量方面，测绘工作者也应用 GPS 技术进行航测外业控制测量、航摄飞行导航、机载 GPS 航测等。

（4）运动和检测

在地球动力学方面，GPS 技术用于全球板块运动监测和区域板块运动监测。我国已开始用

GPS 技术监测南极洲板块运动、青藏高原地壳运动、四川鲜水河地壳断裂运动，建立了中国地壳形变观测网、三峡库区形变观测网、首都圈 GPS 形变监测网等。

2. GPS 在军事中的应用

在信息化时代，GPS 已成为陆海空三军高技术战争的重要支持系统，它极大地提高了军事的指挥控制、多军兵种协同作战和快速反应能力，大幅度地提高了武器装备的打击精度和效能（见图 7-9）。具体来说，GPS 在军事上的应用主要有以下几个方面。

| 美国海军核潜艇 | 配备 GPS 的士兵 | GPS 导航的舰载飞弹 |

图 7-9　GPS 在军事中的应用

（1）全时域的自主导航

GPS 的主要功能就是自主导航，利用接收终端向用户提供位置、时间信息，也可结合电子地图进行移动平台航迹显示、行驶线路规划和行驶时间估算，从而大大提高部队的机动作战和快速反应能力。

（2）各种作战平台的指挥监控

GPS 的导航定位和数字短报文通信功能可以有机结合，利用系统特殊的定位体制，将移动目标的位置信息和其他相关信息传输至指挥所，完成移动目标的动态可视化显示和指挥指令的发送，实现战区移动目标的指挥监控。

（3）精确制导和打击效果评估

GPS 制导有精度高、制导方式灵活等特点，已成为精确制导武器的一种重要制导方式。在近几场高技术局部战争中，美军使用精确制导导弹和炸弹的比例比海湾战争时增加了近 100 倍，而它们大都依靠 GPS 制导。GPS 还可以对打击目标命中率进行评估。在装有 GPS 接收终端的弹药击中目标引爆的瞬间，触发用户机进行定位，并将位置信息和时间信息迅速传输到指挥中心，从而进行命中率评估，其评估效果已在伊拉克战争中得到充分检验。

（4）单兵作战系统保障

主要利用定位和通信功能，为单兵提供位置信息和时间信息服务，同时可将单兵的位置信息实时动态传输到指挥机构，并及时向单兵发送各种指令，提高单兵作战和机动能力。在科索沃战争中，美军的 F-117 隐形飞机被击落后，因为飞行员配备了 GPS 接收机的呼救装置，从而使美军能抢在南联盟军队之前，在 7 小时内找到并救出飞行员。

（5）军用数字通信网络授时

利用 GPS 可提供高精度授时，为军用通信网络提供统一的时标信息，从而使通信网络速率同步，保证通信网中的所有数字通信设备工作于同一标准频率上。

3. GPS 在紧急救援、农业生产、旅游探险中的应用

（1）紧急救援

利用 GPS 定位技术，可对火警、救护、警察进行应急调遣，提高紧急事件处理部门对火灾、犯罪现场、交通事故、交通堵塞等紧急事件的响应效率。特种车辆（如运钞车）等，可对突发

事件进行报警、定位，将损失降到最低。

有了 GPS 的帮助，救援人员就可在人迹罕至、条件恶劣的大海、山野、沙漠，对失踪人员实施有效的搜索、拯救。装有 GPS 装置的渔船，在发生险情时，可及时定位、报警，使之能更快更及时地获得救援。

（2）农业生产

当前，发达国家已开始把 GPS 技术引入农业生产，即所谓的"精准农业耕作"。该方法利用 GPS 进行农田信息定位获取，包括产量监测、土样采集等，计算机系统通过对数据的分析处理，决策出农田地块的管理措施，把产量和土壤状态信息装入带有 GPS 设备的喷施器中，从而精确地给农田地块施肥、喷药。通过实施精准耕作可以降低农业生产成本、有效避免资源浪费、降低因施肥除虫对环境造成的污染等。

（3）旅游探险

随着 GPS 接收机的小型化以及价格的降低，GPS 逐渐走进了人们的日常生活，成为人们旅游、探险的好帮手。利用 GPS 人们可以在陌生的城市里迅速地找到目的地，而且可以最优的路径行驶；野营者携带 GPS 接收机，可快捷地找到合适的野营地点，不必担心迷路；甚至一些高档的电子游戏，也使用了 GPS 仿真技术。

随着 GPS 技术的发展以及我国北斗星系统的完善，GPS 技术在越来越多的领域发挥着极其重要的作用。如现代物流、精细农业、遥感、卫星定轨、资源勘探、个人旅游及野外探险、电力、广播、电视、通信等网络的时间同步、时间传递等。

本 章 小 结

因为 GPS 技术所具有的全天候、高精度和自动测量的特点，作为先进的测量手段和新的生产力，已经融入了国民经济建设、国防建设和社会发展的各个应用领域。

GPS 的全称为全球卫星定位体系，技术基础是卫星导航定位技术，具备全球性、全天候等特点。它主要包括三大组成部分：全球卫星系统、实时监控体系、信息接收体系。功能主要包括：导航、测量和授时，可以在全球范围内，为用户提供准确性高、全天候实时监控数据，为用户提供所需的定位信息，GPS 具有：全球全天候定位、定位精度高、观测时间短、测站间无需通视、仪器操作简便、可提供全球统一的三维地心坐标、应用广泛等特点。

全球主要有四大卫星定位系统：欧洲的"伽利略"、俄罗斯的"格洛纳斯"、美国的 GPS 系统、我国的"北斗星"。其中我国自主研发的"北斗星"卫星导航系统，系统建设目标是：建成独立自主、开放兼容、技术先进、稳定可靠的覆盖全球的北斗卫星导航系统，促进卫星导航产业链形成，形成完善的国家卫星导航应用产业支撑、推广和保障体系，推动卫星导航在国民经济社会各行业的广泛应用。与美国 GPS 相比，北斗导航系统具有卫星数量少、投资小、用户设备简单价廉、能实现一定区域的导航定位、通信等多用途，可满足当前我国陆、海、空运输导航定位的需求。

GPS 技术在现代物流管理中虽然还有一些问题，但是随着相关研究的深入，GPS 技术必将会在现代物流管理中起着技术核心的作用。中国 GPS 导航系统市场的发展潜力非常巨大，在未来的数年内，中国将成为全球最大的车载 GPS 市场，因为导航卫星、车载导航设备商业化应用环境以及卫星导航应用标准的成熟，车载导航系统将被消费者更加广泛地接受，产品价格也会逐步下降，市场规模将不断扩大。

综合实训：GPS 导航仪的使用

【实训目的】

了解 GPS 的功能、特点以及应用领域，熟悉导航定位型 GPS 接收机，学习使用接收机进行定位导航。

【实训内容】

（1）阅读了解导航仪的功能和操作方法。

（2）初始化设置。

（3）定点测量并记录（参考所附平面及卫星坐标）。

（4）设置并记录导航路径。

【实训方法】

（1）访问网上 GPS 系统。

（2）利用手机导航功能。

（3）专用 GPS 接收机。

（4）参考网站：中国 GPS 网：http://www.gpsbao.com/

　　　　　　　　"北斗"卫星导航系统：http://www.beidou.gov.cn/

　　　　　　　　51GPS 世界：http://www.51gps.com/

【实训要求】

自主设定至少 5 个常用的地点进行定位并记录，对导航路径进行个性化设置。提交实验报告。

课 后 习 题

一、填空题

1. GPS 是指利用导航卫星进行测时和测距，能够计算出地球上任何地方的用户所处的方位的一种卫星导航系统。GPS 系统主要包括三大组成部分：空间部分、地面监控部分和（　　　）部分。

2. GPS 系统功能必须具备 GPS 终端、（　　　）和监控平台 3 个要素；这 3 个要素缺一不可；通过这 3 个要素，可以提供车辆定位、防盗、反劫、行驶路线监控及呼叫指挥等功能。

3. GPS 的上一代产品是美国海军 1964 年研制的（　　　）导航卫星，属于低轨道卫星。

4. 目前 GPS 系统提供的定位精度为（　　　）米，而为得到更高的定位精度，通常采用差分 GPS 技术，将一台 GPS 接收机安置在基准站上进行观测。

5. GPS 的空间部分主要是卫星系统，包括（　　　）颗卫星均匀分布在 6 个轨道平面内，轨道平面的倾角为 55°，卫星的平均高度为 20200 km，运行周期为 11 小时 58 分钟。

6. GPS 的地面监控系统包括（　　　）个主控站、（　　　）个注入站和（　　　）个监测站。

7. GPS 用户设备由 GPS 接收机、（　　　）及其终端设备（　　　）等组成。

8. 根据用途 GPS 接收机可以分为：导航型接收机、测地型接收机、（　　　）型接收机。

9. 20 世纪 80 年代初，中国开始积极探索适合国情的卫星导航系统。2000 年，初步建成"北斗"卫星导航试验系统，标志着中国成为继（　　　）之后世界上第 3 个拥有（　　　）的国家。

10. "北斗星"卫星定位系统空间星座部分由（　　　）颗地球静止轨道卫星和（　　　）颗非地球静止轨道卫星组成。

二、选择题

1. GPS 地面监控部门主要负责（　　　）。

    A. 卫星星历的计算和卫星的运行　　　　B. 卫星星历的计算和卫星的监控

    C. 卫星的监控和卫星的运行　　　　　　D. 卫星的管理和卫星的测试

2. 因为 GPS 卫星数目共有 24 颗，较多且分布合理，所以在地球上任何地点均可连续同步地观测到至少（　　　）颗卫星，从而保障了全球、全天候连续实时导航与定位的需要。

    A. 1　　　　　　B. 2　　　　　　C. 4　　　　　　D. 8

3. GPS 用户并不需要给卫星发射任何信号，卫星也不必理会 GPS 用户的存在，故系统中用户数量（　　　）。

    A. 受到限制　　　　　　　　　　B. 没有限制

    C. 在某些领域受到限制　　　　　D. 仅在物流领域不受限制。

4. GPS 卫星一般都配有（　　　），其测时精度很高，误差可忽略

    A.原子　　　　　B. 数字钟　　　　　C. 晶体钟　　　　　D. 光学钟

5. GPS 系统中的车载台由 GPS 接收机、GPS 控制系统、GSM 通信系统组成。其中功能可实现自主定位的部分是（　　　）。

    A. GPS 接收机　　　　　　　　　B. GPS 控制系统

    C. GSM 通信系统　　　　　　　　D. 计算机系统

6. （　　　）定位技术是基于测量信号从移动台发送出去并到达消息测量单元（　　　）的时间来定位。

    A. 抵达的速度　　　　　　　　　B. 抵达的坐标

    C. 抵达的距离　　　　　　　　　D. 抵达时间

7. GPS 地面监控跟踪站又被称为主控站、监控站和注入站，其中主控站有（　　　）个。

    A. 1　　　　　　B. 2　　　　　　C. 3　　　　　　D. 4

8. GPS 在物流中普及应用后，通过互联网实现信息共享，可以使得（　　　）对物流中的车货位置及运行情况等都能了如指掌，透明准确。

    A. 发货方　　　　B. 运输方　　　　C. 接货方　　　　D. 以上三方

9. 无论何种的 GPS 接收机，它的机构基本一致，分为（　　　）两部分。

    A. 天线单元和地线单元　　　　　　B. 运算单元和接收单元

    C. 天线单元和接收单元　　　　　　D. 接收单元和输出单元

10. GPS 可以对（　　　）进行动态空间信息的获取，空间信息反馈快速、精度均匀、不受天气和时间的限制。

    A. 地面对象　　　　　　　　B. 水下对象

    C. 空中对象　　　　　　　　D. 陆海空所有对象

11. 手机独立定位技术是通过在手机内部加 GPS 接收机模块，并将普通手机天线换成（　　）。

    A. GSM 天线

    B. GPS 天线

    C. 能够接收 GPS 信号的多用途天线

    D. 数字天线

12. 和美国的 GPS、俄罗斯的 GLONASS 相比，我国自主研发的"北斗星"卫星导航系统最大的优点在于（　　）。

    A. 覆盖范围更广　　　　　　B. 增加了通信功能

    C. 定位精度更高　　　　　　D. 增加了授时功能

三、名词解释

1. GPS

2. 子午仪

3. GLONASS

4. 协调世界时（UTC）

四、简答题

1. GPS 的特点和功能有哪些？

2. 国际上全球卫星定位系统有哪些？各有什么特点？

3. 简述 GPS 的定位原理。

4. 说明车辆 GPS 定位系统的组成和工作原理。

5. 我国的"北斗星"卫星导航系统与美国的 GPS 相比较有什么优点和缺点？

6. "北斗星"系统在汶川地震救灾中发挥了哪些作用？

▶▶ **案例分析** ◀◀

地震无情　　北斗有爱

    自然灾害发生突然，伴随而来的必定是通信、交通等基础设施的瘫痪，给抢险指挥带来很大的困难。构建一个既能显示位置信息又能保持调度信息传递顺畅的指挥平台是非常重要的。

    美国的 GPS 只能显示终端位置信息而无通信功能，而卫星移动电话虽可实现语音通信，但不具备定位导航功能。在川西北通信信号遮蔽干扰严重的复杂环境中，连通话也是断续的，用户仍然处于"瞎子"、"聋子"的状态。

    而北斗卫星导航系统同时具备空间定位、时间基准授时和短报文通信功能，完美地解决了抢险救灾应急指挥中的定位与通信难题。

    "5·12"地震发生后，因为道路、电力、通信中断，重灾区失去了与外界的一切联系，步行进入汶川的先头部队正是靠一个与"大哥大"差不多的接收手机，突破救灾盲点，进入了灾区，打通灾区与外界的"生命"连线。当最需要通信时，"北斗"这个由中国自主研发的导航系统真的就像它的名字一样，熠熠发光，在黑暗中指引光明。

为了抢在"72 小时"黄金时间内进行救援行动，管理中心以最快速度为救援队伍配发北斗设备，在最短时间内搭建起一个定位准确、信息及时、位置共享的应急指挥控制平台。

5 月 13 日，当震中汶川与外界隔绝，各路救援队伍挺进汶川受阻时，"北斗"卫星导航系统监测到四川武警一个小分队以 6km/h 的速度沿马尔康、理县向汶川艰难推进的信息。5 月 21 日，据耿达乡电站幸存者反映电厂水洞可能还有 12 人，救援部通过"北斗"短信指示附近小分队迅速进行搜救，小分队共报告和接收了指令 40 余条。5 月 22 日，两支救援小分队深入山村救援时与指挥部失去联系，经过地面运控中心对小分队定位信息检索分析，终于在大山深处找到了这两支救援分队。此外，每次实施空中救援时，都是陆上搜救分队将选择好的机降场位置、重伤员人数及地理条件等情况，通过"北斗"卫星导航系统报知空中救援指挥所……这一次次的实际应用，都是人类在和时间、和死神赛跑，争的就是生死一线间。

据不完全统计，汶川地震发生后，依靠"北斗"直接指挥成功的较大型抢险救援就有 10 多次。"'北斗'呼救，神兵天降"，表达了灾区人民群众对"北斗"卫星导航系统和救援官兵的赞誉深情。而"天眼""北斗"，犹如天上闪亮的"北斗星"，依旧鼓舞着全国亿万颗焦急期待的心，并将一直持续下去。

——北斗网讯 2011 年 5 月 12 日

根据案例回答问题。

（1）地震发生后，通信系统起了什么重要作用？

（2）在"5·12"汶川地震救援中，美国 GPS 有哪些不足？

（3）"北斗星"系统发挥了哪些作用？

第8章 物流管理信息系统

本章学习方略

本章重点内容

- 管理信息系统概念
- 典型物流管理信息系统
- 信息系统建设过程

本章难点内容

- 管理信息系统开发方法
- 典型物流管理信息系统的流程

案例引入

中海物流信息系统循序渐进

中海物流 1995 年注册成立时，只是一家传统的仓储企业，其业务也仅仅是将仓库租出去，收取租金。此时物流管理系统的建设对公司的业务并没有决定性的影响。1996 年，公司尝试着向配送业务转型，很快发现客户最为关心的并不是仓库和运输车辆的数量，而是了解其物流管理系统，关心的是能否及时了解整个物流服务过程，能否将所提供的信息与客户自身的信息系统实现对接。可以说，有无信息系统，是能否实现公司从传统物流向现代物流成功转型的关键。另外，公司在提供 JIT 配送业务过程中所涉及的料件已达上万种，没有信息系统的支撑，仅凭人工管理是根本无法实现的。因此，信息系统的实施成为中海物流业务运作的需要，是中海物流发展的必然选择。

中海物流信息系统的实施经历了 3 个阶段：第一个阶段为 1996 年至 1997 年实施的电子配送程序，以实现配送电子化为目标，功能比较单一；第二阶段为 1998 年至 1999 年实施的 C/S 结构的物流管理系统，实现了公司仓储、运输、配送等物流业务的网络化；第三阶段始于 2000 年，以基于 Internet 结构的物流电子商务化为目标，开发出了目前正在运行的中海物流管理信息系统，并专门成立了中海资讯科技公司进行该系统的商品化工作。

中海物流管理系统的总体结构由物流管理系统、物流业务系统、物流电子商务系统和客户服务系统 4 个部分组成。物流管理系统主要应用于物流公司的各个职能部门，实现对办公、人事、财务、合同、客户关系、统计分析等的管理；物流作业系统应用于物流操作层，主要功能有仓储、运输、货代、配送、报关等；电子商务系统使客户通过 Internet 实现网上数据的实时查询和网上下单；客户服务系统为客户提供优质的服务。

中海物流管理系统运行在 Internet/Extranet/Intranet 结构的网络系统上。整个网络系统分为外网、内网和中网。与国内外的众多物流软件产品相比，中海物流管理信息系统具有以下特点：集成化设计、流程化管理、组件式开发、数据库重构、跨平台运行、多币种结算、多语言查询、多技术集成（如条形码技术、GIS 技术、GPS 技术、动态规划技术、RF 技术、自动补货技术、电子商务技术等）、多种方式的数据安全控制（身份识别、权限控制、数据库操作权限控制、建立在 Java 安全体系结构上的加密技术、认证和授权技术以及 SSL 技术）。

通过信息化的实施，中海物流在管理、业务范围、经营规模、服务能力、服务效率、经济效率等各方面均发生了巨大的变化，目前信息系统已成为中海物流的核心竞争力，对公司物流业务的发展起着支柱作用。

——中国物流与采购网 2011 年 2 月 18 日

随着信息技术的飞速发展，物流业务越来越离不开物流信息技术的应用，现代物流、绿色物流、智慧物流等的发展均以信息技术的应用为基础条件。信息技术的应用以物流管理信息系统为核心，把技术与业务联系起来，发挥信息技术的优势，提高物流业务的效率和质量。

物流管理信息系统作为企业日常业务的重要管理系统，是各种先进的物流管理思想的计算机实现，是企业发展现代物流的重要基础。它有助于提高企业资源利用率和企业活动的经济性，并为物流管理人员及其他企业管理人员提供战略及运作决策支持。本章在理解管理信息系统概念、结构、功能的基础之上，重点介绍了典型物流管理信息系统结构、特点及应用情况。

8.1 物流管理信息系统概述

8.1.1 物流管理信息系统概念

1. 信息系统

自从 1946 年第一台电子计算机产生以来，随着计算机技术的飞速发展，计算机在信息处理领域得到广泛的应用，它的高速处理能力、极大的存储能力和广泛的应用领域向人们展示了其强大的生命力。一时间以电子计算机硬件为基础，配以相应的信息处理程序组成的信息处理系统，以取代日常的人工信息系统，并解决手工情况下人所想做而没有能力做的数据处理、信息分析，甚至管理决策的任务，以期为组织带来巨大的经济效益和社会效益。

信息系统是由计算机硬件、网络和通信设备、计算机软件、信息资源、信息用户和规章制度组成的以处理信息流为目的的人机一体化系统（其结构见图 8-1），目的是及时、正确地收集、加工、存储、传递和提供信息，实现组织中各项活动的管理、调节和控制。

2. 管理信息系统

在经济全球化和社会信息化的大背景之下，管理活动的最终目的是决策，决策的科学性是企业成功的关键。决策活动的 4 个阶段（情报活动、设计活动、选择活动、实施活动）均与信息处理加工密切相关。因为管理活动的科学性、规范性的要求，信息系统在管理活动中的应用成为信息系统应用的核心组成部分。换句话说，信息系统应用主要是管理信息系统（MIS）。

图 8-1　信息系统的结构图

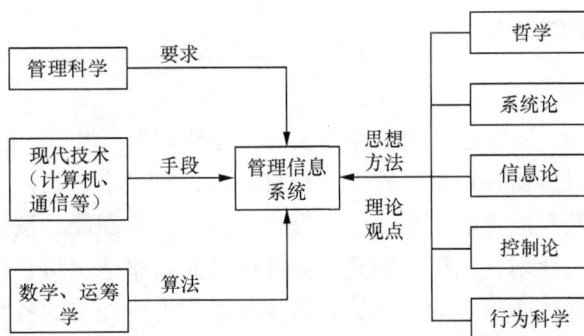

目前，企业的计算机网络已成为企业进行技术改造及提高企业管理水平的重要手段。随着我国与世界信息高速公路的接轨，企业通过计算机网络获得信息必将为企业带来巨大的经济效益和社会效益。企业的办公及管理都将朝着高效、快速、无纸化的方向发展。计算机网络也必将成为管理信息系统的基础和条件。

薛华成教授给 MIS 下的定义：

管理信息系统是一个以人为主导，利用计算机硬件、软件、网络通信设备以及其他办公设备，进行信息的收集、传输、加工、存储、更新和维护，以企业战略竞优、提高效益和效率为目的，支持企业高层决策、中层控制、基层运作的集成化的人机系统。

管理信息系统是一个交叉性、综合性的学科，是基于计算机科学与技术、通信技术、网络技术、应用数学、管理理论、决策理论、运筹学的一门综合性、边缘性、系统性的科学（见图 8-2）。因此有人描述 MIS 的三要素是：系统的观点、数学的方法以及计算机的应用。

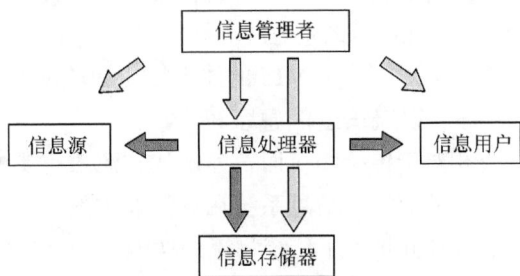

图 8-2　管理信息系统与其他学科的管理

其主要任务是最大限度地利用现代计算机及网络通信技术加强企业的信息管理，通过对企业拥有的人力、物力、财力、设备、技术等资源的调查了解，建立正确的数据，加工处理并编制成各种信息资料及时提供给管理人员，以便进行正确的决策，不断提高企业的管理水平和经济效益。

一个完整的 MIS 应包括：辅助决策系统（DSS）、工业控制系统（IPC）、办公自动化系统

（OA）以及数据库、模型库、方法库、知识库和与上级机关及外界交换信息的接口。其中，特别是办公自动化系统（OA）、与上级机关及外界交换信息等都离不开 Intranet（将 Internet 技术应用与企业内部的企业网）的应用。可以这样说，现代企业 MIS 不能没有 Intranet，但 Intranet 的建立又必须依赖于 MIS 的体系结构和软硬件环境。

3. 物流管理信息系统

相对于传统物流而言，现代物流最重要的区别是引入现代科技手段，尤其是信息技术和信息系统的应用。信息系统在物流业中的应用使物流速度加快、准确率提高、减少库存、降低成本、延伸并扩大了传统物流的功能。

可以借鉴管理信息系统的定义可以对物流管理信息系统的定义作如下论述：物流管理信息系统也称物流信息系统（Logistics Information System，LIS）。它是由人员、计算机硬件、软件、网络通信设备及其他办公设备组成的人机交互系统，其主要功能是进行物流信息的收集、存储、传输、加工整理、维护和输出，为物流管理者及其他组织管理人员提供战略、战术及运作决策的支持，以达到组织的战略竞争优势，提高物流运作的效率与效益。

物流管理信息系统实现从物流决策、业务流程、客户服务的全程信息化，对物流进行科学管理。重视物流信息系统和物流管理的互动，既要根据自己的物流管理流程来选择适合的物流信息系统，也要通过物流信息系统来优化和再造自己的物流管理流程。选择合适的物流管理信息系统能给企业带来的好处如下。

① 提高企业物流综合竞争力。

② 内部运作效率提高，能够从容处理各种复杂物流业务。

③ 通过与客户的实时信息共享，提高了客户服务质量。

④ 在对大量的客户业务数据进行统计分析的基础上，使得向客户提供增值服务成为可能，并挖掘出巨大的销售潜力。

⑤ 加强总部对分支机构的管理以及与股东单位、合作伙伴、支持资源的信息沟通、业务合作，向管理层、决策层提供实时的统计分析数据，提高了市场反映速度和决策效率。

8.1.2 管理信息系统的结构

1. MIS 的层次结构

管理是为了某种目标，采用适当理论和方法去合理地计划、组织、指挥、协调和控制他人，调度各种资源，如人、财、物、设备、技术、信息等，以求最小的投入去获得最好或最大的产出目标。管理活动根据其职能可以分为：运行操作控制层，其职能是按照中层管理制订订购计划，具体组织人力去完成计划，保证组织具体业务活动高效率地运行，提高工作效率；管理控制层，只能是根据高层管理所确定的总目标，具体对组织内所拥有的各种资源，订出资源分配计划及进度表，组织基层单位来实现总目标，侧重于人员的控制，提高效益；战略规划层，最高领导层根据组织内外的全面情况，确定组织目标和达到这些目标所需要的资源，以及控制这些资源的获得，主要侧重于建立组织的长远目标及政策。

MIS 是为管理活动服务的，MIS 的功能层次也与管理活动的 3 个层次相对应，管理控制层主要由知识工作系统和办公自动化系统支持，战略规划层由决策支持系统和经理决策系统组成（其结构见图 8-3）。

① 业务信息系统（TPS）：通过跟踪组织的基本活动，来支持操作管理人员。

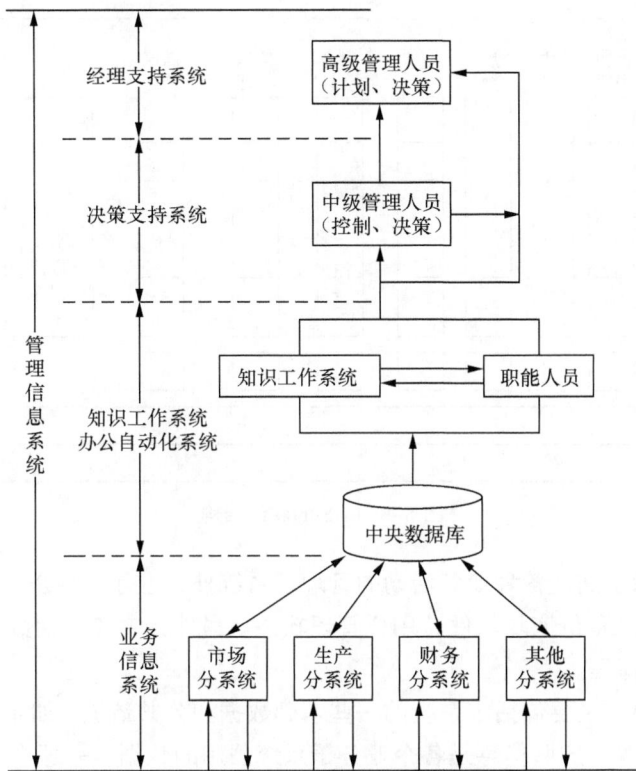

图 8-3　MIS 的层次结构

② 知识工作系统（KWS）：用于促进新知识的产生，确保新的专业技术知识能够真正地被运用到企业运作中。

③ 办公自动化系统（OA）：通过支持办公室的协调和交流活动来提高信息工作人员的工作效率。

④ 决策支持系统（DSS）：一种以计算机为工具、应用决策科学及有关学科的理论与方法，以人机交互方式辅助决策者解决半结构化和非结构化决策问题的信息系统。

⑤ 经理信息系统（EIS）：面向组织高层领导，能支持领导管理工作，为他们提高效率和改善有效性的信息系统。为组织的战略层次服务的，解决的问题是非结构化的。

2．MIS 的软件结构

MIS 可以分为人员、硬件、软件三大部分。人员主要包括系统开发人员、系统维护人员、系统操作人员和系统的用户；硬件系统主要包括计算机设备、计算机网络和相应的输入输出设备；软件主要包括计算机系统软件（如操作系统）、系统工具软件（如数据库管理系统、开发语言）和应用软件。以下主要对 MIS 的专用软件的组成进行说明，主要分为业务应用软件、公用程序和公共数据文件 3 个部分（见图 8-4）。

① 应用软件：主要是应用于企业不同业务部门的应用软件，如销售管理子系统、生产管理子系统、人事管理子系统等，根据企业业务的不同而有所不同。每个子系统又有支持本业务活动的基层管理、中层管理和高层管理的模块，如销售管理子系统包括业务处理模块、业务处理模块、运行控制模块、管理控制模块和战略计划模块，每个模块有一系列相关的程序组成。应用软件是 MIS 软件的主要组成部分。

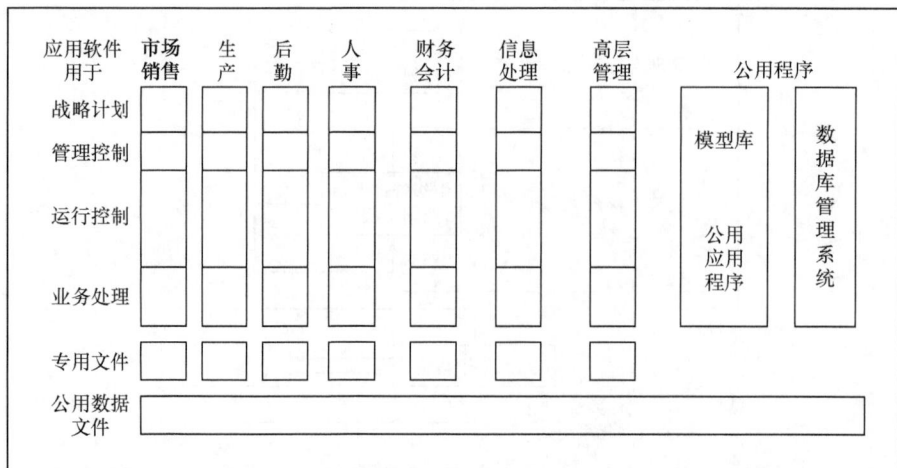

图 8-4　MIS 的软件结构

② 公共程序：除了处理各种业务活动的管理子系统外，还有一些公共的功能部分软件，如系统初始化软件、系统备份恢复软件、用户管理软件。另外，它还包括数据库管理系统、用于分析的模型库、方法库等。

③ 公共数据文件：主要包括本系统的一些基础数据和公共数据，如企业的人员信息、组织结构信息、商品信息等，这些信息是各个业务子系统公用的数据。一般在系统使用初期进行初始化的输入，在使用过程中进行相应的维护。数据一般以数据库表的形式存储。

3．MIS 的运行模式

（1）单机模式

20 世纪 80 年代以前，计算机用于管理活动主要基于一台计算机，数据和程序都保存在计算机硬盘中。

（2）客户机/服务器（C/S）模式

20 世纪 80 年代开始，企业局域网开始普及，MIS 系统越来越多地应用于局域网环境，C/S 模式是一种两层结构的系统，第一层在客户机上安装了客户机应用程序，第二层在服务器上安装服务器管理程序。在 C/S 模式的工作过程中，客户机程序发出请求，服务器程序接收而且处理客户机程序提出的请求，然后返回结果（见图 8-5）。

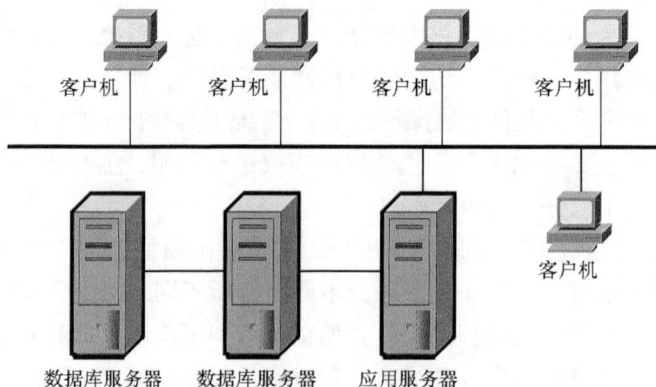

图 8-5　C/S 模式

（3）浏览器/服务器（B/S）模式

20 世纪 90 年代后随着 Internet 的发展与普及，MIS 利用互联网环境运行成为主流，B/S 模式是一种从传统的两层 C/S 模式发展起来的新的网络结构模式，其本质是三层结构的 C/S 模式。在用户的计算机上安装浏览器软件，在服务器上存放数据而且安装服务应用程序，服务器有WWW 服务器和文件服务器等。用户通过浏览器访问服务器，进行信息浏览、文件传输和电子邮件等服务（见图 8-6）。

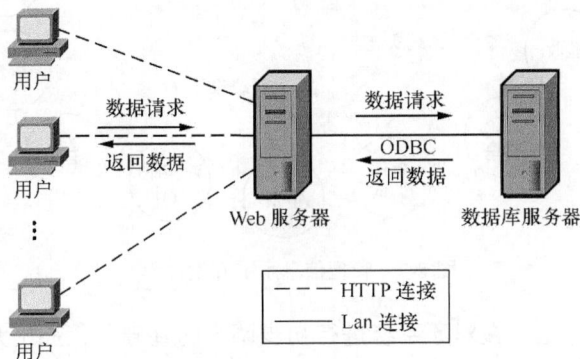

图 8-6　B/S 模式

与 C/S 模式相比较，B/S 模式有很多优点，所以 B/S 模式已经成为 MIS 运行的主要模式，其特点如下。

① 系统开发、维护、升级方便。每当服务器应用程序升级时，只要在服务器上升级服务应用程序即可，用户计算机上的浏览器软件不需要修改，系统开发和升级维护方便。

② 具有很强的开放性。在 B/S 模式下，用户通过通用的浏览器进行访问，利用 Internet 环境，系统开放性好。

③ 结构易于扩展。因为 Web 的平台无关性，B/S 模式的结构可以任意扩展，可以从包含一台服务器和几个用户的小型系统扩展成为拥有成千上万个用户的大型系统。

④ 用户使用方便。B/S 模式的应用软件都是基于 Web 浏览器的，而 Web 浏览器的界面是类似的。对于无用户交换功能的页面，用户接触的界面都是一致的。

8.1.3　管理信息系统开发过程

管理信息系统在组织中的作用已被广泛认可。但是，管理信息系统的开发与组织是一个系统工程，涉及软件公司和用户企业两方，必须严格按照开发过程来完成。

信息系统有从产生到消亡的过程，从提出要求、规划、设计、投入运行到最后淘汰的过程称为信息系统生命周期。大致可以分为 3 个阶段：系统规划、系统开发、系统运行。它包括 5 个过程：规划、分析、设计、实施、运行与维护。各阶段的主要工作如图 8-7 所示。

1. 系统规划

信息系统战略规划是将组织目标、支持组织目标所必需的信息、提供这些必需信息的信息系统，以及这些信息系统的实施等诸要素加以集成，提出信息系统方案。它是信息系统的远景开发计划。

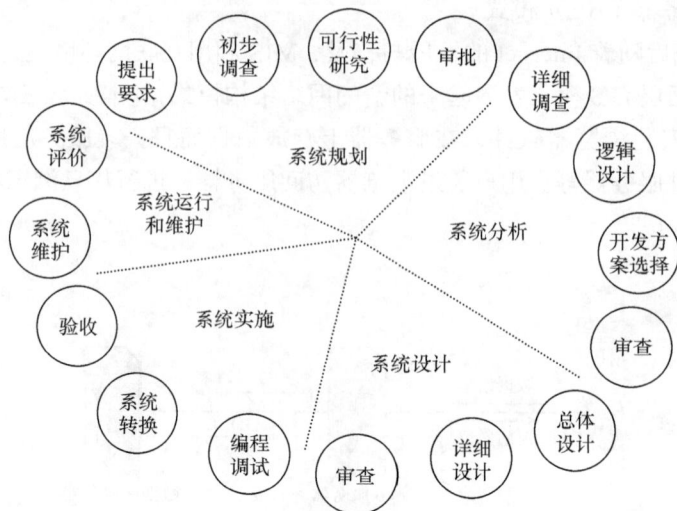

图 8-7　管理信息系统开发过程

系统规划阶段的任务是：在对原系统进行初步调查的基础上，提出开发新系统的要求。根据需要和可能，给出新系统的总体方案，并对这些方案进行可行性分析，产生系统开发计划和可行性研究报告两份文档。

系统规划的方法如图 8-8 所示。

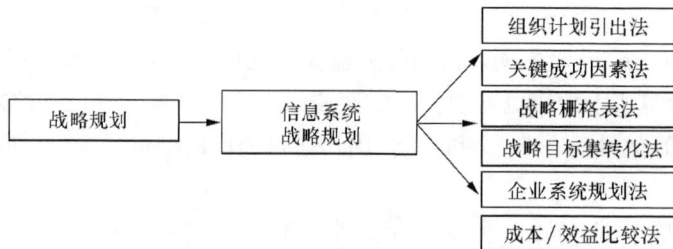

图 8-8　信息系统战略规划方法

2. 系统分析

在系统规划的基础上，进行全面的调查分析，从而提出新系统的逻辑模型。系统分析阶段的任务是根据系统开发计划所确定的范围，对现行系统进行详细调查，描述现行系统的业务流程，指出现行系统的局限性和不足之处，确定新系统的基本目标和逻辑模型，这个阶段又称为逻辑设计阶段。

系统分析阶段的主要工具包括组织结构图、业务流程图、数据流程图、数据字典、决策树以及判断表等。

系统分析阶段的工作成果体现在"系统分析说明书"中，这是系统建设的必备文件。它是提交给用户的文档，也是下一阶段的工作依据。因此，系统分析说明书要通俗易懂，用户通过它可以了解新系统的功能，判断是否所需的系统。系统分析说明书一旦评审通过，就是系统设计的依据，也是系统最终验收的依据。

一份好的系统分析报告应该不但能够充分展示前段调查的结果，更重要的是要反映系统分析结果，即新系统的逻辑方案，主要内容包括以下 4 个方面。

① 系统基本情况。

② 系统目标和开发的可行性。

③ 现行系统运行状况。

④ 新系统的逻辑方案。

3. 系统设计

根据系统逻辑方案建立系统的物理模型。系统分析阶段回答了新系统"做什么"的问题，而系统设计阶段的任务就是回答"怎么做"的问题。根据系统分析说明书中规定的功能要求，考虑实际条件，具体设计实现逻辑模型的技术方案。这个阶段又称为物理设计阶段。

系统设计分为总体设计和详细设计两个阶段，主要内容包括：系统总体设计、系统数据库设计、代码设计、输入/输出及界面设计、模块功能和处理过程设计、系统安全设计以及系统设计报告等。

设计阶段产生的技术文档是"系统设计说明书"，其主要内容如下。

① 系统总本结构图。

② 系统设备配置图。

③ 系统分类编码方案。

④ 数据库结构图。

⑤ I/O（输入/输出）设计方案。

⑥ HIPO 图（层次化模块控制图）等。

⑦ 系统详细设计方案说明书。

4. 系统实现

系统实现即将系统设计的结果根据实际情况在计算机上实现，是整个管理信息系统建设的物理实现阶段。

主要任务包括：编程调试、网络设计安装、数据准备、人员培训、系统测试、系统切换以及系统评价等。系统实施阶段的任务包括计算机等硬件设备的购置、安装和调试、应用程序的编制和调试、人员培训、数据文件转换、系统调试与转换等。系统实施是按实施计划分阶段完成的，每个阶段应写出"实施进度报告"，系统测试之后要写出"系统测试报告"。

5. 系统维护

新系统要具有长久的生命力，必须进行不断完善，以适应变化，包括日常管理、评价、监理审计等。

系统投入运行后，需要经常进行维护，记录系统运行情况，根据一定的程序对系统进行必要的修改，评价系统的工作质量和经济效益。

8.1.4 信息系统开发方法

信息系统的开发主要的内容是应用程序的设计。最初的软件开发比较原始随意，程序的开发采用个体工作方式，开发工作主要依赖于开发人员的个人技能和程序设计技巧，没有规划、缺乏系统性。当时的软件通常缺少与程序有关的文档、软件开发的实际成本和进度往往与预计的相差甚远、软件的质量得不到保证、开发出来的软件常常不能使用户满意。随着计算机应用的需求不断增长，软件的规模也越来越大，然而软件开发的生产率远远跟不上计算机应用的迅速增长。此外，因为软件开发时缺少好的方法指导和工具辅助，同时又缺少有关的文档，使得大量已有的软件难以维护。上述这些问题严重地阻碍了软件技术的发展。20 世纪 60 年代中期，人们把上述软件开发和维护中的各种问题称为"软件危机"。

目前，MIS 的开发必须以需求为导向、系统化的思想、工程化的管理和先进的技术进行 MIS 的开发。强调开发过程的组织、管理和控制，属于系统开发生命周期的范畴；强调开发方法的驱动对象，属于方法论的范畴；支持某种方法论的技术，属于技术范畴；系统开发需要在一定的开发环境下运用开发工具来完成，属于系统开发环境/工具研究的范畴。信息系统开发方法主要包括：结构化开发方法、原型化开发方法、面向对象开发方法和计算机工具辅助开发方法等。

1. 结构化开发方法

结构化开发方法又称结构化生命周期法，是系统分析员、软件工程师、程序员以及最终用户按照用户至上的原则，自顶向下分析与设计和自底向上逐步实施的建立计算机信息系统的一个过程，是组织、管理和控制信息系统开发过程的一种基本框架。

每个阶段完成后，通过审查验收，并形成完整的文档，才能进入下一阶段工作，下一阶段发现问题，及时反馈到上一阶段进行调整和修改。本阶段满足开发要求，经过评审通过后才可以进入下一阶段的开发。它是应用最普遍、最成熟的一种方法。它的开发过程通常称为瀑布模型（见图 8-9）。

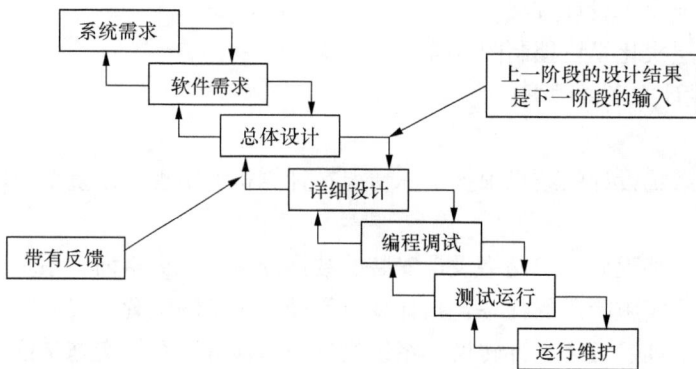

图 8-9　瀑布模型

它是应用最普遍、最成熟的一种方法，但也有自己的优缺点。

优点：

① 强调整体性和全局性，有前期的规划、总体目标明确。

② 严格区分开发阶段，发现问题及时反馈和纠正。

③ 有完备的系统文档，每个阶段都有相应的评价，撰写开发报告。

缺点：

① 开发周期长，不能适应变化需要。

② 错误具有放大性，前一阶段的错误会给下一阶段带来更大的问题。

③ 实施起来困难，除了需求分析阶段，其他阶段用户参与少。

2. 原型化开发方法

运用结构化系统开发生命周期法的前提条件是要求用户在项目开始初期就非常明确地陈述其需求。需求陈述出现错误，对信息系统开发的影响尤为严重。因此，这种方法不允许失败。事实上这种要求又难以做到。人们设想，有一种方法，能够迅速发现需求错误。当图形用户界面出现后，自 20 世纪 80 年代中期以来，原型法逐步被接受，并成为一种流行的信息系统开发方法。

原型法是在系统开发初期，凭借系统开发人员对用户需求的了解和系统主要功能的要求，在强有力的软件环境支持下，迅速构造出系统的初始原型，然后与用户一起不断对原型进行修改、完善，直到满足用户需求。

其开发过程（见图 8-10）是：先进行可行性研究；确定系统开发目标后，确定系统的基本要求；根据初步的需求建造系统初始原型；用户和开发人员评审；发现问题后，修改系统原型；反复地进行修改、评审，直到用户满意，系统开发结束。

原型化法适合在一些小系统或起初不能明确用户需求的情况下使用。

优点：

① 对系统需求的认识取得突破，确保用户的要求得到较好的满足。

② 改进了用户和系统开发人员的交流方式。

③ 开发的系统更加贴近实际，提高了用户的满意程度。

④ 降低了系统开发风险，一定程度上减少了开发费用。

缺点：

① 开发工具要求高，要求很快能建立系统原型的工具。

② 解决复杂系统和大型系统很困难，这是没有总体规划和系统性带来的问题。

③ 对用户的管理水平要求高，要求管理要比较规范和科学，否则建立原型困难。

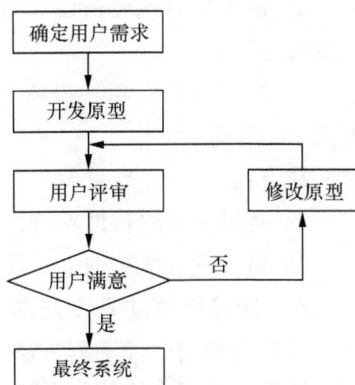

图 8-10　原型化开发方法的过程

3. 面向对象开发方法

客观世界是由各种各样的对象组成的，每种对象都有各自的内部状态和运动规律，不同对象之间的相互作用和联系就构成了各种不同的系统。以前的开发方法，只是单纯地反映管理功能的结构状况，或者只是侧重反映事物的信息特征和信息流程，只能被动应和实际问题需要的做法。面向对象的方法把数据和过程包装成为对象，以对象为基础对系统进行分析与设计，为认识事物提供了一种全新的思路和办法，是一种综合性的开发方法。

面向对象系统采用了自底向上归纳、自顶向下分解的方法，它通过建立对象模型，能够真正基于用户需求，而且系统的可维护性大大改善。目前主要使用通用模型语言（Unified Modeling Language，UML）。

其开发过程主要分为 4 个阶段。

① 系统调查和需求分析：对系统将要面临的具体管理问题以及用户对系统开发的需求进行调查研究，即先弄清要干什么的问题。

② 面向对象的分析（OOA）：分析问题的性质和求解问题，在繁杂的问题域中抽象地识别出对象以及其行为、结构、属性、方法等，一般称为面向对象的分析。

③ 面向对象的设计（OOD）：对分析的结果作进一步的抽象、归类、整理，并最终以范式的形式将它们确定下来，一般称为面向对象的设计。

④ 面向对象的实现（OOP）：用面向对象的程序设计语言将上一步整理的范式直接映射（即直接用程序设计语言来取代）为应用软件，一般称为面向对象的编程。

面向对象开发方式是目前比较流行的开发方法，适用面很广。在实际开发过程中，也可以与结构化开发方法，或者原型法结合使用。

优点：

① 便于与用户交流：因为对象的概念与用户使用相统一，便于交流协商。

② 便于从系统分析设计阶段进入系统实现阶段：各个阶段都是面向对象的工具与方法，包括设计思路。

③ 缩短开发周期、提高开发效率，如 OOP 面向对象的程序设计简单、直观、可视化程度高。

缺点：

① 需要一定的软件支持，如 UML、VC++等工具。

② 易造成系统结构不合理、各部分关系失调等问题。

4．计算机辅助开发方法

计算机辅助软件工程方法（CASE）是一种自动化或半自动化的系统开发环境。它能够全面支持除系统调查外的各个开发步骤，使得原来由手工完成的开发过程转变为以自动化工具和支撑环境支持的自动化开发过程。采用 CASE 工具进行系统开发，还必须结合某种具体的开发方法（如结构化系统开发方法）。

计算机辅助软件工程方法的特点如下。

① 解决了从客观对象到软件系统的映射问题，支持系统开发的全过程。

② 提高了软件质量和软件重用性。

③ 加快了软件开发速度。

④ 简化了系统开发过程的管理和维护。

⑤ 自动生成开发过程中的各种文档资料。

综上所述，只有结构化开发方法是真正能全面支持系统开发过程的方法，其他方法尽管有很多优点，但都只能作为结构化开发方法在局部开发环节上的补充，暂时还不能代替其在系统开发过程中的主导地位。在占目前系统开发工作量最大的系统调查和系统分析这两个重要环节，结构化开发方法具有优势。

8.2 销售点实时处理系统（POS）

8.2.1 POS 系统的概念

1．POS 系统的定义

早期的零售业常规电子收款机（Electronic Cash Register，ECR）只能处理收银、开发票、结账等简单的销售作业，得到的管理信息极其有限，仅止于销售总金额和部门销售的基本统计资料。随着计算机网络的发展和广泛应用，出现了基于网络的 POS 系统。POS 系统除能提供精确销售信息外，通过销售记录还能掌握卖场上所有单品库存量，供采购部门参考或电子订货系统连接。商业 POS 系统的成功应用也给 POS 系统在其他领域的应用提供了榜样。

POS（Point of Sales）销售点实时处理系统，是指通过自动读取设备（如收银机）在销售商品时直接读取商品销售信息（如商品名、单价、销售数量、销售时间、销售店铺、购买顾客等），并通过通信网络和计算机系统传输至有关部门，进行分析加工以提高经营效率的系统。

2. POS 系统的功能

POS 系统应用后可大大提高商场的运营效率。在前台提高了业务的效率和准确性，在后台可以提高整个商场的管理和运营水平。这主要体现在以下几个方面。

① 简化了商业部门的作业流程，提高基层员工的工作效率和积极性。

② 简化了超市收银台业务，节约了原来用于手写、保管各种单据的人工成本和时间成本，提高工作人员的正确性，省略了手工核对的工作量。

③ 提高了数据收集能力，各级主管从繁重的传统式经营管理中解脱出来，而且有更多的时间从事管理工作，进一步提高了工作效率。

④ 提高商店的运营水平，销售人员根据商品的销售情况进行分析，以进行下一次的销售计划。

⑤ 商店作业更为合理，采购人员利用查询和报表，更直接、有效地获得商品情况，了解到商品是否畅销和滞销。

⑥ 提高商店运营的效率，管理者把握住商品的进销存动态，对企业各种资源的流转进行更好的控制和发展。

⑦ 能实现对企业信息和职工的规范化管理，提高服务质量，从整体上提高了企业经营管理水平。

3. POS 系统的应用领域

POS 系统最早应用于零售业，以后逐渐扩展至其他如金融、旅馆等服务行业，利用 POS 系统的范围也从企业内部扩展到整个供应链。

① 金融电子化：银行 POS 系统可通过银行专用网进行存取款、转账等银行业务，如银行的 ATM 机就是一种银行 POS 系统的终端。

② 商业自动化：如零售卖场、超市的收银系统，具有消费、预授权、查询支付名单等功能，是最典型的 POS 系统应用。

③ 票务售理：主要用于火车票、机票的网络票务，旅客可以在售票网点或公共场合的 POS 系统上，查询和购买所需的车票和机票。

④ 酒店、宾馆等服务行业：一般是通过互联网访问酒店宾馆的 POS 系统界面进行房间的预约和登记，也可以支付相应的费用。

⑤ 收费系统：也称为转账 POS，具有财务转账和卡卡转账等功能，主要用于单位财务部门，也可以用于个人水电、保险等费用的转账。

POS 广泛用于商业零售领域，所以也称为商业 POS 系统。

8.2.2 POS 系统结构与组成

商业 POS 的系统结构主要依赖于计算机处理信息的体系结构。结合商业企业的特点，商业

POS 的基本结构可分为前台与后台两个部分，通过商场局域网或企业专用网 VPN 连接。其总体结构如图 8-11 所示。

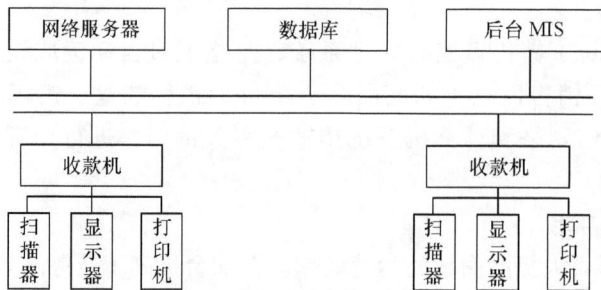

图 8-11　商业 POS 系统结构

计算机与通信技术是商业 POS 的信息基础设施。商业 POS 的主要软硬件包括收款机、计算机/工作站、通信网络以及数据库管理系统 4 个部分。

1. 收款机

收款机主要是为商业 POS 提供销售服务和收集销售数据。POS 机（见图 8-12）是一种多功能终端，把它安装在信用卡的特约商户和受理网点中，与计算机联成网络就能实现电子资金自动转账。它具有支持消费、预授权、余额查询和转账等功能，使用起来安全、快捷、可靠。

2. 计算机/工作站

商业 POS 需要使用微机的地方很多，如商场和商业集团的导购、各部门进行业务管理的客户机、POS 中的客户机等。使用地点不同，对微机的性能、功能要求也不同，应根据业务的需要、与整个系统的联接、将来的升级等多方面综合考虑选配性能/价格比高的微机。

工作站是一种以高性能计算机处理器为基础，为专业技术管理人员提供一个友好的、高效的工作环境的机种。

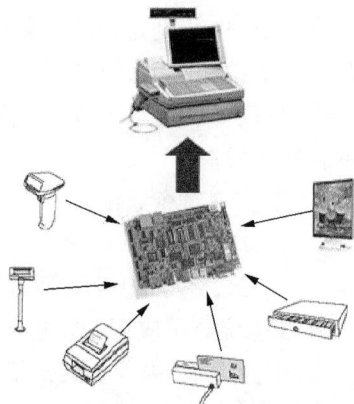

图 8-12　POS 机的组成

与普通计算机相比，它具有整机速度高、存储容量大等特点，大都采用多任务操作系统，装有网络接口，提供网络应用环境，并配有图形子系统及高分辨率显示器，支持多媒体的分布式访问。在商业 POS 中，可以利用工作站有足够的存储容量、较高的处理速度和 I/O 速度和强大的连网能力来代替中小型机。如大型商业企业的商品进、销、存、购的管理，这类账目的数据量大，且需要频繁进行管理和检索，普通计算机难以负担，工作站是理想的设备。在图形处理方面，如导购、新产品设计等都可由工作站来承担。

3. 通信网络

通信网络是指将分散在各地的计算机系统互相连接，并按照通信协议进行通信，实现资源共享，包括软、硬件和数据库等。商业 POS 须根据企业部门的发展需要以及网络技术的发展来选用适用的、先进的网络技术，特别是企业专用网络应与结构化组网相结合。

4. POS 系统管理软件

POS 管理软件是 POS 系统的核心组成部分，商业 POS 中所用的大量数据都存储在数据库中。数据库中的数据由数据库管理系统进行管理，并为用户使用数据提供服务。除了增加、删除和修改数据的功能外，还保证数据的安全性、完整性和并发性。POS 系统管理软件分为前台软件 POS 销售系统和后台 MIS 系统两大部分（见图 8-13）。

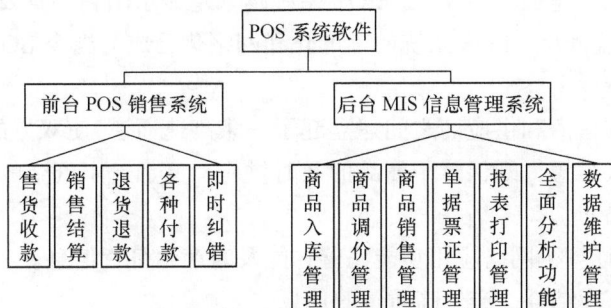

图 8-13　POS 系统的软件结构

① 前台软件系统：主要为基本收银作业。一般包括：客户购买明细资料、交易查询作业、查账、结账作业等。

② 后台软件系统：基本资料管理、库存商品管理、销售系统分析管理、采购进货管理等。

8.3 电子订货系统（EOS）

8.3.1　EOS 的概念和发展

1. EOS 的定义

电子自动订货系统（Electronic Ordering System，EOS）的功能：使用计算机将各种订货信息通过网络系统传递给批发商或供应商，完成从订货、接单、处理、供货、结算等全过程计算机处理。

EOS 将批发、零售商场所发生的订货数据输入计算机，通过计算机通信网络连接的方式将资料传输至总公司、批发商、商品供货商或制造商处。EOS 能处理从新商品资料的说明直到会计结算等所有商品交易过程中的作业，涵盖了整个物流业务流程。在寸土寸金的情况下，零售业已没有许多空间用于存放货物，在要求供货商及时补足售出商品的数量且不能有缺货的前提下，必须采用 EOS 系统。EOS 包括了先进的管理手段，在国际上使用非常广泛，而且越来越受到商业界的青睐。

2. EOS 的发展

最早把电子订货系统（EOS）引入商业的是连锁店，其目的管理分店与总店的相互补货业务。其发展可以分为 4 个阶段。

① 早期的 EOS：通过电话/传真在零售商和供应商之间传递订货信息。

② 基于点对点方式的 EOS：零售商和供应商的计算机通过专线或电话线直接相连，相互传递订货信息。

③ 基于增值网的 EOS：零售商和供应商之间通过增值网传递订货信息。

④ 基于 Internet 的 EOS：20 世纪 90 年代后 Internet 迅速普及，基于 Internet 的 EOS 也得到了发展。

在商业化、电子化迅速发展的今天，EOS 系统越来越显示出它的重要性。同时随着科技的发展和 EOS 系统的日益普及，EOS 系统的标准化和网络化已成为当今 EOS 系统的发展趋势。

3. EOS 的特点

电子订货系统在零售商和供应商之间建立起了一条高速通道，使双方的信息及时得到沟通，使订货过程的周期大大缩短，既保障了商品的及时供应，又加速了资金的周转，实现了零库存战略。EOS 具有如下特点。

① 商业企业内部计算机网络应用功能完善，能及时产生订货信息。

② POS 与 EOS 高度结合，产生高质量的信息。

③ 满足零售商和供应商之间的信息传递。

④ 通过网络传输信息订货。

⑤ 信息传递及时、准确。

⑥ 形成许多零售商和供应商之间的整体运作系统。

8.3.2 EOS 的组成与结构

1. EOS 系统的组成

电子订货系统的构成内容包括订货系统、通信网络系统和接单计算机系统（见图 8-14）。

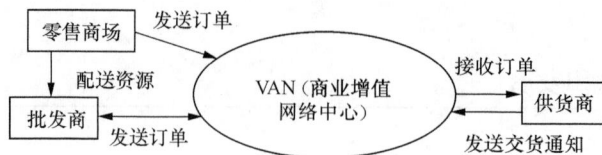

图 8-14　EOS 系统的结构图

EOS 系统可以分为 4 个部分。

① 供应商：商品的制造者或供应者（生产商、批发商）。

② 零售商：商品的销售者或需求者。

③ 网络：用于传输订货信息（订单、发货单、收货单、发票等）。

④ 计算机系统：用于产生和处理订货信息。

2. EOS 系统的工作模式

零售商和批发商是两个主要的 EOS 参与方。在实际运作中，有些零售商只与一个批发商开展业务，大多数情况是多个零售商与多个批发商开展业务，根据两者之间的关系可以将 EOS 系统的工作模式分为 3 种。

（1）一对一模式

即一个零售商只与一个批发商开展业务，反之亦然。就零售商而言，只要配备了订货终端机和货价卡，以及通信系统，就可以说是一套完整的电子订货配置。就供应商来说，可利用终端机设备系统直接作订单处理，打印出货单和检货单，就可以说已具备电子订货系统的功能。

但就整个社会而言，标准的电子订货系统决不是"一对一"的格局，即并非单个的零售店与单个的供应商组成的系统，而是"多对多"的整体运作，即许多零售店和许多供货商组成的大系统的整体运作方式。

（2）一对多模式

即一个批发商可与多个零售商开展业务，连锁体系内部的网络型，即连锁门店有电子订货配置，连锁总部有接单计算机系统，并用即时、批次或电子信箱等方式传输订货信息。这是"多对一"与"一对多"相结合的初级形式的电子订货系统。

（3）多对多模式

即零售商对批发商的网络型，其具体形式有两种：一种是直接的"多对多"，即众多的不同连锁体系下属的门店对供应商，由供应商直接接单发货至门店；另一种是以各连锁体系内部的配送中心为中介的间接的"多对多"，即连锁门店直接向供应商订货，并告知配送中心有关订货信息，供货商按商品类别向配送中心发货，并由配送中心按门店组织调配向门店送货，这可以说是中级形式的电子订货系统。

3．EOS 系统的操作流程

使用 EOS 时要注意订货业务作业的标准化，这是有效利用 EOS 系统的前提条件：商品代码的设计，商品代码一般采用国家统一规定的标准，这是应用 EOS 系统的基础条件；订货商品目录账册的做成和更新，订货商品目录账册的设计和运用是 EOS 系统成功的重要保证；计算机以及订货信息输入和输出终端设备的添置是应用 EOS 系统的基础条件；在应用过程中需要制订 EOS 系统应用手册并协调部门间、企业间的经营活动。

EOS 系统的操作流程如图 8-15 所示，大体可以分为 4 个步骤。

① 在零售店的终端利用条码阅读器获取准备采购的商品条码，并在终端机上输入订货资料，利用电话线通过调制解调器传到批发商的计算机中。

② 批发商开出提货传票，并根据传票开出拣货单，实施拣货，然后根据送货传票进行商品发货。

③ 送货传票上的资料便成为零售商店的应付账款资料及批发商的应收账款资料，并接到应收账款的系统中去。

④ 零售商对送到的货物进行检验后，就可以陈列出售了。

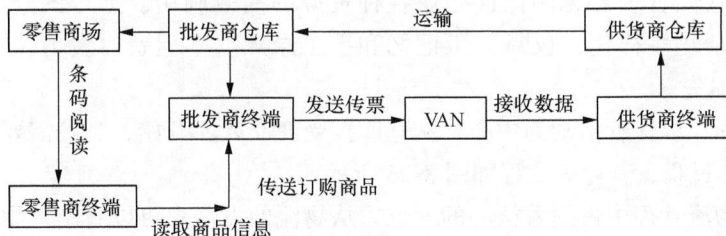

图 8-15　EOS 的流程图

8.3.3　实施 EOS 的条件和作用

1．实施 EOS 的条件

① 订货业务作业的标准化：这是有效利用 EOS 系统的前提条件。

② 商品代码的设计：在零售行业的单品管理方式中，每一个商品品种对应一个独立的商品代码，商品代码一般采用国家统一规定的标准。对于统一标准中没有规定的商品则采用本企业自己规定的商品代码。商品代码的设计是应用 EOS 系统的基础条件。

③ 订货商品目录账册的做成和更新：订货商品目录账册的设计和运用是 EOS 系统成功的重要保证。

④ 计算机以及订货信息输入和输出终端设备的添置和 EOS 系统设计是应用 EOS 系统的基础条件。

2．EOS 系统在企业物流管理中的作用

① 提高订单的处理效率。缩短从接到订单到发出订货的时间，缩短订货商品的交货期，减少商品订单的出错率，节省人工费。

② 减少企业的库存水平。提高企业的库存管理效率，同时也能防止商品特别是畅销商品缺货现象的出现。

③ 有利于调整商品生产和销售计划。对于生产厂家和批发商来说，通过分析零售商的商品订货信息，能准确判断畅销商品和滞销商品。

④ 有利于提高物流信息系统的效率。使各个业务信息子系统之间的数据交换更加便利和迅速，丰富企业的经营信息。

8.4 仓储管理信息系统（WMS）

8.4.1 仓库管理的业务流程

"仓储"包括生产和供应领域中各种类型的存储仓库和配送中心，有普通仓库、物流仓库以及货代仓库。

仓储在企业的整个供应链中起着至关重要的作用，如果不能保证正确的进货和库存控制及发货，将会导致管理费用的增加，服务质量难以得到保证，从而影响企业的竞争力。传统简单、静态的仓储管理已无法保证企业各种资源的高效利用。如今的仓库作业和库存控制作业已十分复杂化多样化，仅靠人工记忆和手工录入，不但费时费力，而且容易出错，给企业带来巨大损失。

仓储作业过程：以保管活动为中心，从仓库接受商品入库开始，到按需要把商品全部完好地发送出去的全部过程，其业务流程如图 8-16 所示。

仓储管理在物流管理中占据着核心的地位。从物流的发展史可以看出，物流的研究最初是从解决"牛鞭效应"开始的，即在多环节的流通过程中，因为每个环节对于需求的预测存在误差，因此随着流通环节增加，误差被放大，库存也就越来越偏离实际的最终需求，从而带来保管成本和市场风险的提高。解决这个问题的思路，从研究合理的安全库存开始，到改变流程，建立集中的配送中心，以至到改变生产方式，实行订单生产，将静态的库存管理转变为动态的JIT（Just in time）配送，实现降低库存数量、缩短周期的目的。

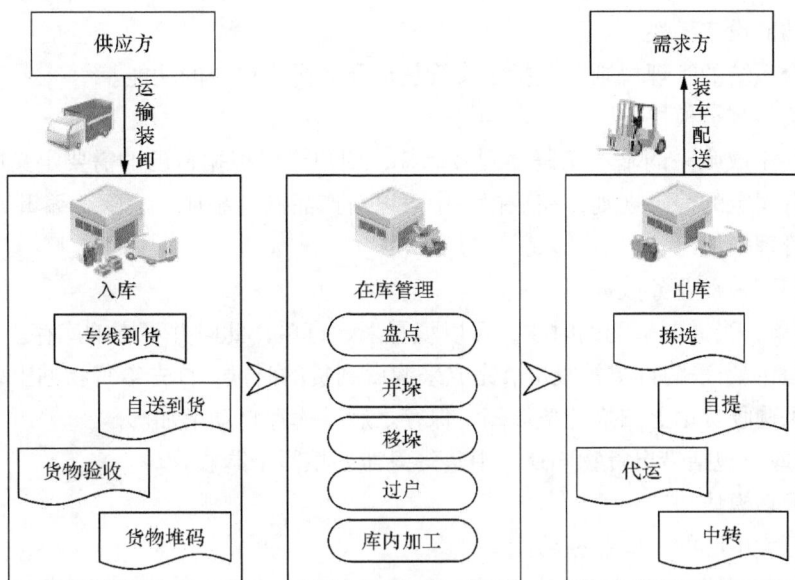

图 8-16　仓库管理的业务流程图

8.4.2　仓储管理信息系统的概念

目前，许多企业已认识到企业管理信息对企业发展的战略意义，从财务软件、进销存软件，从 MRP、MRPII 到 ERP，代表了中国企业从粗放管理走向集约管理。在物流供应链的管理中，不再把库存作为维持生产和销售的措施，而将其作为一种供应链的平衡机制，其作用主要是协调整个供应链。现代企业面临着许多不确定因素，无论它们来自分供方还是来自生产或客户，对企业来说处理好库存管理与不确定性关系的唯一办法是加强企业之间信息的交流和共享，增加库存决策信息的透明性、可靠性和实时性。而这正是仓库管理信息系统所要帮助企业解决的问题。

仓储管理信息系统（WMS）是一个实时的计算机软件系统，能够按照仓储运作的业务规则，对信息、资源、行为、存货和分销进行更完善的管理，使得最大化满足有效产出和精确性的要求。它可以给用户带来了巨大效益，主要表现如下。

① 数据采集及时、过程精准管理、全自动化智能导向，提高工作效率。

② 库位精确定位管理、状态全面监控，充分利用有限仓库空间。

③ 货品上架和下架，全智能按先进先出自动分配上下架库位，避免人为错误。

④ 实时掌控库存情况，合理保持和控制企业库存。

⑤ 通过对批次信息的自动采集，实现了对产品生产或销售过程的可追溯性。

仓储管理系统是仓储管理信息化的具体形式，它在我国的应用还处于起步阶段。目前在我国市场上呈现出二元结构：以跨国公司或国内少数先进企业为代表的高端市场，其应用 WMS 的比例较高，系统也比较集中在国外基本成熟的主流品牌；以国内企业为代表的中低端市场，主要应用国内开发的 WMS 产品。

8.4.3　仓储管理信息系统的功能

仓库管理系统的功能模块根据不同企业的不同业务和仓储情况，其功能也有些不同，但一般都包含以下功能模块。

（1）系统功能设定模块

自定义整个系统的管理规则，包括定义管理员及其操作口令的功能。

（2）基本资料维护模块

对每批产品生成唯一的基本条码序列号标签，用户可以根据自己的需要定义序列号，每种型号的产品都有固定的编码规则，在数据库中可以对产品进行添加、删除、编辑等操作。

（3）采购管理模块

主要处理如下采购业务数据。

① 采购订单：当需要采购的时候，可以填写采购订单，此时并不影响库存。

② 采购收货：当采购订单被批准，完成采购后到货的时候，首先给货物帖上条形码序列号标签，然后在采购收货单上扫描此条形码，保存之后，库存自动增加。

③ 其他入库：包括借出货物归还、退货等只需要填写采购收货单。

（4）仓库管理模块

以商品库存为中心的一些业务功能。

① 产品入库：采购入库或者其他入库，自动生成入库单号，货品及可选择方便快捷，可以区分正常入库、退货入库等不同的入库方式。

② 产品出库：销售出库或者其他出库，可以自动生成出库单号，可以区分正常出库、赠品出库等不同的出库方式。

③ 在库管理：不需要手工管理，当入库和出库时，系统自动生成每类产品的库存数量，查询方便。

④ 特殊品库：当客户需要区分产品时，可以建立虚拟的仓库管理，需要区分的产品功能和正常品库一致。

⑤ 调拨管理：针对不同的库之间需要调拨，可以自动生成调拨单号，支持货品在不同的仓库中任意调拨。

⑥ 盘点管理：用户随时可以盘点仓库，自动生成盘点单据，使盘点工作方便快捷。

⑦ 库存上限报警：当库存数量不满足一个量的时候，系统报警。

（5）销售管理模块

商品销售出库的相关业务处理。销售订单：当销售出库的时候，首先填写销售出库单，此时不影响库存。销售单：当销售出库的时候，将销售出库产品序列号扫描至该出库单上，保存之后，库存报表自动减少该类产品。

（6）报表生成模块

相关的报表生成和输出功能，如月末、季度末以及年末销售报表，采购报表以及盘点报表的自动生成，用户自定义需要统计的报表。

（7）查询功能模块

为用户和管理者提供方便信息查询的模块，如采购单查询，销售单查询，单个产品查询，库存查询等。查询条件的设置和输出方式要尽量符合用户的使用习惯。

8.4.4 WMS 在我国的应用

从应用角度国内企业的 WMS 可以分为三大类。

（1）基于典型的配送中心业务的应用系统

在销售物流中建立配送中心，如供应物流中的生产企业零配件配送中心，北京医药股份有限公司的现代物流中心就是这样的一个典型。该系统的目标，一是落实国家有关医药物流的管理和控制标准 GSP 等；二是优化流程，提高提高效率。通过网络化和数字化方式，提高库内作业控制水平和任务编排。该系统把配送时间缩短了 50%，订单处理能力提高了一倍以上，还取得了显著的社会效益，成为医药物流的一个样板。此类系统多用于制造业或分销业的供应链管理中，也是 WMS 中最常见的一类。

（2）以仓储作业技术的整合为主要目标的系统

解决各种自动化设备的信息系统之间整合与优化的问题。武钢第二热轧厂的生产物流信息系统即属于此类。该系统主要解决原材料库（钢坯）、半仓储管理系统应用成品库（粗轧中厚板）与成品库（精轧薄板）之间的协调运行问题，否则将不能保持连续作业，不仅放空生产力，还会浪费能源。此类系统涉及的流程相对规范、专业化，多出现在大型 ERP 系统之中，成为一个重要组成部分。

（3）以仓储业的经营决策为重点的应用系统

其鲜明的特点是具有非常灵活的计费系统、准确及时的核算系统和功能完善的客户管理系统，为仓储业经营提供决策支持信息。华润物流有限公司的润发仓库管理系统就是这样的一个案例。此类系统多用于一些提供公仓仓储服务的企业中，其流程管理、仓储作业的技术共性多、特性少，所以要求不高，适合对多数客户提供通用的服务。该公司采用了一套适合自身特点的WMS 以后，减少了人工成本，提高了仓库利用率，明显增加了经济效益。

8.5 运输管理信息系统（TMS）

8.5.1 运输管理系统的概述

1. 运输管理系统的定义

运输是物流运作的重要环节，在物流各个环节中运输时间及运输成本占有相当比重。现代运输管理是对运输网络和运输作业的管理，在这个网络中传递着不同区域的运输任务、资源控制、状态跟踪、信息反馈等信息。实践证明，通过人为控制运输网络信息和运输作业，效率低、准确性差、成本高、反映迟缓，无法满足客户需求。随着市场竞争的加剧，对于物流服务的质量要求越来越高，尤其是运输环节。

运输管理信息系统（Transportation Management System，TMS）是基于运输作业流程的管理系统，它利用计算机网络等现代信息技术，对运输计划、运输工具、运送人员及运输过程进行跟踪、调度、指挥。

运输管理系统是一套基于运输作业流程的管理系统，主要有系统管理、信息管理、运输作业、财务管理四大子系统。系统管理是 TMS 系统的技术后台，起到支持系统高效运转的作用；信息管理是通过对企业的客户信息、车辆信息、人员信息、货物信息的管理，建立运输决策的知识库，也起到促进企业整体运营更加优化的作用；运输作业是该管理系统的核心，系统通过对运输任务的订单处理、调度配载、运输状态跟踪，确定任务的执行状况；财务管理是伴随着运输任务发生的应收应付费用，通过对应收应付的管理及运输任务对应的收支的核算，生成实时全面的统计报表，能够有效地促进运输决策。

2．TMS 的设计目标

运输管理系统是利用计算机技术和物流管理方法设计出的管理软件。在系统中，工作人员只需进行简单的选择、单击等操作即可完成工作。尤其是对中小企业，不能人为地追求高科技、多功能，反而会造成企业付出了一笔不菲的资金却买回了一套功能不能完全发挥、效率更低的系统的局面。一般 TMS 的设计目标包括以下 5 个方面。

（1）建立统一的调度管理平台

设立集卡调度中心和整车零担调度中心，智能化调度提醒，实现人性化的调度，使调度管理更具针对性，全面提升企业车辆利用效率。设置值班调度，整合 GPS、GIS、GSM 等技术，时时跟踪货物流向，及时调整并处理非正常业务运作。通过符合运作要求的调度机制，根据不同区域、车型要求、报关要求、货物属性、特殊业务类型等多种角度支持调度进行合理排班。灵活的排班方式，支持订单拆分，支持外委派车处理，支持集中的派车单管理。

（2）建立基于网络的一体化业务操作流程

TMS 是基于网络环境开发的支持多网点、多机构、多功能作业的立体网络运输软件。它可以建立快速、准确的订单处理机制，把网上订单处理与内部 TMS 无缝连接。实现统一委托受理平台，订单审核机制，保障业务数据的准确性。能够随时获取关键指标（委托处理差错率、委托响应效率），并可自定义的订单处理流程。

（3）集中化的财务管理

TMS 必须具有财务功能，才能提高运输效率、减少运输成本。它应该具备统一的合约管理，保证系统自动、准确地生成费用。可以实现收付账款管理、优化费用处理流程，以及备用金管理。其支持多种对冲、应收付等核销方式。能够账龄分析、备用金结存情况分析，并统一财务处理流程。

（4）对新技术的充分支持

TMS 是充分发挥现代物流信息技术的主要业务环节，开发 TMS 时要充分利用 GPS、GIS、GSM、行车记录仪、门磁、自动加油机、轮胎检测等先进技术支持，全面提升企业服务能力，为客户提供更加贴身的信息服务。

（5）完善的成本管理体系和预警管理

TMS 应该支持对额定费用、实时库存情况、车辆维修以及进出库等相关成本费用的管理和预警，而且围绕运营业务，实现从维修到仓库进出库、业务到油料的全过程管理。

3．TMS 的特点

① TMS 是基于网络环境开发的支持多网点、多机构、多功能作业的立体网络运输软件。

② TMS 在全面衡量、分析、规范运输作业流程的基础上，运用现代物流管理方法和计算机技术设计出先进的、标准的运输软件。

③ TMS 采用先进的软件技术实现计算机优化辅助作业，特别是对于快速发展中的运输企业，可以支持在网络机构庞大的运输体系中，协助管理人员进行资源分配、作业匹配、货物跟踪等操作。

④ TMS 具有实用的报表统计功能，可以为企业决策提供实时更新的信息，大大简化了人员的工作量。

8.5.2 TMS 的功能

TMS 根据运输公司业务的不同其功能模块也有所不同，大多数软件开发商也开发了相应的可选功能模块以满足不同业务的需求，整体而言，TMS 的功能模块如图 8-17 所示。

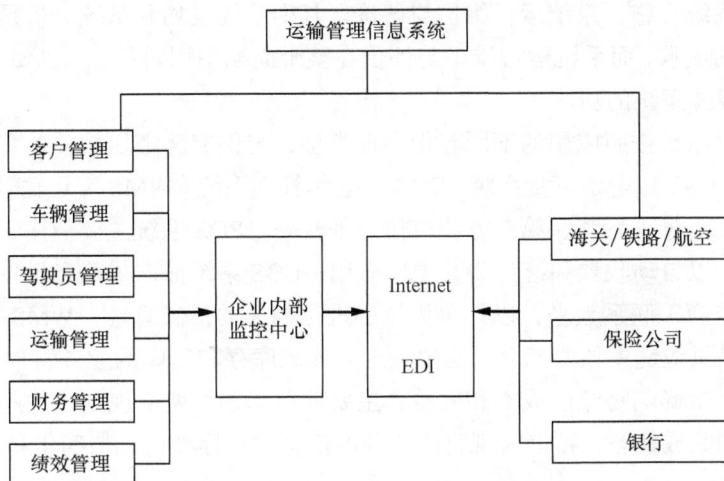

图 8-17 TMS 的功能结构图

① 客户管理：实现订单处理、合同管理、客户查询管理和投诉理赔管理功能。

② 车辆管理：帮助管理人员对运输车辆信息进行日常管理维护，随时了解车辆的运行状况，确保在运输任务下达时，有车辆可供调配。

③ 驾驶员管理：对驾驶员的个人信息和工作状况进行管理。

④ 运输管理：对运输过程的业务信息进行管理，主要包括运输计划安排、运输方式选择和运输路线优化 3 个环节 。

⑤ 财务管理：对运输中产生的财务信息进行管理，如运输价格、人员成本、运费、过桥费的统计，可生成费用结算报表和费用明细的列表。

⑥ 绩效管理：对驾驶员、运输部门、企业效益等的综合分析，辅助高层管理者对业务管理和经营事务进行控制、优化和决策。

⑦ 海关/铁路/航空系统对接管理：运输部门与相关单位的联系信息的管理，通过与海关部门的对接，为外贸交易提供系统的报关服务，方便了客户，也扩大了企业的业务。

⑧ 保险公司和银行对接管理：主要是金融部门的衔接信息管理，如为货物、车辆和员工提供保险业务，通过与银行接口实现网上支付和结算业务。

本 章 小 结

物流企业信息化是物流企业现代化的标志。物流管理信息系统是各种物流信息技术与物流业务联系的纽带和核心，可以帮助企业提高物流效率、降低物流成本、保障物流安全、提升物流品质。作为 MIS 的一类重要应用，物流管理信息系统的开发也要按照软件工程、软件生命周期理论，选择恰当的开发方法，系统化、结构化地进行，才能满足物流业务应用和发展的需要。

物流管理信息系统的开发是一个复杂的系统工程，目前常用的具体方法有结构化系统开发方法、原型法、面向对象开发方法和计算机辅助软件工程方法。这 4 种方法有各自的优缺点。采用结构化系统开发方法时，一个完整的系统开发过程一般分为 5 个阶段：系统规划、系统分析、系统设计、系统实施、系统运行维护与评价。其中系统规划和系统分析是最重要的环节，直接影响到系统的成败，而系统运行维护与评价在整个周期中用时最长，也要给予充分的重视，才能最大程度的发挥系统的功能。

物流管理信息系统按照应用的不同有很多种类型，与供应链密切相关的几个类型主要是：销售点处理系统（POS）、电子订货系统（EOS）、仓库管理系统（WMS）、运输管理系统（TMS），另外还包括配送中心管理系统、第三方物流信息平台等。POS 系统主要应用于零售商和卖场，直接面向消费者，以自动收款和统计为其主要应用；EOS 系统面向采购和批发应用，它将零售商和批发商（供应商）联系起来，以订单为核心进行相关的信息管理；WMS 系统是生产、销售的中间环节，是供应链中核心部分，主要处理入库、库存和出库的业务管理；TMS 是物流中最重要的环节、直接影响物流的成本和效益，主要针对车辆的调度规划。这些信息系统通过特定的功能模块协同完成任务，帮助实现物流业务的信息化、标准化、精确化和高效化。

综合实训：典型物流管理系统的操作

【实训目的】

通过典型物流管理信息系统操作的操作，掌握系统设置、业务流程管理、统计查询、报表输出等环节的具体操作，从而了解物流信息系统的功能、流程和操作方法。对一般物流信息系统的结构和功能有直观的认识，加强对理论知识的理解。

【实训内容】

（1）了解"诺思"物流管理系统的软件组成、功能模块及特点，并进行具体操作。

（2）以管理员身份登录，完成相关参数设置（如商品、库存、用户、供应商、车队等信息）及系统初始化工作，规定优化配送业务流程，并对操作员进行设置和管理。

（3）以库管员、调度员等身份登录系统，完成采购入库、销售出库、车辆调度、运输管理等业务流程，生成相应的报表。

【实训方法】

根据相关实验室的软件配置情况，选择典型的物流管理信息系统进行操作，如仓库管理系统、运输管理系统、配送管理系统等。

诺思配送管理教学软件主要是以现代物流企业和国外的信息系统中的客户管理、仓储管理、配送管理、运输管理、结算管理等实践过程为主要部分，结合了这些物流信息系统国际和国内标准以及实际业务运作和实际物流教学的一套模拟教学系统，使用者可通过系统的安装和完整的仓储、配送、运输、客户、商务、结算等管理流程的操作，了解现代物流企业中的仓储、配送、运输、客户、商务、结算等管理作业的基本功能和运作过程，提高对物流信息系统的理解和操作能力，以形成互动式教学、模拟性教学和实践性多种模式的教学。

【实训要求】

（1）以系统管理员身份登录诺思配送管理系统，了解其功能和操作流程。

（2）完成主要参数的设置、主要功能界面的操作。

（3）记录参数配置，操作过程，输出相应报表。

课 后 习 题

一、填空题

1. 管理系统是分级的，信息也是分级的，一般分为战略级、（　　　）和作业级。

2. 企业班组中每天的产量、考勤等基层业务信息称为（　　　）级信息。

3. 信息系统由信息源、信息处理器、（　　　）和信息管理者组成。

4. 我国的"三金工程"是指："（　　　）"、"金关工程"和"金卡工程"。

5. 金字塔型信息系统结构是由 3 个层次组成的，它们是（　　　）、管理控制、业务处理。

6. 信息系统开发方法中，（　　　）开发方法必须结合其他一种具体的开发方法进行。

7. 结构化开发方法一般把信息系统的生命周期分为：系统规划、系统分析等（　　　）个阶段。

8. EOS 系统的 4 个组成部分是：零售商、（　　　）、网络和计算机系统。

二、选择题

1. 信息系统是一门新型学科，它属于（　　　）。

　　A. 经济学科　　　　　　　　　　B. 计算机学科

　　C. 工程学科　　　　　　　　　　D. 综合性、边缘性学科

2. MIS 的 3 个层次中，（　　　）属于中层计划范围，它包括资源的获取与组织、人员的招聘与训练等。

　　A. 战略管理　　　B. 作业管理　　　C. 管理控制　　　　D. 作业控制

3. 作业级信息的特点是（　　　）。

　　A. 大部分来自内部，信息的精度高，使用寿命短

　　B. 大部分来自外部，信息的精度高，使用寿命短

　　C. 大部分来自内部，信息的精度高，使用寿命长

　　D. 大部分来自外部，信息的精度高，使用寿命长

4. 战略信息系统的目标是实现企业（　　　）。

　　A. 战术目标　　　　　　　　　　B. 财务目标

　　C. 利润目标　　　　　　　　　　D. 战略目标

5. 全国联机的航空订票服务系统属于（　　　）。

　　A. 批处理系统　　　　　　　　　B. 顺序处理系统

　　C. 联机实时系统　　　　　　　　D. 直接存取系统

6. 信息系统科学三要素不包括（　　　）。

　　A. 系统的观点　　　　　　　　　B. 管理方法

  C. 数学方法   D. 计算机应用

7. 中层的管理信息系统的功能不包括（   ）。

  A. 数据处理   B. 提供管理

  C. 辅助决策   D. 过程控制

8. 管理信息系统开发成功的先决条件是（   ）。

  A. 管理方法科学化

  B. 领导者的重视主管者的支持

  C. 建立本单位自己的计算机应用队伍

  D. 具有先进的硬件和软件配置

9. POS 系统的应用领域中，一般不包括（   ）。

  A. 金融电子化   B. 商业自动化

  C. 运输管理系统   D. 票务管理系统

10. 帮助企业管理人员完成战术和战略方面决策制订的信息系统是（   ）。

  A. 管理控制系统   B. 日常操作系统

  C. 辅助决策系统   D. 战略管理系统

11. 回答信息系统"如何做"的问题是在系统开发的（   ）。

  A. 实施阶段   B. 分析阶段

  C. 设计阶段   D. 规划阶段

12. EOS 电子订货系统主要的参与方是（   ）。

  A. 供应商、零售商

  B. 生产商、供应商

  C. 供应商、批发商

  D. 零售商、客户

13. 系统的开发方法必须根据系统的特点和需求来选择，目前应用最普遍最成熟的一种系统开发方法是（   ）。

  A. 原型化法   B. 面型对象的开发方法

  C. CASE 方法   D. 结构化开发方法

三、名词解释

1. 信息系统

2. 决策支持系统

3. EOS

4. 软件生命周期

5. 瀑布模型

四、简答题

1. 常用的物流管理信息系统有哪些？

2. 简述管理信息系统的开发过程。

3. 说明 POS 系统、EOS 系统的功能的区别与联系。

4. 说明物流信息技术（如 RFID、GPS 等）在运输管理中的应用。

5. 简述我国运输管理系统的发展。

▶▶▶ 案例分析 ◀◀◀

凡客诚品物流配送系统

1. 项目背景

凡客诚品作为国内大型电子商务企业目前已经成为国内电子商务网站中最具影响力的品牌之一。随着企业规模的不断扩大，信息技术在订单配送管理方面的应用越来越体现企业服务水平的能力。企业所面临的问题主要有以下几个方面。

① 订单配送管控能力不足：传统的 ERP 软件可以管理订单流程却不能管理配送人员在途情况，没有更加准确的配送人员信息提供给管理者，无法从根本上控制配送成本。

② 订单实时状态不明：订单在途、签收、滞留等实时状态不能与系统互动，配送结算依靠人员统计管理效率不高，无形中增加管理成本。

③ 缺乏准确管理数据：大多数的订单配送结算、数据分析、KPI 报告依靠人工统计不够准确，以此来作为企业改进管理能力、提高服务水平、成本控制没有说服力。

2. 凡客诚品项目需求

凡客诚品希望实现企业运作及服务互联网化，在平台上消费者可以实时跟踪订单的实时状态和位置，可以使用信用卡消费，公司的每一辆货车都要在互联网上，每个配送员都要在互联网上，每一件货都要在互联网上，以便上下游用户、管理及操作人员随时随地共享信息，实现协作。

在 iPS 平台上需要实现：订单自动生成，智能分配；系统智能调度；自动感知出发和到达；电子签收；自动结算日配送收入。

3. 凡客诚品配送解决方案

凡客诚品运用 iPS 物联网平台后从配送、签收、结算的控制方面都有了明显的改善，主要体现在以下几个方面。

① 平台迅速成为总部及各地配送管理部门的关键工具。自动订单调度帮助调度人员通过地图快速调度订单的工具和方法，调度员可随时登录系统进行当日的调度工作，调度工作结束后可使用 iPS 系统统一打印单据，无需在手工分单。

② 企业对配送人员有了控制手段，管理人员通过平台也可以随时看到配送人员的实时情况。

③ 自动结算大大降低了核算人员的工作量，同时提高了结算的准确性，公平性。

④ 平台为企业管理者提供精准的数据分析，KPI 报告，让配送人员的积累、调度和优化成为良性循环，提高订单配送效率，强化了服务优势。

⑤ 配送人员通过手机客户端，实现了提送货、订单查询、新建提货单、统计。并与系统实时交互。

iPS 物联网平台作为物流信息化软件在电子商务企业中的应用不仅仅是从运作管理表面上的便捷，同时也是企业在行业中服务水平和竞争力的提升。订单管理自动派发、配送人员在途全程跟踪、订单状态实时交互、自动结算，通过这种透明式的输运管理，企业领导者可以清晰地了解各个环节的成本情况，从而有效地控制成本，提高效率并为企业创造更大的利益。

4. 成功经验总结

iPS 物联网平台的原理是通过固定式或者便携式的 iPS 终端，不间断地获取有关配送人员位置、出发到达、签收、路线等所有相关数据，然后再把这些数据加工为总裁、总监、物流经理、调度、配送员等所有关键角色所需要的服务信息及成本信息。

采用 iPS 物联网平台的企业并不需要关注终端设备、数据通信以及应用软件等技术问题，中国电信及合作伙伴汇通天下已经把所有相关的技术集成在一起，成为对企业来说可以立即使用的服务平台，看似复杂的项目实施变得十分简单，企业只需要做两件事。

① 在 iPS 物联网平台上添加配送人员；

② 给配送员配备装有实时签收软件的 iPS 终端。

对于如凡客诚品这样的电子商务公司来说，中国电信及合作伙伴汇通天下将提供标准接口实现 iPS 平台与企业系统之间的信息交互，并帮助对方做一些必要的流程及界面定制，再做一些简单的培训，大约 3～4 周后，全国各地配送机构就都可以自如地应用了。

iPS 物联网平台实施的最大特点是简单、迅速。平台标准化加简单定制服务是项目得以顺利实施的关键，凭借着对物流行业的深入了解及专业的技术能力开发的企业版平台能够满足大多数企业的基本需求，如果不需求个性定制服务客户可以立刻体验平台的功能，节约了大量人力、时间成本。

——中国物流与采购网 2012 年 12 月 10 日

根据案例回答问题。

（1）在实施 IPS 以前，凡客诚品在物流配送方面面临哪些困难？

（2）IPS 涉及哪些部门和人员？分别给这些部门和人员分别带来了哪些好处？

（3）凡客诚品的物流配送系统成功应用给我国物流业来了哪些启示？

第9章

物联网、云计算与物流信息技术

本章学习方略

本章重点内容

- 物联网、云计算的概念
- 物联网核心技术
- 云计算机服务的类型

本章难点内容

- 物联网的关键技术及其在物流行业的应用
- 云计算技术在物流行业的应用

案例引入

美特斯邦威与安得物流共建物联网物流链

上海美特斯邦威服饰股份有限公司是一家国内知名的服装公司。目前，公司管理仓库总面积超过 450 万平方米，年运输量 60 亿吨·千米，配送能力 200 万票次，并在全国 8 个战略城市建立了 200 多个物流服务平台，物流服务覆盖全国。服装行业物流管理是典型的供应链管理。因为服装行业的特点，如变化快、小批量、多品种以及强烈的地域性消费差异的存在、持续不断降低成本的需要等，这都要求服装企业的物流配送必须做到及时、准确，能够尽快缩短交货周期，通过强大的物流网络，及时的运输、配送能够给企业有力的铺货能力支持。

美特斯邦威采用安得物流自主研制的 ALIS 系统，该系统由运作模块、内部管控模块、客户关系管理模块三大部分组成，所有业务均通过系统管理：全面实现单证电子化；与多家客户实现系统对接，方便客户实时查询货物在途情况及单证处理情况；在信息系统基础上，集成 GPS、SMS、手机定位、RFID、远程视频监控等物联网技术，加强客户所托货物的在途、在库管理。ALIS 系统与美特斯邦威的 SAP 系统采用实时数据交换，实现订单提货指令、提货信息异常调整、在途货物 GPS 跟踪信息等数据的实时同步，加快双方决策及处理的反应速度，提高准确率。

根据美特斯邦威加工厂、门店分布范围广、提送货批量小的特点，设计了"循环取货+集拼中转+长途干线运输+省际班车+同城配送"的业务流程，通过开设定点循环取货班车、区域集拼平台、自主的整车及专线运输，保障货物及时从加工厂运到目的地；借助安得物流的 ALIS 系统，安得跟踪人员根据系统进行时段跟踪、地段跟踪，异常信息跟踪等作业，实现对物流过程的全程掌控。生产加工的外包使得服装库存压力极大减小，市场反映的敏捷性促使整体流通精、快、准，减少了逆向物流成本及残损成本，订单的处理有了更好的柔性和反映能力，缓解了紧急销售等特殊情况产生的销售压力、而物流的保障能力是实现该供应链顺畅运作的关键。

——中国经济网 2012 年 7 月 4 日

9.1 物联网技术概述

在信息产业中，物联网有可能成为在计算机、互联网之后的第 3 次浪潮，它也成为新一代信息技术的重要组成部分，比互联网有更大的增长潜力。从其英文名称"The Internet of things"，可以看出，它就是"物物相连的互联网"。这有两层意义：其一，物联网的核心和基础仍然是互联网，是在互联网基础上的延伸和扩展的网络；其二，用户端延伸和扩展到了任何物品与物品之间，在这之间进行信息交换和通信。

9.1.1 物联网的概念

1. 物联网的定义

目前，对物联网还没有一个统一的定义。欧盟的定义是：物联网是一个动态的全球网络基础设施，它具有基于标准和互操作通信协议的自组织能力，其中物理的和虚拟的"物"具有身份标识、物理属性、虚拟的特性和智能的接口，并与信息网络无缝整合。物联网将与媒体互联网、服务互联网和企业互联网一道，构成未来互联网。

基于"RFID"的物联网定义：物联网是在计算机互联网的基础上，利用 RFID、无线数据通信等技术，构造一个覆盖世界上万事万物的"Internet of Things"。在这个网络中，物品（商品）能够彼此进行"交流"，而无需人的干预。其实质是利用射频自动识别（RFID）技术，通过计算机互联网实现物品（商品）的自动识别和信息的互联与共享。

电信运营商对物联网的定义：中国物联网的整体架构就是要基于 RFID、GPRS 和高速宽带的无处不在的网络。

我国中科院基于传感网的物联网定义：随机分布的集成有传感器、数据处理单元和通信单元的微小节点，通过一定的组织和通信方式构成的网络，是传感网，又叫物联网。

一个更为详细的定义是：物联网指的是将无处不在（Ubiquitous）的末端设备（Devices）和设施（Facilities）（包括具备"内在智能"的传感器、移动终端、工业系统、楼控系统、家庭智能设施、视频监控系统等）和"外在使能"（Enabled）的各种资产（Assets）、携带无线终端的个人与车辆等"智能化物件或动物"或"智能尘埃"（Mote），通过各种无线和/或有线的长距离和/或短距离通信网络实现互联互通 M2M（Machine-To-Machine）、应用大集成（Grand Integration）以及基于云计算的 SaaS 营运等模式，在内网（Intranet）、专网（Extranet）和/或互联网（Internet）环境下，采用适当的信息安全保障机制，提供安全可控乃至个性化的实时在线监测、定位追溯、报警联动、调度指挥、预案管理、远程控制、安全防范、远程维保、在线升级、统计报表、决策支持、领导桌面等管理和服务功能，实现对"万物"的"高效、节能、安全、环保"的"管、控、营"一体化。

常用的简明定义：物联网是通过射频识别（RFID）、红外感应器、全球定位系统、激光扫描器等信息传感设备，按约定的协议，把任何物品与互联网相连接，进行信息交换和通信，以实现智能化识别、定位、跟踪、监控和管理的一种网络。

2. 物联网的层次

物联网可分为 3 层：感知层、网络层和应用层。

① 感知层：由各种传感器以及传感器网关构成，主要包括像二氧化碳浓度传感器、温度传感器、湿度传感器、二维码标签、RFID 标签和读写器、摄像头、GPS 等感知终端。感知层的作用相当于人的眼耳鼻喉和皮肤等神经末梢，它是物联网识别物体、采集信息的来源，其主要功能是识别物体，采集信息。

② 网络层：由各种私有网络、互联网、有线和无线通信网、网络管理系统和云计算平台等组成，相当于人的神经中枢和大脑，负责传递和处理感知层获取的信息。

③ 应用层：是物联网和用户（包括人、组织和其他系统）的接口，它与行业需求结合，实现物联网的智能应用。

3. 物联网的特征

物联网具有以下主要特征：其一，具有互联网特征，需要联网的物一定要能够实现互联互通；其二，识别与通信特征，纳入联网的"物"一定要具备自动识别与物物通信（M2M）的功能；其三，智能化特征，网络系统应该具有自动化、自我反馈与智能控制能力。

9.1.2 物联网的关键技术

1. 传感器与传感节点技术

传感器是指能感知预定的被测指标并转换成可用信号的器件或装置。它通常由敏感元件和转换元件组成。传感器的种类很多，可以按照用途、材料、输出信号类型、制造工艺等方式进行分类。常见的传感器有速度传感器、热敏传感器、压力敏和力敏传感器、位置传感器、液面传感器、能耗传感器、加速度传感器、射线辐射传感器、振动传感器、湿敏传感器、磁敏传感器、气敏传感器等。随着技术的发展，新的传感器类型也不断产生。随着纳米技术和微机电系统（Micro Electro Mechanical Systems，MEMS）技术的应用。传感器尺寸的不断减小，而精度越来越高。

物联网中的传感器节点由数据采集、数据处理、数据传输和电源构成。节点具有感知能力、计算能力和通信能力，也就是在传统传感器的基础上，增加了协同、计算、通信功能，构成了传感器节点。

智能化是传感器的重要发展趋势之一。嵌入式智能技术是实现传感器智能化的重要手段，其特点是将硬件和软件相结合，利用了嵌入式微处理器的低功耗、体积小、集成度高和嵌入式软件的高效率、高可靠性等优点，同时结合人工智能技术，推动物联网中智能环境的实现。

2．射频识别技术

射频识别（RFID）技术是一种非接触式的自动识别技术，通过射频信号自动识别目标对象并获取相关数据。典型的 RFID 系统由电子标签、读写器和信息处理系统组成。当带有电子标签的物品经过特定的信息读写器时，标签被读写器激活并通过无线电波将标签中携带的信息传输到读写器以及信息处理系统，完成信息的自动采集工作。

3．网络和通信技术

感知信息的传递和协同需要依赖网络和通信技术。常用的网络技术分为两类：广域网络通信技术和近距离通信。

广域网络通信主要使用互联网、2G/3G 移动通信、卫星通信技术等实现信息的远程传输。以 IPv6 为核心的下一代互联网的发展，将为每个传感器分配 IP 地址创造可能，也为传感网的发展创造了良好的基础条件。

在近距离通信方面，目前使用较广泛的近距无线通信技术是蓝牙、Wi-Fi 和红外数据传输（IrDA）。同时还有一些具有发展潜力的近距无线技术标准，它们分别是：ZigBee、超宽频（Ultra Wideband）、短距通信（Near Field Communication，缩写为，也叫做"近距离无线传输"）、WiMedia、GPS、DECT、无线 1394、专用无线系统等。

（1）蓝牙技术

蓝牙是一种支持设备短距离通信（一般在 10m 以内）的无线电技术，能在包括移动电话、PDA、无线耳机、笔记本电脑、相关外设等众多设备之间进行无线信息交换。利用"蓝牙"技术，能够有效地简化移动通信终端设备之间的通信，也能够成功地简化设备与 Internet 之间的通信，从而数据传输变得更加迅速高效，为无线通信拓宽道路。蓝牙采用分散式网络结构以及快跳频和短包技术，支持点对点及点对多点通信，工作在全球通用的 2.4GHz ISM（即工业、科学、医学）频段。其数据速率为 1Mbit/s，采用时分双工传输方案实现全双工传输。

（2）Wi-Fi 技术

Wi-Fi 是"无线以太网相容联盟"（Wireless Ethernet Compatibility Alliance，WECA）所发布的业界术语，Wi-Fi（Wireless Fidelity）中文译为"无线相容认证"。它是一种短程无线传输技术，能够在数百英尺范围内支持互联网接入的无线电信号。随着技术的发展以及 IEEE 802.11a 及 IEEE 802.11g 等标准的出现，现在 IEEE 802.11 这个标准已被统称作 Wi-Fi。

（3）IrDA 技术

IrDA 是 Infrared Dated Association（红外数据组织）的简称，是一种利用红外线进行点对点通信的技术。目前它的软硬件技术都很成熟，并在小型移动设备（如 PDA、手机）上广泛使用。IrDA 的主要优点是无需申请频率的使用权，因而通信成本低廉。它还具有移动通信所需的体积小、功耗低、连接方便、简单易用的特点。此外，红外线发射角度较小，传输上安全性高。IrDA 的不足在于它是一种视距传输，两个相互通信的设备之间必须对准，中间不能被其他物体阻隔，因而该技术只能用于 2 台（非多台）设备之间的连接。而蓝牙就没有此限制，且不受墙壁的阻隔。

（4）NFC 技术

NFC（Near Field Communication，近距离无线通信技术）是由 Philips、NOKIA 和 Sony 主推的一种类似于 RFID（非接触式射频识别）的短距离无线通信技术标准。和 RFID 不同，NFC 采用了双向的识别和连接。在 20cm 距离内工作于 13.56MHz 频率范围。它能快速自动地建立无线网络，为蜂窝设备、蓝牙设备及 Wi-Fi 设备提供一个"虚拟连接"，使电子设备可以在短距离范围进行通信。NFC 的短距离交互大大简化了整个认证识别过程，使电子设备间互相访问更直接、更安全和更清楚，不用再听到各种电子杂音。NFC 通过在单一设备上组合所有的身份识别应用和服务，帮助解决记忆多个密码的麻烦，同时也保证了数据的安全保护。此外，NFC 还可以将其他类型无线通信（如 Wi-Fi 和蓝牙）"加速"，实现更快和更远距离的数据传输。

（5）ZigBee 技术

ZigBee 主要应用在短距离范围之内而且数据传输速率不高的各种电子设备之间。ZigBee 名字来源于蜂群使用的赖以生存和发展的通信方式，蜜蜂通过跳 ZigZag 形状的舞蹈来分享新发现的食物源的位置、距离和方向等信息。ZigBee 协议比蓝牙、高速率个人区域网或 802.11x 无线局域网更简单实用。ZigBee 可以说是蓝牙的同族兄弟，它使用 2.4 GHz 波段，采用跳频技术。与蓝牙相比，ZigBee 更简单、速率更慢、功率及费用也更低。它的基本速率是 250kbit/s，当降低到 28kbit/s 时，传输范围可扩大到 134m，并获得更高的可靠性。

ZigBee 技术特点：数据传输速率低，只有 10kbit/s～250kbit/s，专注于低传输应用；功耗低，在低耗电待机模式下，两节普通 5 号干电池可使用 6 个月以上，这也是 ZigBee 的支持者所一直引以为豪的独特优势；成本低因为 ZigBee 数据传输速率低，协议简单，所以大大降低了成本；网络容量大，每个 ZigBee 网络最多可支持 255 个设备，也就是说每个 ZigBee 设备可以与另外 254 台设备相连接；有效范围小，在 10～75m 之间，具体依据实际发射功率的大小和各种不同的应用模式而定，基本上能够覆盖普通的家庭或办公室环境；工作频段灵活，使用的频段分别为 2.4GHz、868MHz（欧洲）及 915MHz（美国），均为免执照频段。

（6）UWB 技术

超宽带技术（Ultra Wideband，UWB）是一种无线载波通信技术，它不采用正弦载波，而是利用纳秒级的非正弦波窄脉冲传输数据，因此其所占的频谱范围很宽。UWB 可在非常宽的带宽上传输信号。UWB 技术具有系统复杂度低、发射信号功率谱密度低、对信道衰落不敏感、低截获能力及定位精度高等优点。UWB 能在 10 m 范围内支持高达 110 Mbit/s 的数据传输率，不需要压缩数据。它特别适用于室内等密集多径场所的高速无线接入，可以方便地建立一个高效的无线局域网或无线个域网（Wireless Personal Area Network，WPAN）。

9.1.3 物联网的应用

1. 物联网的应用模式

物联网的应用领域十分广泛，目前基本应用模式可以归结为以下 3 种。

（1）对象的智能标签

通过二维码与 RFID 等技术标识特定的对象，用于区分对象个体（如各种智能卡与条码标签）；通过智能标签还可以获得对象物品所包含的扩展信息（例如智能卡上的金额余额、二维码中所包含的网址和名称等）。

（2）环境监控和对象跟踪

利用各种传感器和分布广泛的传感器网络，可以实现对某个对象的实时状态的获取和特定对象行为的监控。

（3）对象的智能控制

基于云计算平台和智能网络，可以依据传感器网络用获取的数据进行决策，改变对象的行为进行控制和反馈。例如，根据光线的强弱调整路灯的亮度，根据车辆的流量自动调整红绿灯间隔等。

对象的智能标签和动态跟踪，在物流行业有着重要的应用。

2．物联网的开展步骤

物联网的开展步骤如下。

① 对物体属性进行标识。属性包括静态和动态的属性，静态属性可以直接存储在标签中，动态属性需要先由传感器实时探测。

② 需要识别设备完成对物体属性的读取，并将信息转换为适合网络传输的数据格式。

③ 将物体的信息通过网络传输到信息处理中心，由处理中心完成物体通信的相关计算。处理中心可能是分布式的（如计算机或手机）也可能是集中式的（如中国移动的 IDC）。

9.2 物联网在物流中的应用

物联网在物流业常用三大技术体系：感知技术体系、通信与网络技术体系以及智能技术体系。

9.2.1 感知技术在物流中的应用

1．感知技术的应用领域

感知技术主要用于以下几个方面。

① 对物流中的"物"进行识别、追溯，通常采用 RFID 技术及条码自动识别技术。

② 对物流中的"物"进行分类、拣选及计数，通常采用 RFID 技术、激光技术、红外技术、条码技术等。

③ 对物流中的"物"进行定位与追踪，通常采用 GPS 卫星定位技术、GIS 地理信息系统技术、RFID 技术、车载视频技术等。

④ 对物流作业中的"物"进行监控，通常采用视频识别技术、RFID 技术、GPS 技术等。

⑤ 对物品，尤其是特殊物品的性能及状态进行感知与识别，通常采用传感器技术、RFID 技术、GPS 技术等。

总之，在物流行业目前最常用的物联网感知技术主要包括 RFID 技术、GPS 技术、传感器技术、视频识别与监控技术、激光技术、红外技术、蓝牙技术等。

2．感知技术应用状况

在中国物流信息化领域，应用最普遍的感知技术如下。

① RFID 技术：主要用来感知定位、过程追溯、信息采集以及物品分类拣选等。RFID 标签及智能手持 RF 终端产品应用比较广泛。

② GPS/GIS 技术：物流信息系统采用 GPS/GIS 感知技术，用于对物流运输与配送环节的车辆或物品进行定位、追踪、监控与管理。尤其在具有运输环节的物流信息系统，大部分均采用这一感知技术。

③ 视频与图像感知技术：该技术目前还停留在监控阶段，需要人来对图像分析，不具备自动感知与识别的功能，在物流系统中主要作为其他感知的辅助手段，也常用来对物流系统进行安防监控，用于物流运输中的安全防盗等，这一系统往往会与 RFID、GPS 等技术结合应用。

④ 传感器的感知技术：传感器感知技术及传感网技术最近开始应用。目前，传感器感知技术也是与 GPS、RFID 等技术结合应用，主要用于对危险物流系统、粮食物流系统、冷链物流系统的物品状况及环境进行感知。传感技术丰富了物联网系统中的感知技术手段，在食品、冷链物流和危险品物流具有广阔的应用前景。

⑤ 扫描、红外、激光与蓝牙：这些技术也有少量应用，主要用在自动化物流中心自动输送分拣系统以及对物品编码自动扫描、计数及分拣等方面。激光和红外也应用于物流系统中智能搬运机器人的导引。

在实际中多项感知技术往往集成使用，如把 RFID 技术与传感器技术相结合，GPS 技术与 RFID 技术相结合，车载视频与 GPS 技术相结合等。

9.2.2 通信与网络技术在物流中的应用

1. 通信与网络技术的应用领域

通信与网络技术主要用于以下几个方面。

① 区域范围内的物流管理与运作的信息系统，常采用企业内部局域网直接相连的网络技术，并留有与互联网、无线网扩展的接口。当条件限制不方便布线时，可采用无线局域网技术。

② 大范围物流运输的管理与调度信息系统，常采用互联网技术、GPS 技术、GIS 地理信息系统技术相结合，组建货运车联网，实现物流运输、车辆配货与调度管理的智能化、可视化与自动化。

③ 以仓储为核心的物流中心信息系统，常采用现场总线技术、无线局域网技术与局域网技术等网络技术。

④ 在网络通信方面，常采用无线移动通信技术、3G 技术、M2M 技术、直接连接网络通信技术等。

总之，物流行业为了使移动或存储中形态各异"物"能够联网，最常采用的网络技术是局域网技术、无线局域网技术、互联网技术、现场总线技术和无线通信技术。

2. 通信与网络应用状况

现代物流的特点是系统化和网络化。目前，物流系统全部是网络化的运作，很少有物流系统是点对点的单线管理与优化。因此，物流信息化的最大趋势是网络化与智能化。

在物流系统中，企业内部的生产物流管理系统往往是与企业生产系统的运作与管理相融合，物流系统作为生产系统的一部分，在企业生产管理中起着非常重要的作用。企业内部物流系统的网络架构，往往都是以企业内部局域网为主体建设的独立的网络系统。

在物流公司，面对大范围的物流作业，因为货物分布在全国各地，而且货物在实时移动过程中。因此，物流的网络化信息管理往往借助于互联网系统与企业局域网相结合应用，但也有企业全部采用局域网技术。

在物流中心，物流网络往往基于局域网技术，也采用无线局域网技术，组建物流信息网络系统。

在数据通信方面，往往是采用无线通信与有线通信相结合。新的物流信息系统还大量采用了 3G 通信技术等先进的技术手段。

根据对物流信息化案例的不完全统计，采用互联网技术的占 68%，采用局域网技术的占 63%，采用无线局域网技术的占 24%，有的系统采用多种网络技术。

9.2.3 智能技术在物流中的应用

1. 智能技术的应用领域

智能技术主要用于以下几个方面。

① 企业厂区的生产物流物联网系统，常采用的主要有 ERP 技术、自动控制技术、专家系统技术等。

② 大范围的社会物流运输系统，常采用的智能技术是数据挖掘技术、智能调度技术、优化运筹技术等。

③ 以仓储为核心的智能物流中心，常采用的智能技术有自动控制技术、智能机器人技术、智能信息管理系统技术、移动计算技术、数据挖掘技术等。

④ 以物流为核心的智能供应链综合系统、物流公共信息平台等，常采用的智能技术有智能计算技术、云计算技术、数据挖掘技术与专家系统技术。

总之，物流行业物联网常用的智能技术有智能计算技术、云计算技术、移动计算技术、ERP 技术、数据挖掘技术、专家系统技术等。

2. 智能技术的应用状况

目前，物流信息系统能够实现对物流过程智能控制与管理的还不多，物联网及物流信息化还仅仅停留在对物品自动识别、自动感知、自动定位、过程追溯、在线追踪、在线调度等一般应用。专家系统、数据挖掘、网络融合与信息共享优化、智能调度与线路自动化调整管理等智能管理技术应用很少。只是在企业物流系统中，部分物流系统可以做到与企业生产管理系统无缝结合，智能运作；部分全智能化和自动化的物流中心的物流信息系统，可以做到全自动化与智能化物流作业。

9.2.4 无线传感网在物流中的应用

无线传感器网络（Wireless Sensor Networks，WSN）是由部署在监测区域内大量的廉价微型传感器节点组成，通过无线通信方式形成的一个多跳的自组织的网络系统，其目的是协作地感知、采集和处理网络覆盖区域中感知对象的信息，并发送给观察者。

WSN 在物流的许多领域都有应用价值，包括生产物流中的设备监测、仓库环境监测、运输车辆及在运物资的跟踪与监测、危险品物流管理、冷链物流管理等。WSN 在物流中具有巨大的应用潜力，但是大规模的应用还有待时日。

9.2.5 智能机器人在物流中的应用

智能机器人是物联网家族的重要成员，将机器人纳入物联网系统中，利用机器人的自动化性能，可实现智能作业与管理。

物流行业机器人的应用最早出现在 1995 年，在我国烟草行业物流作业系统中首先得到应用。当时，卷烟厂采用智能码垛机器人对卷烟成品进行码垛作业，用 AGV（自动搬运车）进行自动搬运作业，节省了大量人力，减少了烟箱破损，提高了自动化水平。这时的机器人还只是单线的点对点作业，尚未融入物流网络系统。

目前，智能机器人在我国烟草、汽车、医药等行业的物流系统中得到了广泛应用。随着物流信息技术的发展，智能机器人也有独立的作业环节开始融入物流作业系统，成为现代物流系统的组成部分，成为智慧物流的重要装备。

在中国现代物流系统中，智能机器人主要有两种类型：一是从事堆码垛物流作业的码垛机器人，二是从事自动化搬运的无人搬运小车 AGV。这些智能机器人在全自动化物流系统中执行物流网络系统的堆码垛作业指令和自动化智能搬运作业指令。

码垛机器人主要有直角坐标式机器人、关节式机器人和极坐标式机器人，主要从事码垛、成品拆码、拣选等作业。当前，码垛设备在各个方面都在发展改进，包括从机械手到操纵软件。近年来，市场上对码垛机器人灵活性的需求不断增长，这一趋势已经影响到包装的多个方面。

现代的无人搬运小车 AGV 都是由计算机控制的，多数的 AGVS 配有系统集中控制与管理计算机，用于对 AGV 的作业过程进行优化，发出搬运指令，跟踪传输中的构件以及控制 AGV 的路线。随着传感技术和信息技术的发展，AGV 也在向更加智能化的方向发展。

9.3 云计算与云物流

9.3.1 云计算的概念

1. 云计算的定义

云计算（Cloud Computing）是基于互联网相关服务的增加、使用和交付模式，通常涉及通过互联网来提供动态易扩展且经常是虚拟化的资源。云是网络、互联网的一种比喻。过去在图中往往用云来表示电信网，后来也用来表示互联网和底层基础设施的抽象。狭义云计算指 IT 基础设施的交付和使用模式，指通过网络以按需、易扩展的方式获得所需资源；广义云计算指服务的交付和使用模式，指通过网络以按需、易扩展的方式获得所需服务。这种服务可以是 IT 和软件、互联网相关，也可是其他服务。它意味着计算能力也可作为一种商品通过互联网进行流通。

提供资源的网络称为"云"。"云"中的资源在使用者看来是可以无限扩展的，而且可以随时获取，按需使用，随时扩展，按使用付费。这种特性经常被称为像水、电一样使用 IT 基础设施。通过使计算分布在大量的分布式计算机上，而非本地计算机或远程服务器中，企业数据中心的运行将与互联网更相似。这使得企业能够将资源切换到需要的应用上，根据需求访问计算机和存储系统。

有人打了个比方：这就好比是从古老的单台发电机模式转向了电厂集中供电的模式。它意味着计算能力也可以作为一种商品进行流通，就像煤气、水、电一样，取用方便，费用低廉。最大的不同在于，它是通过互联网进行传输的。

2. 云计算的特点

（1）超大规模

"云"具有相当的规模，Google 云计算已经拥有 100 多万台服务器，Amazon、IBM、微软、Yahoo 等的"云"均拥有几十万台服务器。企业私有云一般拥有数百上千台服务器。由此可见，"云"能赋予用户前所未有的计算能力。

（2）虚拟化

云计算支持用户在任意位置、使用各种终端获取应用服务。所请求的资源来自"云"，而不是固定的和有形的实体。应用在"云"中某处运行，但实际上用户无需了解、也不用担心应用运行的具体位置。只需要一台笔记本电脑或者一部手机，就可以通过网络服务来实现需要的一切，甚至包括超级计算这样的任务。

（3）高可靠性

"云"使用了数据多副本容错、计算节点同构可互换等措施来保障服务的高可靠性，使用云计算比使用本地计算机更可靠。

（4）通用性

云计算不针对特定的应用，在"云"的支撑下可以构造出千变万化的应用，同一个"云"可以同时支撑不同的应用运行。

（5）高可扩展性

"云"的规模可以动态伸缩，满足应用和用户规模增长的需要。

（6）按需服务

"云"是一个庞大的资源池，可按需购买；云可以像自来水、电、煤气那样计费。

（7）廉价

因为"云"的特殊容错措施可以采用极其廉价的节点来构成云，"云"的自动化集中式管理使大量企业无需负担日益高昂的数据中心管理成本，"云"的通用性使资源的利用率较之传统系统大幅提升，因此用户可以充分享受"云"的低成本优势，经常只要花费几百美元、几天时间就能完成以前需要数万美元、数月时间才能完成的任务。

9.3.2 云计算的分类

1. 社区云

"社区网站云计算"是阿里云计算第一个上线的创业者云计算解决方案，以阿里云计算旗下Phpwind 为依托，通过"社区软件系统+软件托管平台+网站运营工具"等一揽子服务模式，有效降低了中小互联网社区创业者的起步门槛，从而帮助他们低成本快速成长。

云搜索是阿里云计算为整个互联网环境提供搜索支持和优化服务，服务范围覆盖论坛、CMS 和手机终端应用。云搜索是将社区中的部分数据同步到云计算服务器上，将互联网服务中所有的搜索压力交给云计算处理，通过强大的搜索能力迅速检索社区网站的数据，并提供匹配度高的检索结果。

这样就把社区网站的搜索压力转交给云计算处理，服务器再也不会因为大量的搜索压力导致高负载和宕机。而云搜索也会对数据进行累积和分析，使搜索结果越来越精准。通过这一功能，可以保证所有来访用户都能根据自己的需要找到相应信息，获得更高的用户满意度。

2. 私有云

私有云（Private Clouds）是为某一个客户单独使用而构建的，因而提供对数据、安全性和服务质量的最有效控制。该客户拥有基础设施，并可以控制在此基础设施上部署应用程序的方式。私有云可部署在企业数据中心的防火墙内，也可以将它们部署在一个安全的主机托管场所。

私有云极大地保障了安全，目前有些企业已经开始构建自己的私有云。私有云可由公司自己的 IT 机构建设，也可由云提供商建设。

3. 公有云

公有云通常指第三方提供，一般可通过 Internet 使用，成本低廉甚至免费。它能够以低廉的价格，给最终用户提供有吸引力的服务，创造新的业务价值。公有云作为一个支撑平台，还能够整合上游的服务（如增值业务、广告）提供者和下游最终用户，打造新的价值链和生态系统。

4. 混合云

混合云是目标架构中公有云、私有云以及公众云的结合。为了安全和便于控制，有的企业信息不能放置在公有云上，这样应用云计算的企业将会使用混合云模式。将选择同时使用公有云和私有云，有些也会同时建立公众云。

因为公有云只收取使用的资源收费，所以集中云在处理需求高峰时就非常便宜。例如对一些零售商来说，他们的操作需求会随着假日的到来而剧增，或者是有些业务会有季节性的上扬，这样使用混合云就比较好。同时，混合云也为其他弹性需求提供了一个很好的基础，比如灾难恢复。也就是私有云把共有云作为灾难转移的平台，并在需要的时候去使用它，这是便于控制成本。

目前，多数运营商部都采取混合云的模式。

5. 移动云

移动云是把虚拟化技术应用于手机和平板，适用于用移动 3G 设备终端（平板或手机）来使用企业应用系统资源，它是云计算移动虚拟化中非常重要的一部分。

随着企业各种业务系统的扩展以及移动办公人数和地点的增多，如在分支机构、家里、咖啡室、出差旅途中、酒店，人们用手机远程接入内网办公。因为手机操作系统及其计算、存储、数据处理能力、3G 带宽和流量资费的限制，针对某些企业应用（如 OA），需要对其某些功能裁剪，或跨平台开发，而且要求其最佳的性能、最高的安全性和最卓越的用户体验。

6. 行业云

行业云由行业内或某个区域内起主导作用或者掌握关键资源的组织建立和维护，以公开或者半公开的方式，向行业内部或相关组织和公众提供有偿或无偿服务的云平台。

经过十几年的建设，我国各个行业已经具有完备的信息化基础，行业客户需要云平台实现数据向服务的转化。但是当前行业信息化还是以内部服务为主，只是解决办公效率的问题，而对社会、对大众提供的信息服务几乎是空白。在国家数据大集中、电子政务升级等政策下，各个行业机构迫切需要转化职能，对外输出服务，以不断提升服务能力。同时，行业云建设具有成熟的技术和应用基础，经过三金工程、十二金工程、数据大集中等几个建设周期，税务、工商、能源等行业用户积淀下来大量异构的、相对封闭的海量数据，云计算可以将这些业务数据的巨大潜在价值释放出来。

目前有的行业云有医疗云、电信云、云制造等。

9.3.3　云计算的服务模式

云计算服务可以分为以下几种模式：基础设施即服务（IaaS）、平台即服务（PaaS）和软件即服务（SaaS）。

1. IaaS 模式

IaaS（Infrastructure-as-a-Service）：基础设施即服务。客户通过 Internet 可以从完善的计算机基础设施获得服务。客户使用处理、存储、网络以及各种基础运算资源，部署与执行操作系统或应用程序等各种软件。客户端无需购买服务器、软件等网络设备，即可任意部署和运行处理、存储、网络和其他基本的计算资源，尽管不能控管或控制底层的基础设施，但是可以控制操作系统、存储装置、已部署的应用程序，有时也可以有限度地控制特定的网络元件，像是主机端防火墙。

2. PaaS 模式

PaaS（Platform-as-a-Service）：平台即服务。它是一种云端运算服务，提供运算平台与解决方案。平台即服务层介于软件即服务与基础设施即服务之间。

平台即服务让使用者能将云端基础设施部署与建立至用户端，或者借此获得使用编程语言、程式库与服务。使用者不需要管理与控制云端基础设施，包含网络、服务器、操作系统或存储，但需要控制上层的应用程序部署与应用代管的环境。

PaaS 将软件研发的平台作为一种服务，以软件即服务（SaaS）的模式交付给用户。因此，PaaS 也是 SaaS 模式的一种应用。但是，PaaS 的出现可以加快 SaaS 的发展，尤其是加快 SaaS 应用的开发速度。

平台即服务（PaaS）是在软件即服务之后兴起的一种新的软件应用模式或者架构，是应用服务提供商（Application Service Provider，ASP）的进一步发展。

3. SaaS 模式

SaaS（Software-as-a-Service）：软件即服务。它是一种通过 Internet 提供软件的模式，用户无需购买软件，而是向提供商租用基于 Web 的软件，来管理企业经营活动。

厂商通过 Internet 提供软件，将应用软件统一部署在自己的服务器上。客户可以根据自己的实际需求，通过互联网向厂商定购所需的应用软件服务，按定购的服务多少和时间长短向厂商支付费用，并通过互联网获得厂商提供的服务。用户无需对软件进行维护，服务提供商会全权管理和维护软件。软件厂商在向客户提供互联网应用的同时，也提供软件的离线操作和本地数据存储，让用户随时随地都可以使用其定购的软件和服务。对于许多小型企业来说，SaaS 是采用先进技术的最好途径，企业不用购买、构建和维护基础设施和应用程序。

在这种模式下，客户不再像传统模式那样花费大量投资用于硬件、软件、人员，而只需要支出一定的租赁服务费用，通过互联网便可以享受到相应的硬件、软件和维护服务，享有软件使用权和不断升级，这是网络应用最具效益的营运模式。

9.3.4 SaaS 在物流领域中的应用

1. SaaS 在供应链管理中的应用

随着经济全球化的发展和网络信息技术的进步，目前市场竞争已经从企业和企业之间的竞争不断转向供应链与供应链之间的竞争。企业要想在这场竞争中立于不败之地，就必须提高供应链管理水平，采用核心的先进技术，把供应链上各节点企业、供应商、制造商、分销商、零售商和最终用户有机结合起来，随时掌握市场需求信息，及时提供满足数量和质量要求的产品。同时，利用一切可以利用的资源，精确地预测市场行情，及时做出响应，有效地缩短生产、加工、配送和运输的时间，提高企业的运营效率。

传统供应链管理软件中的很多信息都是通过数据库表格来管理的，非常不利于信息的共享和传输，而在信息传输过程中要做很多的安全防护工作来防止信息的外泄。SaaS 模式的供应链管理软件是一个集成化的管理系统，包括计划管理、采购管理、生产管理、销售管理、库存管理、财务管理等功能，能够满足企业的一切管理需要。

SaaS 模式的供应链管理软件具有以下优势。

① 为供应链上各节点企业节约了大量的成本。

② 实现了整个供应链工作流程的整合，信息共享非常方便快捷。因为供应链上的各节点企业都使用的是同一个 SaaS 模式的管理平台，实现了整个供应链工作流程的整合，信息共享速度快捷。例如，当销售商创建了一个销售订单时，制造商就会及时做出反应，查看库存、制订生产计划。供应商了解了制造商的生产计划后，也会立即做出反应，准备货源、安排配送。这样的信息传递几乎是同时进行的。

③ 适应了企业网络化办公的需要，为企业的业务发展提供了及时有效的信息资源。随着网络信息的发展，供应链管理也越来越趋近于网络化，使用 SaaS 模式的供应链管理软件可以轻松地与各节点企业的电子商务网站实现无缝衔接，企业不仅可以将自己的产品数据发到网站上，吸引更多的用户和合作伙伴，而且也可以从供应链管理系统中获取其他企业的有用信息，扩展企业的业务发展空间。

2. SaaS 在物流公共信息平台构建中的应用

现代物流的特点是信息化、网络化、自动化、标准化，高效率、低成本和反应快速。其中信息化是核心。虽然已经利用信息技术的发展形成了运输、配送、自动仓储、库存控制等专业技术装备，各企业也建立起了自己的物流信息管理系统，但是这些技术和系统的运用都是孤立的，每个企业都要为技术的更新和软件的购买、升级和维护支付昂贵的费用，尤其是近年来 RFID 技术的应用和物联网的兴起，很多中小型物流企业因为自身能力的不足，无法适应市场需求。所以一个低成本、高效率的基于云计算的物流公共信息平台是很多中小型物流企业所迫切需要的。

基于云计算的物流公共信息平台主要满足物流企业、客户和政府部门的信息需求，能够将制造、生产、运输、装卸、包装、库存、配送等各个环节的数据信息及时迅速地通过信息平台传输到各物流公司、政府相关部门以及客户手里。该平台主要包括：基础设施层、平台层、应用层和管理功能 4 部分。基础设施层使用云的物理资源虚拟化技术，建立虚拟的物理设备存储池，将所有用户的硬件资源都存在这个池中以实现资源的共享。平台层完成物流信息的采集、分类、统计、加工、标准化、存储、中转等功能，为平台提供规范统一的数据资源。应用层提供信息平台需要的各种业务服务，如运输车辆的定位跟踪和查询、库存管理、物流监控、物流信息管理、网上电子交易管理和政府职能部门间信息交换等。管理功能主要实现对云租户的信息管理功能，包括租户的订购管理、收费管理、协议管理等。

基于云计算技术的物流公共信息平台主要具有以下优势。

① 为企业节约了很多先期投入成本，提高了企业的生存能力。

② 实现了资源的共享和动态分配。基于云计算的物流公共信息平台是集政府、物流企业和客户等主体的信息交汇中心，积聚了大规模的海量数据，能够针对每个主体的需求做出实时动态的反应，按需分配资源，真正解决中小型物流企业面临的基本信息掌握不全、动态信息掌握不及时、反应能力低，无法适应突如其来变化的问题。同时很多用户共用一个平台，一个数据库资源，非常有利于不同企业间信息的交互和共享。

③ 基于云计算的物流公共信息平台提供了一整套的标准化、流程化的数据交互和业务处理的服务，完成了单个物流企业所无法完成的资料收集和资源整合工作，真正实现了物流、商流、

信息流、资金流的协调和统一。

9.3.5　云物流

1. 云物流的概念

在云计算风起云涌的背后是与各行业结合的应用趋势层出不穷，而基于云计算的云物流主要是为了满足政府、工商企业、物流企业和普通用户等对物流信息的要求，围绕从生产要素到消费者之间时间和空间上的需求，能够处理从制造、运输、装卸、包装、仓储、加工、拆并、配送等各个环节中产生的各种信息，使信息能够通过物流信息平台快速准确传递到现代物流供应链上所有相关的企业、物流公司、政府部门及客户或代理公司。

云物流（Cloud Logistics）是指基于云计算应用模式的物流平台服务。在云平台上，所有的物流公司、代理服务商、设备制造商、行业协会、管理机构、行业媒体及法律机构等都集中整合成为云资源池，各个资源相互展示和互动，按需交流，达成意向，从而降低成本，提高效率。

2. 云物流的三个平台

物流云计算服务平台是面向各类物流企业、物流枢纽中心及各类综合型企业的物流部门等的完整解决方案，依靠大规模的云计算处理能力、标准的作业流程、灵活的业务覆盖、精确的环节控制、智能的决策支持及深入的信息共享，来完成物流行业的各环节所需要的信息化要求。

通过对物流行业各方面的基础需求分析，以及对现阶段国内物流行业的信息化现状的把握，可以把物流云计算服务平台划分为 3 个部分。

① 物流公共信息平台：针对客户服务层，拥有强大的信息获取能力。

② 物流管理平台：针对用户作业层，可以大幅度的提高物流及其相关企业的工作效率，甚至可以拓展出更大范围的业务领域。

③ 物流园区管理平台：针对决策管理层，帮助物流枢纽中心、物流园区等管理辖区内的入驻企业，帮助它们进行规划和布局。

3. 云物流特点

有人将物流公司类比作自来水公司，它需要一个水池，需要自来水管道，需要为数众多的水龙头。水池提供一系列资源，供给自来水管道、水龙头。自来水管道就是公路、航空、铁路运输公司，水龙头就是各种配送、快递公司。

"水池"提供的主要资源是来自全国的为数众多的发货公司的货单。这样一来，这个"水池"就具备一种能量，即能将海量的运单信息按地域、时间、类别、紧急程度等进行分类，然后指定运输公司发送给快递公司，最后送达收件人手中。

对海量的运单信息进行处理，就需要建立一个"云计算"平台，小快递公司只需要一台计算机就可以访问"云物流"平台，获得客户，并通过这个平台取货、送货。

4. 云物流的优势

社会化：快递公司、派送点、代送点等终端成千上万，这个平台能充分利用这些社会资源。

节约化：每个公司都建立一个小型云计算平台非常浪费，集中建设能享受规模效应。

标准化：缺乏标准是物流行业最大的问题，1000 个物流公司就有 1000 个标准。而通过统一的平台，其运单查询流程、服务产品（国内、同城、省内）、收费价格、售后服务（晚点、丢失赔偿）以及保险等都能做到标准、透明。发货公司通过这个平台，能方便地找到物流公司。物流公司通过这个平台，能方便地找到订单与运单。

本 章 小 结

物联网是继互联网之后的又一次技术革命。互联网实现了信息的加工与传递，而物联网实现了物体的连接以及对这些物体相关信息的采集、加工、传递，并可以据此控制这些物体。因此，物联网对物流业的发展有重要的意义。

物联网使用各种传感器采集物体的多种信息、通过互联网或其他网络传递这些信息，并可以实现对这些物体的反馈与控制，以实现智能化识别、定位、跟踪、监控和管理。

物联网可分为感知层、网络层和应用层。

物联网具有互联网特征、识别与通信特征及智能化特征。

物联网的关键技术包括：传感器与传感节点技术、射频识别技术以及网络和通信技术。这些技术都在物流行业得到不同程度的应用。

云计算是基于互联网的服务模式，通过网络以按需、易扩展的方式获得所需资源。它具有超大规模、虚拟化、高可靠性、通用性、高可扩展性、按需服务、廉价的特点。云计算服务可以分为基础设施即服务（IaaS）、平台即服务（PaaS）和软件即服务（SaaS）。云计算在物流行业的应用刚刚起步，具有广阔的发展前景，尤其是云物流值得期待。

综合实训：物联网与云计算在物流行业的应用

【实训目的】

通过网上搜索、浏览典型物流企业网站、阅读重要报告等方式了解物联网及云计算在物流行业的应用状况，对典型应用和特色企业的做出分析，从而了解行业实况、学以致用。

【实训内容】

（1）了解物联网技术在物流行业应用的整体状况。

（2）简述福建新大陆集团的"用物联网技术实现药品食品全程冷链监控"技术方案。

（3）简述广州大库工业设备有限公司的"物流周转箱的物联网技术应用"技术方案。

（4）搜索乐蜂网的《化妆品电商行业白皮书》，了解行业内物流系统的普遍操作形式，对物联网技术在化妆品电商物流中的应用加以分析。

（5）搜索迪赛顾问公司的《中国云计算产业白皮书》，了解我国云计算的整体情况与发展趋势。

【实训方法】

自主组合成立工作小组，分工协作，以小组讨论与个人工作相结合的方式，完成项目。

【实训要求】

各个题目要求如下。

（1）300～500字的综述。

（2）500字的分析报告。

（3）500 字的分析报告。

（4）300 字的摘要。

（5）300 字的分析报告。

课 后 习 题

一、填空题

1. 物联网使用（　　）、红外感应器、全球定位系统、激光扫描器等信息传感设备。

2. 物联网的目的是实现（　　）、定位、跟踪、监控和管理。

3. 物联网可分为 3 层：感知层、（　　）和应用层。

4. 感知层由各种传感器以及（　　）构成。

5. 感知层的主要功能是（　　）和采集信息。

6. 网络层的作用是（　　）和处理感知层获取的信息。

7. 物联网中的传感器节点由数据采集、数据处理、数据传输和（　　）构成。

8. 射频识别（RFID）技术，通过（　　）自动识别目标对象并获取相关数据。射频信号。

9. IrDA 是一种利用红外线进行（　　）通信的技术。

10. NFC 采用了（　　）的识别和连接。

二、判断题

1. 常见的传感器有速度传感器、热敏传感器、压力敏和力敏传感器、位置传感器、液面传感器、能耗传感器、加速度传感器、射线辐射传感器、振动传感器、湿敏传感器、磁敏传感器、智能传感器等。（　　）

2. 智能化是传感器的重要发展趋势之一。（　　）

3. 射频识别（RFID）技术是一种接触式的自动识别技术。（　　）

4. 以 IPv4 为核心的下一代互联网的发展，将为每个传感器分配 IP 地址创造可能，也为传感网的发展创造了良好的基础条件。（　　）

5. 蓝牙设备的通信距离可以到达 100m。（　　）

6. Wi-Fi 是一种短程无线传输技术，能够在数百英尺范围内支持互联网接入的无线电信号。（　　）

7. 蓝牙不受墙壁的阻隔。（　　）

8. 与蓝牙相比，ZigBee 更简单、速率更慢、功率更低，但费用更高。（　　）

9. UWB 不采用正弦载波，而是利用纳秒级的非正弦波窄脉冲传输数据。（　　）

10. 在 SaaS 模式中，用户无需购买软件，从而节省了成本。（　　）

三、名词解释

1. 蓝牙

2. Wi-Fi

3. NFC

4. 云计算

四、简答题

1. 物联网的特征是什么？
2. 简述 ZigBee 的特点。
3. 感知技术在物流行业的应用主要集中在哪些方面？
4. 云计算的主要特点是什么？
5. 试分析云物流的应用前景。

▶▶ **案例分析** ◀◀

耐克的绝密仓库

雄心万丈的本土体育用品品牌李宁、安踏们一直梦想着在中国市场超越耐克。现在，耐克为这项挑战赛又增加了一个新难度。2 月 23 日，耐克中国物流中心（CLC）在江苏太仓启用，这也是其全球第七个、第二大物流中心。当耐克在大中国区的年销售额达到 18.64 亿美元（《财报》披露 2009 年 12 月至 2010 年 11 月数字），什么是它现在最优先和最重要的应该做的事？不是品牌，不是营销，而是一个能够高效管理库存和快速补货的强大的物流支持系统。

以下数字，足以让李宁、安踏们艳羡。这个巨型方盒的建筑面积达 20 万平方米，拥有超过 10 万个货品托盘，年吞吐能力超过 2.4 亿个件次，同时可满足 79 个集装箱货车装卸货。更重要的是，耐克将借此缩短 15% 的交货时间——件货品从门店下单到发货将只需要数小时。

这里就像是一个巨型的中央处理器。所有商品分拣和管理的基础都依赖于强大的数字化采集和处理能力。所有货品都嵌入了电子标签，并逐一扫描，工人们根据电子显示屏上的信息来分拣配送货品，其信息通过专门数据端口与耐克全球连接，每天都会有完整的共享数据反馈给相关部门。

"这座全球顶级水准的物流仓库采用了业内最领先的技术，很多技术是耐克首创并独有的。"耐克全球营运技术副总裁汉斯·范·阿尔比克（Hans van Alebeek）对《环球企业家》说。总长达 9km 的传送带、顺序拣货机、无线射频扫描仪、自动化仓库管理系统等物流技术与装备，让这座仓库在分配效率、吞吐力、弹性力 3 项指标上均达到了全球最高水准。

这座物流中心有两幢建筑，分别存储鞋类和服装类货品，两者之间通过传送带装置接驳。仓储区被分为整箱区和托盘区两大单元，散装托盘区分布其间。如果有大订单到来，整箱区即可直接配送；小订单补货则可以直接从托盘区内散装货品中抽取。根据配送分拣需求，服装配送楼层被分割为 3 层：顶层是拥有 4.5 万个设置了独立编码的货架区，2 层则是两套自动分拣系统，1 层为打包和装车配送区。

出人意料的是，拥有 4.5 万个独立编码的顶层货架区的编码其实并无规律可言，这主要是为了避免操作员因频繁操作会熟记下编码，从而产生误操作。取货操作员运用机器语音系统与计算机对话，核对存货信息——取货前自动控制系统会告知操作员取货区域，操作员到达后，通过麦克风和耳机先向计算机系统报告货架区编码以及取货数量进行确认。这套语音识别系统由耐克独立研发完成，它可以识别各国语言，甚至包括方言，系统会事先采集记录每一个操作员的音频信息。为以防万一，耐克另配备了一套应急装置，一旦语音识别系统发生故障，取货员可以用手持扫描设备救急，这也是货架编码的另一用途。

同时，这些货架安放的角度按照人体工程学设计，最大限度地避免员工腰肌劳损。耐克规定，在货架充裕的情况下货品必须先存在中间层，方便员工取货。在货架最下端，底层货架与地板的间隙可以容纳临时扩充的货架，便于其在发货高峰期存放物料。

CLC3楼顶层的仓储区高达10多米，为了最大限度提高空间使用率、增加货品容纳量，耐克采用了窄巷道系统，货架之间的巷道宽度也被压缩到最低，与叉车的宽度相差无几。耐克在地板下方安装了窄巷道系统，货架之间的巷道宽度也被压缩到最低，与叉车的宽度相差无几。耐克在地板下方安装了用于叉车牵引的特殊磁力导线系统。这套智能引导系统可以令驾驶员在磁力线的自动引导下，以最精确的行车姿态进入取货巷道，完全避免任何碰撞。在自动引导取货时，叉车只能沿着磁导线的分布前后直来直往，而不会左右摇摆；取货小车装运完毕，关掉磁导线开关，货车方可左右拐弯。

CLC配送货品的一般流程是：接到订单，区分订单大小，仓储区取货。仓储区整箱订单货品通过传送带运至2楼分拣区，操作员和传送带会进行两次核对分拣；订单货品的余额件数由3楼操作员人工补货，自动分拣机验货、装箱后，再运至一楼，进行扫描核对、装车及发运。

作业过程中，最关键的要素是精确。以服装分拣为例，当三楼仓储区的整箱货品通过传送装置送到2楼时，操作员会通过手持扫描设备进行标签扫描。所有货品标签的贴放位置和高度都有严格规定，以提高核对效率。核对无误后，在传送带送至一楼的过程中，沿途每隔数米均有扫描设备对包装箱条码进行扫描，记录下位置信息。这些信息又与分布于物流中心各功能区的自动化分拣设备相连，使产品可以快速被传送至不同的操作区。一旦分拣有误，传动带会自动将错误货品甩出，进入特殊通道交由专人处理。

当货品经过层层校验，从分拣来到打包环节时，CLC的系统会自动打印一张货品标签单，清楚地标明货品编号和件数。计算机还能估算出货物体积，并提示操作员大概选用何种型号的包装箱最为合适。

装箱操作员除了核对货品件数和编码外，另一重要工作就是要把货品发货标签贴到规定位置，便于下一个环节的机器或人工再次抽查核对。在装车发货之前，仓储管理系统再次进行信息甄别，根据订单的时间配送要求，采用不同的交通工具和多级物流网络，确保产品高效、准确、及时以及最低成本送达。

——《环球企业家》2011年6月3日

根据案例回答问题。

（1）耐克物流中心的主要特色是什么？采用的信息技术与相关装备有哪些？

（2）采用无规律的顶层货架区编码有何利弊？

（3）耐克物流中心对李宁、安踏这样的企业有哪些启示？